내려놓기 연습

내려놓기 연습

임옥순 수필집

계간문예

덤으로 사는 삶

엊그제 토요일 아침부터 분주하였습니다. 미용실에도 다녀오고 거울 앞에선 내 모습도 한참 동안 바라보며 단장하였습니다.

거울 속에 비친 연륜 쌓인 내 얼굴을 바라보며 빙그레 웃습니다. 이젠 동화를 쓰는 일보다는 수필을 본격적으로 써도 되는 삶의 흔적이 주름 속에서 느껴졌기 때문입니다. 삶의 오르막길과 내리막길을 걷고, 달려오는 동안 어려움도 많았고, 기쁨도 슬픔도 함께 한 세월의 파편을 줍고, 보듬으며 따뜻한 눈으로, 삶을 노래하고, 바라보고 싶습니다. 그러다가 마음이 움직이면 수채화 물감을 붓 끝에 듬뿍 묻혀 또 다른 내 삶에 힘껏 한 획, 한 획 그려보고 싶습니다. 수필로, 동화로, 시로, 혹은 어떤 문학 분야의 작품으로 아름답게 빚어내고 싶습니다. 그것이 덤으로 살고 있는 내 삶의 진정한 모습이 아닐까 문득 생각합니다.

지난 토요일엔 에세이포레(제물포수필문학회) 창립 34주년 기념 출판 행사가 인천(하인천)에서 있었습니다. 그래서 모처럼 참석하느라고 아침부터 분주하였습니다.

최근 몇 해 동안 작품만 게재하며 각종 문학행사에 참석하지 못했기 때문에 다른 일 제쳐두고 달려갔습니다.

1983년도 제물포역 부근에서 8명의 수필을 쓰는 사람들이 문학 동호인을 처음 만들어 〈샘터의 표주박〉이란 이름 아래 책을 펴냈습니다. 그러다가 제물포수필문학회를 조직하여 회원을 넓히고, 수필쓰기 공부에 열중하였습니다.

현재 회원 수도 열 배는 늘었고, 에세이포레라는 이름으로 수필문학의 새 지평을 여는 순수 계간 수필전문지로 우뚝 서게 되어 내 수필세계의 산실이 된 인천을 다녀오면서 많은 생각을 하게 되었습니다.

1998년도에 《나는 가을이면 집시가 된다》라는 첫 번째 수필집을 출판하였습니다. 이제 20년이 가까워 두 번째 수필집 《내려놓기 연습》(56편)을 세상에 내놓으며 갓 시집 온 새색시처럼 부끄럽고 떨립니다. 멋모르고 처음 수필집을 내놓았을 때보다 더 망설이다가 살며시 꺼내어 책으로 묶게 되었습니다.

그동안 발표된 글이 대부분이지만 작년 한 해 동안 수원 지역을 구석구석 다니면서 살펴 본 글도 10여 편이 넘습니다. 앞으로의 남은 삶을 더 값지고, 뜻 깊게 살고 싶어 어깨에 짓눌려 있던 무거운 것들을 내려놓는 심정으로 두 번째 수필집을 세상에 내놓습니다.

지금도 나는 혼자 걷는 산행길이나 여행길에 나서면 오랫동안 투병생활을 하다가 마지막 사경을 헤매던 어느 추운 겨울날을 생각합니다. 포천 땅 〈할렐루야 우리 집〉 기도 굴에서 무릎이 닳도록 사흘 밤 사흘 낮을 온 몸으로 애끓는 기도를 한 기억이 떠오르면 다시 옷깃을 여미게 됩니다. 생의 한 가운데에서 육신의 아픔이 다 하여 삶을 마무리할 지경에 다다랐을 때 홀연히 찾아 와 만나주신 나의 하나님 덕분에 건강을 찾기까지 가지고 있던 모든 것을 내려놓고 기도에 힘썼던 체험은 내 삶을 전부 바꿔 놓는 계기가 되었습니다.

기관지확장 때문에 몇 달 동안 심한 각혈이 멎지 않으면서 대학병원에 입원을 반복하다가 찾게 된 기도원생활은 깊은 기도 속에서 자신과의 외로운 싸움이었고, 새로운 세상을 만나는 출발점이 되었습니다.

건강을 다시 찾게 되면서 나는 지렁이처럼 낮아진 모습으로, 덤으로 사는 삶을 더 사랑하게 되었습니다. 그래서 수필 쓰는 일뿐 아니라 동화 쓰는 일에 몰두하여 현재 열 권의 동화책을 펴내었습니다. 40여 년 동안 교직에 몸담아 3년 전 퇴직하기까지 어쩌면 아이들과 더 많이 함께 하여 아동문학에 심혈을 기울였나 봅니다.

그런데 이제 돌아보니 수필을 제대로 써도 좋을 나이, 어느 틈에 60대 후반을 향하여 달리고 있는 자신을 발견하게 된 것입니다. 그래서 우선 저질렀습니다. 1983년도에 처음 수필동인활동을 시작할 때 만난 수필가이며 문학평론가이신 한상렬 선생님께 56편의 작품해설을 부탁드렸습니다. 이런저런 사정 때문에 자주 뵙지 못하였는데도 두 번째 수필집을 세상에 내놓고 싶다는 내 생각을 크게 지지해 주시며, 바쁜 중에도 90매의 긴 작품 평을 보내주셔서 정말 고맙습니다.

제물포수필문학회 창립 회원이 현재 3명뿐이라며, 100여 명이 가까운 에세이 포레 회원들과 끝까지 계간 순수 수필전문지에 남아 달라는 만년 회장이시며, 회원들의 영혼의 지주인 한상렬 선생님의 열정에 끌려 늦게나마 수필다운 수필을 써 보고 싶다는 다짐을 하였습니다. 그래서 지금까지 쓴 수필 작품을 다시 들여다보고, 읽어보며 지나온 내 삶의 흔적을 내려놓고 싶어 두 번째 수필집에 담았습니다.

영혼을 찾는 이들의 그리움(11편), 삶의 길목에서(11편), 첫 걸음부터(11편), 내려놓기 연습(13편), 서호 저수지 풍경(10편)의 글(56편)은 1999년도부터 지난해까지 써 온 수필입니다.

여러 모로 부족한 글임에도 선뜻 세상에 내놓도록 책으로 묶어 주시고, 지도해 주신 정종명 발행인님과 차윤옥 편집주간님 감사합니다.

또한 퇴직 후에도 새로운 일을 찾아 열심히 살고 있는 남편과 언제나 따스한 눈길을 멀리서 가까이에서 응원해 주는 바람 같은 친구, 문인, 지인들에게 고맙다는 말을 전합니다.

그리고 사랑하는 두 아들, 며느리, 첫 손녀 서진이, 할렐루야 우리 가족이 곁에 있어 행복합니다.

모든 영광 하나님께 돌립니다.

2017년 5월

■ 목차

1부

영혼을 찾는 이들의 그리움

2부

삶의 길목에서

3부

첫 걸음부터

4부

내려놓기 연습

5부

서호 저수지 풍경

1

영혼을 찾는 이들의 그리움

혼자 걷는 길

간단히 세수하고 얼굴을 매만진 뒤 체육복을 입은 채 습관처럼 메모지와 볼펜만을 호주머니에 넣고 살며시 방문을 나섰다. 아이들을 지키던 훈련강사도 현관 앞 소파에 앉아 꾸벅꾸벅 졸고 있다. 새벽까지 조잘거리며 돌아다니던 아이들도 깊은 잠에 빠졌는지 살금살금 복도를 걸어 나오는 동안 아무런 기척이 없다. 수련원 건물을 뒤로하고 울퉁불퉁한 자갈길을 따라 걷기 시작했을 때는 어둠이 서서히 걷히기 시작하였다.

바로 산등성이가 자욱한 안개자락으로 휩싸여 산골짜기로 흐르는 맑은 물소리가 아침을 열고 있다. 몇 발짝만 내딛으면 끝이 보이지 않는 계곡엔 사람의 손이 닿지 않은 맑고 투명한 샘물이 철철 흐른다. 웅크리고 앉아 두 손을 잠시 담갔더니 곧 저리도록 시려 그만 발걸음을 돌렸다. 주변을 돌아보니 온통 가파른 산등성이뿐이요, 산책길도 눈에 띄지 않는다. 다만 전날 승용차로 달려 왔을 때 간신히 차 한 대 지나칠 수 있는 꼬불꼬불 자갈길만이 우거진 숲길 사이로 보인다.

묵묵히 혼자 걷는다. 뚜렷이 갈 곳을 정한 것은 아니었지만 깊은 산골짜기에 흐르는 물소리 따라 산길을 걷고 싶을 뿐이었다. 이름 모를 산새들의 청아한 지저귐에 끌려가다 서면서 돌돌돌 쉼 없이 어디론가 흘러가는 물소리에 맑아지는 영혼의 속삭임에 귀를 기울이고 있는 자신을 발견한다.

반시간쯤 앞을 향하여 걷는 데 돌연히 나타난 버스 한 대가 성큼 다가선다. 길옆으로 바짝 서는 데 조심조심 지나치는 버스 안을 힐끔 들여다보니 손님이라고는 단 한 명도 없고 기사 한 사람이 느긋하게 운전대를 잡고 있다. 이곳 강원도 횡성군 지방을 드나드는 첫차라고 한다. 하루에 한 번씩 드나드는 이 버스는 이 마을의 유일한 교통수단인데 피서 철을 제외하면 거의 빈차로 운행한다고 한다.

버스가 지나친 뒤에 사방을 둘러보니 아직도 인기척이라고는 찾아 볼 수 없다. 다시 자갈길을 따라 앞을 향했다. 하루살이 풀벌레들이 가끔 눈앞을 어지럽게 날아다녀 해가 뜨면 또 무더위가 시작될 것 같은 예감이 든다.

오솔길을 따라 혼자 걷는 길은 생각처럼 근사하지 않다. 아무도 밟지 않은 새아침의 산길을 호젓이 걷는다는 신선함과 뭔가 새로운 일이 일어날 것 같은 기대감이 잠시 스칠 뿐이다. 끝없이 흘러가는 골짜기의 물소리, 자욱한 안개가 걷히면서 뽀얗게 피어오르는 물안개 사이로 언뜻언뜻 보이는 생각들이 발걸음을 멈추게 한다.

양파껍질을 벗기듯 어떤 목표를 세워 그 일을 이루어내는 순간 또 다시 새로운 일을 만들어 내고 그 일을 과연 해 낼 수 있을 것인지 불안해하면서 자신을 어떤 틀 속으로 몰고 있는 것은 아닐까? 살아가는 순간만큼 소중하고 진실한 것은 없다고 했는데…….

땀을 흘리며 도달한 어떤 결과 앞에서 때로는 지치기도 하고 보람도 느끼면서 자신을 대견스럽게 생각할 때도 있다. 그러나 만족한 삶은 없다고 했다. 아니 모두 이루었다고 믿는 그 순간이야말로 텅 빈 자신을 발견하는 시점이 아닐까?

일상생활 속에서 행복을 찾고 큰 욕심을 내지 않는 것이 지혜로운 삶이라고 마음먹으며 지내지만 어느 한순간에 텅 빈 자신을 발견하면서 끊임없이 무엇인가를 추구하는 모습에 씁쓸한 기분마저 들 때가 많다. 자식들이 자라는 모습을 보면서 자신의 모습을 돌이켜 보기도 하고, 직장 생활을 통해서 자신의 역할을 깨닫는다.

무조건 앞만 보면서 달리고 곁눈질을 하지 않던 젊은 날의 아픔들이 왜 공허해진 가슴으로 다가서는 것일까?

늘 쫓기듯이 바쁘게 사느라 누군가에게 시간을 내는 일에 너무 인색하게 굴면서 살아온 것은 아니었을까?

무엇인가 열심히 배우고 익혀야 자신이 찾는 어떤 것을 얻을 수 있다고 믿은 것은 아니었는지 모른다.

그나마 십 년 전에 얻은 질병으로 생의 갈림길에 섰을 때 엄동설한의 강추위 속에서 혼자 사흘 밤 사흘 낮을 반 평 남짓 안 되는 기도 굴에서 무릎을 꿇고 혼신을 다하여 기도하던 그 처참한 체험이 없었다면 이렇게 제2의 인생을 살 수 있었을까?

앞으로 어떻게 살아가는 게 뜻이 깊은 것인지 새삼스럽게 다짐하지 않더라도 그 해답은 분명하지 않을까?

영혼이 노래를 듣기 위하여 이른 아침 호젓한 산길에서 맑은 물소리에 귀를 씻지 않아도 세상만사 마음먹기에 따라 달라지는 것이 아닐까?

등이 따듯하고 배부르면 고생이 많고 힘들던 시절의 기억을 잊는다고 했던가?

십 수 년 동안 매주 목요일 퇴근 시간이 지나면 남편과 때로는 혼자서 포천군 기도원을 찾아 무릎을 꿇고 예배를 드리며 지극히 사소하고, 별로 눈에 띄지 않는 봉사들을 찾아 실천한 뒤에 생수 터에서 길은 약수를 여러 통 싣고 첫새벽에 돌아와 이웃에게 나누어주고, 가족과 같이 마셔왔던 신앙생활을 돌아보면 지금도 머리가 숙여지곤 한다. 모두 고치지 못한다는 병마에 지쳐 찾았던 마지막 기도 장소에서 부르짖어 기도하다가 그분의 은혜로 생명을 덤으로 선물 받은 자의 삶은 누가 뭐라고 해도 축복 받은 자의 산증인이 아닐까?

그래서 남보다 고단한 생활을 자청하게 되었고, 직장생활에서 조차 그분의 뜻이라고 믿으며 힘든 생활을 마다하지 않고 여기까지 온 것이라고 생각한다.

그동안 깊이 잠든 시간에도 누군가 내 기도가 필요하여 찾으면 어김없이 달려가 그 이웃과 손잡고 뜨거운 눈물의 기도를 쉬지 않고 하지 않았는가?

남들처럼 편안하게 생활한다면 덤으로 새 생명을 주신 그분께 미안하고 부끄러운 일이라고 생각한 것인지도 모른다. 아파서 힘들어하는 사람들에게 위로가 되는 일이라면 서슴없이 나서야 된다고 믿은 것이다. 그것은 죽을 고비에서 일으켜 세워주신 그분에 대한 나의 도리라고 믿었기 때문이다. 그런데 십 수 년이 지나면서 나는 그 초심을 잃어버린 것은 아닌지 요즘 가끔 혼자 생각할 때가 많은 것 같다. 매주 기도원에 가는 일도 시들해졌고, 누군가를 위해서 나의 일처럼 기도해 주는 일도 뜸해진 것 같다. 신앙생활에 게으름이 생긴 것은 아닌지…….

그 먼 포천군에 있는 기도원을 매주 찾아야 신앙의 바른 생활은 아닐 것이다. 봉사를 매일 해야만 어려운 자들의 이웃이 되는 것은 더욱 아닐 것이다. 하지만 고단 할 만큼 바쁜 일상 속에서도 내 영혼은 늘 깨어 있었고, 어둔 곳에 있는 자들의 벗이 되기를 기쁨으로 여기면서 삶에 대한 남다른 믿음 때문에 감사와 뿌듯함이 충만하지 않았는가?

이제 다시 자신을 돌아보아야 하지 않을까?

평안함에 안주해서는 아무 것도 해낼 수 없지 아니한가?

직장생활 속에서도 삶의 진지함은 찾을 수 있을 것이고, 이웃과 함께 하는 궂은 일과 속에서도 찾을 수 있지 않을까?

이 아침 마음까지 비쳐 보일 만큼 깨끗한 계곡을 바라보면서 혼자 걷는 길이 남다른 것은 그 동안의 지친 영혼을 말갛게 멱을 감았다는 기쁨 때문일까?

아무도 보는 이가 없지만 깊은 산골짜기에 흐르는 맑은 물소리를 들으면서 혼자 걷는 길에 서니 한동안 잊고 지낸 영혼의 맑은 노래를 듣는 것 같아 깊이 사색에 잠겼었나 보다.

푸드득 눈앞에서 이름 모를 새가 산등성이로 날고 있다. 어느 새 산마루에 깊이 내려앉았던 안개가 걷히면서 물안개가 뽀얗게 피어오르고 있다. 시간이 퍽 흐른 모양이다.

뒤돌아보니 버스 한 대가 주춤주춤 다가오고 있다. 산책길에 나설 때 마주쳐오던 그 버스인 것 같았다. 발꿈치를 살짝 들고 차 안을 힐끗 쳐다보니 아낙네 두세 명이 타고 있다. 아침 손님을 태우고 시내로 가나 보다. 기사 혼자 운전할 때보다 보기가 좋다. 아마 혼자 가는 길보다는 함께 가는 것이 좋은 것인가 보다.

빛바랜 원고뭉치

찬 음료와 드링크제를 한아름 안고 퇴근해서 현관문을 들어서니 집안은 온통 책무더기로 쌓여 있다. 식구들의 얼굴엔 온통 땀방울로 얼룩져 움직일 때마다 땀방울이 뚝뚝 떨어졌다. 토요일을 잡아 아침부터 아이들이 공사를 벌인 것이다. 서재에 있는 책들을 거실로 옮기고, 일곱 개의 책장들마저 이동하니 거실엔 누렇게 빛이 바랜 책무더기로 발 디딜 틈이 없다. 연구실에 들락거리는 작은 아들이 서둘러서 시작된 일이다.

베란다와 주방 쪽 창가에 커튼을 달고, 방마다 장판을 다시 깔은 뒤에 컴퓨터를 이동하는 일은 우리 집의 큰 공사가 아닐 수 없다. 남편도 오늘은 곧장 집으로 퇴근해서 작업 지시를 하고 있다. 식구들과 인부들에게 시원한 음료를 건네준 뒤 나도 곧장 간편복으로 갈아 입었다.

여기저기 널려있는 책무더기에서 버려야 할 것과 정리해야 할 것을 구별하여 옮기는 일은 생각처럼 쉽지 않다.

이곳으로 이사 온 지 벌써 여섯 해가 지나고도 반년이 되는 데 그 동안 서재를 제대로 꾸미지 못한 채 골방까지 책이 쌓여 있었기 때문이다. 우선 지나간 잡지들과 신통치 않은 책들을 찾아 수백 권 묶었다. 시골에서 수원으로 이사 온 뒤에도 여섯 번 집을 옮겼는데 남편을 비롯한 식구들의 구박에 내다버린 책만 수천 권이 넘을 것이다. 그런데도 막상 정리를 하려니 낡고 더 이상 읽을 것 같지 않은 책이 수없이 많다. 어쩌면 몇 해 전까지 열정과 집념으로 작품을 쓴다고 밤새워 원고지와 씨름하면서 출판했던 내 책들도 어느 사람의 손에서 더 이상 읽을 필요를 느끼지 않아 폐휴지로 내다버리지는 않았을까 하는 두려움이 앞선다. 갑자기 쓸쓸해진다.

이런저런 이유로 여러 해 동안 글을 쓰지 않다가 아무래도 작품을 다시 쓰지 않고는 견딜 수 없어서 슬며시 케케묵은 서재를 다시 새롭게 정돈해야겠다는 생각으로 시작한 일이었지만 너무 성급한 일은 아닌지 두려움이 밀려왔다. 처음부터 다시 습작하는 자세로 문학공부를 해야겠다는 다짐을 하며 찜통 더위 속에서 가족들의 도움을 받아 집안 분위기를 바꾸고 있지만 웬일인지 마음먹은 대로 좋은 작품을 쓸 수 있을지 자신이 서지 않는다. 하지만 긴 잠에서 깨어나 지금이라도 책상 앞에 다시 앉지 않는다면 앞으로 한 줄의 글도 쓸 수 없을 것 같은 초조함이 앞선다.

이젠 원고지 한 칸 한 칸에 힘주지 않아도, 부드러운 볼펜심을 찾아 한 줌씩 사느라고 여러 문방구를 돌아다니지 않아도 되지 않는가!

컴퓨터 앞에 앉아 생각을 두드리면 누에고치가 실을 뽑아내듯 생각의 나래가 펴질 수 있는 데 왜 써보지도 않고 두려워할까?

최근 오 년 동안의 내 삶은 울퉁불퉁 가파른 자갈길로 뒤덮인 산등성이를 맨발로 오르는 등산객처럼 얼마나 힘겹고 지쳤는지 한동안 흘린 땀도 씻지 못하면서 올라온 길을 돌아보기는커녕 그 자리에 주저 앉아 버린 것 같다. 메마른 목을 축이기 위하여 눈앞에 놓인 시원한 샘물마저 퍼마시지 못한 채 헉헉거리며 지낸 것은 아닐까 싶다.

샘물을 긷는 작은 쪽박마저 들지 못할 만큼 온몸에 힘이 없었던 것 같았다. 마음의 여유라고는 눈을 씻고 찾아볼 수 없었던 생활에 너무 익숙해진 때문인가.

이제 주변을 돌아보면서 다시 펴 올리고 싶은 내 삶의 언어와 값진 영혼의 노래들이 빛을 바랜 원고뭉치들 앞에서 춤추는 것 같다. 못 다한 이야기들과 쓰다 만 영혼의 노랫가락이 엉겨 손때 묻은 책무더기 사이에서 고개를 들 수만 있다면 밤새워 작품을 구상하고, 메모하면서 한 올 한 올 보석 같은 이야기를 꿰듯 희열을 느끼면서 다시 시작하리라.

생각이 여기에 닿자 어느 새 손놀림이 빨라지기 시작하였다.

커튼을 달고, 방바닥을 새롭게 깐 뒤에 제일 먼저 서재를 아늑하게 꾸미기 시작하였다. 결혼할 때 후배가 사준 책장과 두 번째 이사할 때 마련한 책장, 그리고 이사할 때 마련한 책장, 그리고 이사할 때마다 하나씩 장만한 책장들이 다시 서재로 옮겨졌다. 좀 낡은 것도 있지만 내 손때가 묻어 있는 것이기에 이리저리 옮길 때마다 내 의견이 최우선으로 존중되었다.

제발 버릴 만한 책들은 과감히 버리라는 아이들의 성화에 지나간 잡지들과 버려도 될 만한 책을 선별하느라고 나는 늦도록 서재에 머물렀다. 동화책 종류와 신간 도서를 우선 눈에 띄는 책꽂이에 꽂았다. 그리고 옛날 교육대학 재학시절에 아르바이트를 하면서도 일주일에 한두 번은 청계천 헌 책방에 들러 사 읽던 고전문학책들과 김동리 전집, 황순원 소설집, 한국문학전집, 창작과 비평 전집 등은 측면 책장에 가지런히 꽂았다. 국어에 대한 서적도 버리지 못했다. 한번도 뜯어보지 못한 책들도 수십 권이 되었다. 일일이 겉봉투를 가위로 오린 뒤에 제목을 훑어보고 몇 년 지난 잡지는 그냥 버리기로 마음먹고 옆으로 밀어버렸다. 월간문학과 아동문예 잡지는 지난해 발간된 것은 꼭 한 번씩 읽어보려고 가까이 놓인 책장에 꽂았다. 기타 책들은 종류별로 필요에 의해서 꽂았다.

그런데도 버려야 할 책들이 또 몇 백 권은 되는 것 같다. 책상 위치를 바꾸고 그 위에 스탠드를 놓았다. 낡은 컴퓨터이지만 아이들 방에서 옮겨 책상 옆에 놓고 보니 정말 그럴듯한 서재를 갖춘 것 같아 기분이 좋았다. 책상과 컴퓨터 앞에 각각 의자를 놓고 앉아 보니 감회가 새롭다. 특히 작품을 쓴답시고 십오 년 전에 원고지를 만 장씩 인쇄한 일이 있는데 이번에도 서재 옆 골방 책장에 그대로 가지런히 넣었다. 세어보지는 않았지만 빛이 바랜 초록색 '임 옥 순 원고지' 는 아마도 수천 장에 이를 것이다. 원고지마다 '임 옥 순' 이라는 이름을 새겨서 인쇄를 한 것인데 지금처럼 컴퓨터를 사용하지 않았던 시절이어서 그 원고지는 더 소중했던 것 같다.

1988년도에 처음으로 '아프면서 크는 아이' 라는 창작동화집이 출판되면서 원고 청탁이 많이 들어 왔던 것 같다. 그 무렵 나는 생명처럼 아끼는 친구의 도움을 받아 원고지에 정서를 하곤 했는데 바로 첫 번째 독자가 되어 그때마다 날카로운 비평을 해주어 작품 쓰는 일에 태만하지 않게 되었다.

'산타가 주고 간 선물', '구리 섬 아이들' 이란 동화책의 초안인 원고 뭉치도 낡았지만 아직도 나는 버리지 않고 빛이 바랜 원고지와 함께 책장 안에 잘 보이도록 가지런히 진열해 놓았다.

서재를 다시 꾸미면서 평범한 교육자이기를 고집해온 집념 때문에 뒤늦게 시작한 승진의 길이 열려 여기까지 오지 않았는지....

신앙의 힘으로 정상인의 건강을 되찾은 뒤에도 늘 건강 때문에 두 가지 일을 동시에 할 수 없었고, 생각할 수도 없었다면 얼마만큼 공감을 얻을 수 있는 일일까?

문인 주소록에 올라 있는 이름 때문에 지금도 잊지 않고 보내주는 문우들의 귀한 책들을 받아 보면서도 고마운 답례편지는커녕 전화 한 통에도 인색한 자신을 보면서 가끔은 우울해 하기도 한다. 때로는 겉봉투마저 뜯지 않은 채 서재 옆에 있는 골방에 처박아두기도 하면서 여러 해째 원고지와 담을 쌓은 것이다. 그 동안 관계하던 예닐곱 개의 문인 단체들과 결별하다시피 지내면서 마음은 삭막해질 때로 지쳐가기만 한 것은 아니었을까?

글도 쓰지 않겠다고 마음먹던 처음 몇 해는 그런 대로 이유가 분명했던 것 같았다. 건강을 회복한 지 얼마 안 되었고, 대학원 공부에 전문상담연수 등 각종 연구와 연수에 매여 마음의 여유가 도무지 없었다. 교감 승진을 하려면 두 가지 토끼를 잡을 수 없었다는 것은 스스로 인정하고 있는 일이었다. 그러나 붓을 놓은 지 오 년쯤 지나면서 다시는 글을 쓸 수 없을 것 같은 절망감이 어느 순간 온몸으로 느껴지기 시작하면서 조금씩 초조해지고 있는 자신을 발견한 것이다. 정말 내가 하고 싶은 일이 어떤 것인지 깨닫기 시작했는데 그곳에서 너무 멀리 떨어져버린 것 같은 불안감이었다.

일주일에 한번쯤 땀을 흠씬 흘리면서 오르막길에 숨이 막혔던 일을 온몸으로 느끼기 위해 오르던 우리 고장의 이름난 광교산 등반도 십 년이 지나면서 시들해지고 있다.

이른 아침에 일어나면 집에서 그리 멀지 않은 서호 저수지 둘레를 산책하면서 하루 일과를 가다듬던 열정마저 지금은 시들해져 날씨 따라 건강형편 따라 자유롭게 자신에게 얽매지 않고 틈틈이 일상의 한 부분으로 여길 뿐이다. 도무지 신명나는 일이 요즘 내게 없는 것 같다.

남편을 졸라서 아이들의 도움을 받아 이번 여름방학의 큰 과제를 해결하는 것도 어쩌면 내 일상의 작은 변화를 도모하고 싶어서인지도 모르겠다.

빛이 바랜 원고뭉치를 꺼내보면서 책을 정리하고 버릴 것과 간직해야 할 것을 구별하는 동안 깊이 잠들었던 내 인식의 끝자락에서부터 솟아오르는 심한 용틀임을 느끼고 있다. 자아를 깊이 깨달아 가는 일이야말로 삶 속에서 빼놓을 수 없는 소중한 것들이 아닐까?

밤마다 늦도록 원고지와 씨름하던 일이 결코 즐거울 수 있는 일은 아닐지 모르지만 적어도 인생을 걸어 볼 만한 값진 것이 아닐까?

작은 목표를 세워 놓고 줄달음치면서 그 삶의 노래를 부르기 위하여 아픔을 딛고 목청을 가다듬는 일이라면 또 다시 밤잠을 설치는 날이 밥먹듯이 많더라도 결코 포기해서는 안 되지 않는가?

이제는 열정과 아픔의 시간들이 두렵고 떨릴 만큼 낚아온 세월이 너무 많이 흘렀다는 것을 자라는 내 아이들을 보면서 깨닫게 된다.

며칠 전 진지하게 사귀는 여자 친구가 있다는 큰아들의 얘기를 들으면서 갑자기 가슴이 '쿵' 내려앉는 것 같아 순간 앞이 아득해졌다.

어느 새 자식들을 잡고 있던 끈을 놓아야 한다는 생각이 앞서서일까?

성큼 자란 아들의 모습이 대견스럽게 다가서는 것이 아니라 두려움으로 다가선다. 그래서인지 서운함이 배인 내 목소리가 평소와는 달리 날카롭게 들린 모양이었다.

"그 아이 교회 다니니? 부모님은 계셔?"

"엄마, 그 애 교회 다니기로 했어요."

"아직 졸업도 안 했는데 뭐가 그리 급하니? 어디가 그렇게 마음에 드니?"

"엄마, 저 어린애 아니어요. 그 아이 엄마가 원하는 조건은 못될지 모르지만 마음씨랑 모두 제 마음에 들어요. 진지하게 사귀고 싶으니까 엄마도 지지해 주었으면 좋겠어요. 저, 엄마의 아들입니다."

불만이 섞인 큰아들의 볼멘 목소리에 그만 움츠려드는 자신을 발견하게 되었다. 큰아들과 대화를 하면서 내내 서운함을 감추지 못한 것은 세월의 흐름을 인정하지 못하는 마음이 한구석에 서려 있었기 때문일까?

빛이 바랜 원고뭉치를 다시 매만지고 누렇게 바랜 책들을 정리하면서 두려움과 설렘이 엇갈린다. 버려야 할 것과 놓아야 할 것을 잘 구별해야 한다는 생각이 떠나지 않는다. 그리고 다시 시작해야 한다는 다짐도 스스로에게 해본다. 수백 수천 권의 책무더기 속에서 버려야 할 책은 과감히 버리고, 놓아버려야 할 삶의 이야기들은 뒤도 보지 말고 멀리 던져버릴 줄 아는 지혜를 찾아야 하지 않겠는가?

오르막길에서 내리막길로 들어서려면 무거운 짐부터 하나씩 내려놓을 줄 알아야 삶이 다하는 그곳에 설 때 마음이 한결 가볍지 않을까?

빛이 바랜 원고뭉치를 보면서 잊고 있었던 삶의 보석을 다시 찾고 싶다는 생각이 강렬하게 솟는다. 정말 다시 시작해야 될 것 같다. 컴퓨터 앞에 앉아 생각을 가다듬고 영혼 깊숙이 솟아오르는 샘물을 길어 목마르지 않도록 갈증을 풀고 싶다.

삶을 되돌아보면서 새로움보다는 추억을 먹고살아야 할 나이에 자아를 들여다보며 영혼의 노래를 읊고 싶어 그 고뇌에 찬 아픔을 떠올리려고 용기를 내는 것은 얼마나 다행스러운 일인가?

여행 속에서

누구에게나 혼자 어디론가 훌쩍 떠나고 싶어질 때가 있지 않을까?

결혼 전에 6학급 규모의 아주 작은 학교가 있던 바닷가 대숲가에서 자취하며 학교에 근무할 때의 일이다. 나는 가끔 방학이면 책 몇 권과 원고뭉치, 그리고 메모장을 넣어 배낭을 메고 훌쩍 떠나곤했다. 뚜렷한 목적이 있는 것도 아니면서 머물던 학교 사택을 벗어나 버스를 탔다. 때로는 수원역까지 나와 기차 여행을 하였다.

그러나 혼자 낯선 곳에서 하루도 머물기 쉽지 않아 늦은 밤 막차를 타고 돌아와 어머니가 살고 있는 고향집으로 돌아오곤 했다. 지칠 만큼 차를 타고 또 갈아타고 아래로 위로 달려가다가 배가 고프고, 멀미가 날 지경이 되면 아무데나 발길 닿는 대로 먹을 만한 곳을 찾았다. 그러다가 골목 어디에서 만나는 낯선 사람들이 부대끼며 살고 있는 진솔한 모습을 한동안 바라보며 생각에 잠기다가 삶에 지친 그 사람들의 얘기를 듣다보면 정신이 퍼뜩 들어 그냥 발길을 돌렸다.

내 삶의 고뇌가 부끄럽고 사치스러운 일이라고 생각한 때문이었다. 적어도 인생의 단맛, 쓴 맛을 모두 겪어내고, 좌절과 절망 앞에서 몸부림치며 오뚝 일어나보지 않고서는 삶에 대한 그 어떤 얘기도 할 자격조차 없다는 생각이 스친 것이다.

춥던 어느 겨울날의 일로 기억한다. 버스를 두세 번 갈아타고, 기차를 타고, 또 버스를 타고 내린 곳은 충청도 땅 수덕사 근처였던 것 같다. 며칠 동안 여승들이 머물고 있는 곳에서 방을 얻어 글도 쓰고, 이리저리 수덕사 주변을 혼자 걸으며 생각하고 싶었던 것 같았다. 지금도 어렴풋이 떠오르는 것은 젊은 날의 고뇌를 한 몸에 짊어진 사람처럼 무거운 모습으로 한동안 방황할 때였던 것 같다.

굳이 어디로 훌쩍 떠나서만이 조용히 생각하고 어떤 좋은 결론을 얻을 수 있는 길이 최선이 아니었음에도 아무도 아는 사람이 없는 낯선 곳으로 무작정 떠나버리고 싶었는지도 모른다.

아무튼 점심도 굶고, 저녁밥도 거르고 몇 시간씩 두툼한 방한복을 입은 채 배낭을 둘러매고 수덕사 앞 정거장에서 이리저리 돌아다녔다.

꽁꽁 언 손을 주머니에 깊이 넣고, 수덕사 뒤쪽 여승당 주변에서 배회하며 머물 곳을 찾았다. 방을 하나 얻어 며칠 동안 지내려고 마음먹은 것이다. 틀림없이 좋은 문학 작품을 한두 편 빚어 낼 수 있으리라는 믿음도 생긴 것 같았다. 그리고 이른 아침 예불 소리를 들으며 산 속에서 지내다보면 그동안 복잡한 일에서도 홀가분하게 벗어날 수 있을 것 같은 생각이 앞섰나보다.

어느 누구와도 얘기할 수 없는 고민 속에서 놓여나고 싶어 잠시라라도 현실을 벗어나고 싶은 유혹이 컸던 때문이었을까?

기독교 신자이며 모태신앙을 가진 내가 어떤 고민을 해결해 보려고 무작정 현실을 벗어나 찾아 간 곳이 낯선 충청도 깊은 산 속에 있는 수덕사라니…….

어쩌면 고등학교 시절에 헬만 헷세의 '고다마 신달타' 라는 문학 서적을 탐독했던 영향 때문이었을까?

방황이 멈추지 않던 초임지 근무 시절에 혼자 여행을 떠난 곳이 바로 수덕사였다.

고행의 길을 걸어 새로운 자신을 발견해 나가고 삶의 깊이를 깨닫게 된 책 속의 주인공 '고다마 신달타' 를 닮고 싶은 속마음이 있었던 것은 아닌지 모르겠다.

그러나 세계문학 서적에 심취하다 그만 불교에 관심이 많아진 때문이며, 학창 시절 어느 아는 선배 언니가 대학 입시에 실패하여 찾아 간 곳이 수덕사였다는 기억이 아직도 머리에 남는 걸 보면 아무튼 여러 이유가 마음속에 깔려 있었던 것은 아닌지 착잡해진다. 하지만 새로운 삶의 방식을 선택한 그 선배 언니의 용기가 한동안 부러웠던 것 같다. 그런데도 여승이 되었다는 그 선배 언니의 풍문을 확인 할 용기는 없었던 것 같다. 끝내 수덕사 안을 샅샅이 찾아 나서기는커녕 그 주변을 배회하는 데 그치고 말았다.

40년이 훨씬 지나버린 그때를 떠올려보면 부끄럽기도 하고, 얼떨떨하여 쥐구멍에라도 숨어버리고 싶다. 수덕사에 도착한 지 몇 시간 지나지 않아 저녁이 되고 보니 혼자 산 속에서, 더구나 그곳에서 숙박할 용기가 나지 않아 짐을 다시 싸서 배낭에 둘러매고 발길을 돌리지 않았는가?

다만 지금도 생생하게 떠오르는 기억이 남아 있다. 관광지 골목길을 돌며 군밤과 고구마 혹은 먹을 거리를 열심히 팔고 있는 아낙네들과 웅크리고 앉아 살아가는 얘기를 듣다가 그만 가슴이 뜨끈해진 일이 생각난다. 길 거리에서 이른 아침부터 밤늦게까지 가락국수를 팔아 여러 자녀들을 키워낸 어느 아줌마의 얘기가 가슴에 깊이 와 닿았던 것 같았다.

몇 끼를 굶어서인지 추워서인지 아니면 '혼자' 라는 외로움 때문에 가슴이 얼어붙은 때문인지 그 아줌마가 김이 모락모락 나는 가락국수를 말아 주었을 때 국물까지 남기지 않고 후룩후룩 마셔버린 일이 기억난다. 그래서 따스한 마음이 되어 돌아오는 막차를 타지 않았는가!

온몸의 추위가 말끔히 가셔버리고, 방황했던 일에서 벗어나 뭔가 모르는 빛이 보여 앞이 환해지고 다시 의욕으로 충만해진 것이다.

하루에 몇 천원, 몇 만원을 벌기 위하여 새벽부터 늦은 밤까지 눈보라 치고, 매섭고 추운 바람이 휘몰아치는 골목길에서 웅크리고 앉아 장사하는 아낙네들을 보며 얼마나 자신이 부끄러운지 깨달았다.

무작정 혼자 떠나 산 속으로 도망하여 고민하고 방황하는 자신의 모습을 겨우 글 몇 줄로 풀어보려고 떠나다니……. 어느 누구와도 마음을 열지 않은 채 소극적으로 살아가려는 자신의 삶이 열심히 살아가는 그 아줌마들에게는 얼마나 무모하고, 사치스러운 일일까 퍼뜩 떠올라 더 이상 그 자리에 머물 수 없었다.

그날 밤 수원역에 도착하니 어머니가 계신 고향 집을 향한 막차는 몇 시간 전에 벌써 끊어졌다. 할 수 없이 그 당시 거금을 주고 장거리 택시를 잡아탔다. 한밤중에 택시에서 내려 나타난 딸의 지친 모습을 보고서 어머니는 아무 것도 묻지 않았다. 나를 데리고 장작을 지펴 따뜻해진 안방 아랫목으로 데리고 가 꽁꽁 언 몸을 이불 속에 묻어 주었다. 그리고 몇 시간 묻어 둔 밥주발을 꺼내어 늦은 저녁상을 차려주셨다.

"고단한 모양이구나. 어서 먹고 푹 자렴."

"엄마, 나, 혼자 멀리 수덕사까지 여행 갔다가 엄마 생각이 나서 돌아왔어."

"그래. 잘 왔다. 추운데 혼자 그 먼 곳엘 다녀오다니……."

어머니는 그날 밤 곁에서 다 자란 큰 딸의 손을 꼭 쥐고 주무셨다. 아무 것도 묻지 않고 가만히 안아 주시던 그 모습이 아직도 가끔 아련하게 떠오른다. 특히 혼자 '여행' 하고 싶을 때면 인생의 갈림길에서 어느 깊은 겨울 날 방학 중에 짐을 싸들고 수덕사를 갔다가 하루 밤도 머물지 않은 채 막차를 타고 돌아와 엄마 곁으로 달려온 일이 바로 엊그제 일처럼 생생하게 떠오른다.

그런데 수십 년이 지나버린 재작년 4월 중순의 일이다. 정년퇴임을 하고 3월 한 달이 넘도록 온통 집안의 물건을 이리저리 치워가며 업자를 불러 집안 단장을 한 일이 있다. 한 집에서 15년 이상 살다보니 고칠 것도 많고, 버릴 물건도 많았기 때문이다. 붙박이장도 설치하고, 욕실도 뜯어 고치고, 주방도 새롭게 만들었다. 다용도실과 베란다 쪽에 수납장도 먼지가 끼지 않도록 다시 만들고, 현관 앞 신발장도 새것으로 만들었다. 집안의 전등도 절약형인 LED로 모두 교체하였다. 건넌방 책장에 꽂힌 수천 권의 책을 정리하여 과감하게 버릴 책을 천여 권 밖으로 내놓으니 업자가 모두 싣고 갔다. 알고 있는 개척 교회와 인근 아파트에서 관리하는 도서실에 보낸다고 한다.

집안 공사가 끝이 나면서 갑자기 혼자 집안에 있는 시간이 많아지자 잡다한 생각이 꼬리를 물기 시작하였다. 그래서 용기를 내어 한번쯤 혼자 여행을 가보고 싶었던 일을 행동으로 옮기게 되었다. 젊은 날의 방황에서 비롯된 무모하고 사치스럽기까지 한 혼자 여행이 아닌 60대의 무거워진 삶의 무게를 한 번쯤은 내려놓고 싶었을까?

아무튼 남은 인생을 가볍게, 욕심 부리지 않고 다시 새롭게 시작해보려는 마음에서 훌훌 털어버리고 혼자 낯선 곳으로 떠나고 싶었나보다.

중국의 낙양과 정주, 태항산 쪽으로 떠나는 여행이었다. 일주일간을 낯선 사람들과 외국 땅에서 보낸다는 것은 나로서는 큰 용기를 낸 일이었다.

결혼 전 겨울 방학 중에 어떤 문제를 안고 혼자 훌쩍 떠나버린 여행길에서 좋은 작품을 쓰기는커녕 하룻밤도 지내지 못하고 막차를 타고 엄마 곁으로 돌아온 이후, 다시는 낯선 곳으로, 그것도 혼자서 여행을 떠난 일이 없다. 그래서 퇴직 후에 혼자 가 보고 싶은 여행이었지만 많이 망설였다.

그런데 60년을 넘게 살아오며 짓눌렸던 삶의 짐을 모두 내려놓고 제2의 인생을 다시 새롭게 설계하여 앞으로 남은 삶을 보다 값있게, 행복하게 살아가려면 혼자 여행 속에서 깊이 생각해보는 것도 꼭 필요하다는 결론에 이르렀다. 그래서 떠날 수 있었던 것 같다.

삶은 어쩌면 긴 여행길이 아닌가?

그 옛날 젊은 시절 고뇌에 찬 모습으로 방황하며 여행길에 올랐다가 한 밤중에 돌아와 따스한 엄마 옆에서 지친 몸을 쉬고 다시 자신을 일으켜 세웠던 그 일을 결코 잊을 수 없다. 다만 이제는 성숙한 모습으로 혼자 여행 속에서 자신을 돌아보고 싶을 뿐이었다. 또 삶의 무게를 많이 내려놓고, 조금씩 감당할 수 있는 일을 찾아 새롭게 시작하고 싶은 생각이 앞섰던 때문인 것 같다.

긴 여행의 도착지는 죽음에 이르는 길이라고 생각한다. 그래서 한번쯤 다시 혼자 여행길에 나선 것 같다. 아름다운 제2의 인생을 마무리하기 위해 꼭 필요한 일이 아닌가?

하지만 앞으로 세상에서 두 번 다시 혼자 여행하고 싶지는 않다. 설렘도 많았지만 너무 외롭고, 낯설어 고독의 순간을 더 깊이 맛보았기 때문이다.

삶이 다 하면 결국 혼자 다른 세상으로, 고독한 길을 떠나 영원한 세상으로 긴 여행을 떠나지 않겠는가?

가슴으로 쓰는 편지

요즘 출 · 퇴근길에 운전을 하면서 거의 매일 음악을 듣는다. 시간대별로 들려오는 뉴스와 각종 프로그램이 진행되어도 한 쪽 손은 주파수를 찾아 가을이 익어가는 음률을 골라 듣게 된다. 그러면 문득 편지에 대한 여러 가지 추억이 어김없이 떠오르곤 한다.

가을병이 도진 것일까?

아직도 노란 햇살이 눈부시게 줄달음치는 가을들판으로 불현듯이 달려가 그리운 사람과 같이 뒹굴고 싶어진다. 그리고 어둑해지면 아쉬운 작별을 하고 돌아와 밤늦도록 호롱불을 켜 놓고 책상 앞에 앉아 컴퓨터가 아닌 보랏빛 편지지를 찾아 못 다한 이야기를 가슴으로 풀어놓으며 세월을 삼사십년쯤 되돌리고 싶어진다.

중 · 고등학교 시절부터 문학소녀로 불리던 나는 누구보다도 더 많은 편지를 받았다 . 또 다른 사람보다 편지를 아주 많이 썼던 것 같다.

한 통의 편지 때문에 웃고, 울고, 설렘 때문에 긴 밤을 지새우던 기억이 얼마나 많은지 모른다.

아직도 내겐 수백 통의 정겨운 편지글이 남아 있다면 나이를 거꾸로 먹고 있다고 혹자는 웃을지도 모른다.

지금 생각하면 수 천 통의 편지를 대부분 아궁이에 불살랐거나 되돌려 보낸 것이 조금은 후회가 된다. 내 나이 육십이 되면서 그 편지를 일일이 기억으로 떠올리지는 못하지만 우정과 사랑을 담아 보낸 진솔한 편지였다는 사실만은 아직도 생생하다. 특히 계절병처럼 찾아오는 가을햇살이 가슴으로 스며오는 요즘 때로 심장이 멎는 알 수 없는 미세한 소리 때문에 창밖 하늘을 자주 바라본다. 누군가 자꾸 손짓하는 것만 같아 자신도 모르게 눈길이 높고 파란 창밖 하늘을 향하는 것인지도 모른다.

한 사람을 보내고 또 다른 사람을 만나 상실감을 벗어날 때까지 심한 가슴앓이에 시달리던 젊은 날의 아픔이 이젠 아름다운 추억으로 다가선다.

사랑은 단 하나밖에 존재하지 않는다고 내 올곧은 감정의 틀에서 벗어나지 못하던 그 시절, 편지 한 장을 쓰면서 가슴으로 이별을 노래하고, 때로는 환상 때문에 자신을 추스르지 못하고 긴 방황을 하기도 했다.

편지에 얽힌 갖가지 사연을 떠올리며 운전대의 방향을 돌리는 사이 고정시킨 주파수를 타고 들려오는 음률은 1970년대를 주름잡았던 분위기 있는 대중가요와 팝송이 이어지고 있다. 가난과 질병으로 자취생활과 입주 가정교사를 전전하던 암울한 대학시절이었지만 그 시절의 낭만을 되살아나게 한다. 앞이 안 보일 만큼 절망 속에 빠져 하루에도 수없이 삶과 죽음 사이에서 굶기를 밥 먹듯이 하면서 인천 답동 골목에 위치한 음악다방인 커피코너에 들러 낙서하던 일이 떠오른다. 열 명 안팎 앉을 수밖에 없는 아주 작은 이 곳에는 늦은 밤까지 문학을 사랑하고 인생을 논하며 절망하고 때로는 꿈을 먹고 사는 지인들의 아지트로 널리 알려진 찻집이다. 글줄이나 쓸 줄 알고 그림과 연극을 사랑하는 젊은이들이 사슴처럼 그리움을 토해내느라 자라처럼 목을 길게 빼며 이야기하는 정겨웠던 곳이었다. 그래서 이곳에 가면 낯익은 선후배들이 가난하여 절망했지만 영혼만큼은 따뜻하고 넉넉하여 언제나 이들의 쉼터가 되었고, 자존감이 넘실거리던 꿈이 살아 움직인 곳이기도 하였다. 그래서 자취방에서는 돈이 없어 라면을 끓여 먹으면서도 이곳 음악다방에 오면 차 한 잔 값은 늘 있었다. 여의치 않을 때면 마주 앉아 이야기하던 문우가 찻값을 대신 내주었다. 그러나 그 일로 해서 자존심이 상한다거나 차 한 잔 마시지 않고 일어서는 법은 없었다.

한 쪽 구석에 위치한 자리에 혼자 조용히 앉아 눈을 감고 음악을 들을 때면 굳이 다가서서 말을 걸지 않는 게 그 무렵 우리들의 예의였다. 커피코너에서는 혼자 사색思索할 수 있는 자유와 고뇌할 수 있는 분위기가 마련되어 연애할 시간과 마음의 여유는 없어도 출근부 도장 찍듯이 찾아갔는지도 모른다.

어쩌다가 이곳 음악다방에 들르지 못하여 이튿날 일과를 마치고 찾아가면 카운터 앞에 걸린 메모함에 편지를 적어 끼워 놓은 쪽지 몇 개가 기다리고 있었다. 그래서 힘겨운 하루를 마감하기 전에 이곳에 들르면 피곤이 사라지곤 하였다. 절망까지도 사랑하는 법을 익힌 곳이었다면 이해가 갈까?

하루 일과 속에 커피코너에 들려 이야기를 하거나 음악을 들으면서 예쁜 메모지에 쪽지 편지라도 적으면서 떠오르는 시상詩想을 다듬어 시 한 편이라도 쓰지 않고는 견딜 수 없게 만든 치열한 삶이 꿈틀거린 이곳은 우리들의 꿈이 살아 있는 향기 나는 곳으로 아직도 기억한다. 어쩌면 이곳에 가면 그리운 이에게 보내는 정겨운 사연이 적힌 쪽지를 쉽게 발견할 수 있어서 지금도 그리움으로 남아 있는지도 모른다.

그 무렵 강의가 끝나고 과외지도를 위하여 캠퍼스를 급히 빠져나가다가 본관 입구 국어반 우편함을 버릇처럼 살펴보면 어김없이 낯익은 글씨의 편지봉투를 발견하곤 했다.

어느 날에는 두세 통이 또 어느 날에는 더 많은 우편물이 있었는데 그 편지를 꺼내들고 밖으로 나와 건물 뒤쪽으로 위치한 나무 밑 긴 의자에 혼자 앉아 읽다보면 귀불이 살짝 붉어질 때가 많았다.

일방적으로 몇 년을 꼬박 거의 매일 편지를 써서 보내던 훼린에게 답장을 쓰기 시작한 것은 교대 졸업 후에 발령을 받은 뒤가 될 것이다.

그는 늘 문학과 미술에 관한 해박한 지식을 담아 감성을 울리는 듯한 섬세한 필치로 편지를 썼다. 글씨조차 선명한 예술체로 쓴 편지는 가슴으로 쓴 아름다운 예술 작품을 읽는 듯 감동을 자주 받았다. 만나주지 않자 주변에서 일어나는 일상의 얘기를 아주 소상하게 들려주기도 하고, 그의 생각과 꿈의 날개를 달아 거의 매일 편지에 적어 보냈다.

하지만 그 시절 나는 가정형편이 어려워 강의가 끝나면 가정교사로, 혹은 시간제 과외지도로 뛰어다니면서 병마에 시달리느라고 답장은커녕 마음속에 낭만을 담을 한 치의 여유가 없었다.

또 다른 선배는 편지를 보내오다가 답장이 없으니까 직접 강의실로, 혹은 뒤를 쫓아와 답동에 위치한 음악다방에서 몇 시간 기다리다가 일과를 마치고 찻집에 들어서는 내게 마음을 표현하기도 했다.

첫 발령을 받고 부임한 내 고향이 그리 멀지 않은 대숲 바닷가 아주 작은 학교에서는 6학년을 몇 번 담임했는데 아이들의 편지를 참 많이 받았다. 특히 문예반에 있던 선자와 혜자에게서 받은 편지는 지금도 이삿짐 속에 수십 통이 남아 있다.

학교에서 그리 멀지 않은 곳에 모든 선생님들이 함께 살던 사택이 있었는데 아이들은 집으로 돌아가는 길에 순번을 정해서 담임인 나의 저녁밥을 지어 놓고, 반찬도 만들어 부뚜막에 있는 작은 상을 정성껏 차려 놓고 한 쪽 귀퉁이에 공책을 뜯어 따뜻한 내용이 가득한 편지를 써 놓고 가곤 했다. 그 때마다 자취방에 혼자 앉아 수저를 들면서 콧등이 시큰거리던 기억이 몇십 년이 지난 이 가을 어제 일처럼 생생하게 떠오른다. 그리움이 강물처럼 밀려와 서신면 궁평리 사택 안에서 발견했던 쪽지 사연이 살아서 움직인다.

'선생님, 맛있게 잡수세요. 그리고 아프지 마세요.'

그 쪽지를 쓰던 아이들은 지금 무엇을 하고 있을까?

그 아이들의 외로움과 어려운 가정형편으로 해서 생긴 갈등, 그리고 조숙했던 그 아이들의 사춘기 시절의 고민 해결의 상대가 되어 나도 열심히 답장을 써 보낸 것 같다. 아마 지금 그 아이들은 대학생 자녀나 군입대를 한 자녀를 둔 사십대 후반이 되었을 것이다. 그 무렵의 아이들은 호적나이보다 두세 살 위로 기억된다. 지금은 그렇지 않지만 그 시절 시골에서는 나이가 몇 살 되어서 호적에 올리는 경우가 많았기 때문이다.

1983년부터 어린 두 아들과 수원으로 이사와 도시생활을 하면서도 나는 편지를 아주 많이 썼다. 물론 다른 사람보다 편지를 많이 받아보기도 했다.

1980년대는 새로운 친구를 만나고 이야기하고 서로의 꿈을 격려하면서 특히 문학공부에 심취했던 시기였던 것 같다. 좋아하는 벗들이 몇 명 다가서면서 투병생활이 시작되었지만 결코 외롭지만은 않았던 것 같았다. 밤마다 원고지와 씨름하면서 시와 동화쓰기, 수필공부에 분주했으나 내 영혼처럼 아끼고 소중하게 생각한 벗이 생기면서 나는 수백 통의 편지를 썼다. 거의 매일 편지를 우체통에 넣어 보냈다. 같은 직장에서 만나는 동료였지만 수줍음을 타는 나는 만나면 주로 듣기만 하다가 밤이면 책상 앞에 앉아 연인에게 보내는 편지처럼 설렘과 그리움이 가득한 편지를 써서 굳이 우표를 사서 봉투에 붙여 출 · 퇴근길에 가까운 우체통에 넣었다.

그리고 100통째 편지를 보낸 뒤 어느 햇살 고운 가을 날 우린 퇴근길에 손을 마주 잡고 빛이 쏟아지는 양지를 찾았다. 햇살이 길게 늘어뜨려 산마루를 덮고, 해가 숨어버릴 때까지 감빛 노을에 취하여 서로 나누어 가진 편지 속에 이야기를 다시 떠올리면서 늘 가까이 곁에 있어도 그리움으로 다가서는 감정은 어떤 빛깔인지 말없이 느끼며 마주보고 살포시 웃었다. 그 뒤에도 그런 설렘의 감정은 수백 통의 편지를 주고받으면서 1990년대를 보내고 2000년대를 맞이하였다.

그런데 컴퓨터를 사용하는 것을 생활화하며 온 세상이 인터넷세상으로 바뀌게 된 요즘 나는 설렘과 그리움이 가득한 편지를 직접 써 본 것이 언제쯤이 되었는지 기억조차 나지 않는다. 옛날처럼 그리움을 가득 담아 가슴으로 편지를 쓰면서 낭만을 노래하고 계절병처럼 찾아오는 가을병을 앓으면서도 가을엔 편지를 써서 우체통에 넣어 보내던 그 시절로 돌아가고 싶어지는 것은 나만의 사치일까?

기계사용이 서툴러 운전하는 일도 가장 늦게 배웠고, 컴퓨터 워드 자격증도 늦게 땄으며 손 전화로 문자를 주고받는 것도 지난 해 가을이었으니 기계치를 벗어난 것이 얼마 되지 않는데 직접 편지를 써서 보내는 일을 되풀이 할 수 없음은 그만큼 감정이 퇴색된 때문일까?

삶이 고단하여 감정이 메말라버린 것일까?

아직은 추억을 먹으면서 살고 싶지 않은데 그리움을 붓끝에 담아 힘주어 쓰면서 밤을 꼬박 밝히던 일이 아주 먼 옛날의 감정으로 느껴와 좀 쓸쓸해진다.

이 가을 수숫대 사이로 노을빛을 휘감아 올리며 살랑살랑 허수아비를 휘젓는 솔바람향기를 찾아 수백 통의 편지를 써서 붙이게 했던 내 편지의 주인공과 같이 살며시 손을 마주 잡고 걷고 싶다.

아마 지금도 노란 햇살이 길게 부서지는 양지바른 그 곳에 가면 수숫대가 서성거리고, 속살까지 설레게 하는 갈대숲이 춤추고 있으리라.

그 곳에 마주 서면 다시 입맞춤으로 영혼을 노래하고 돌아온 저녁에는 책상 앞에 앉아 호롱불을 켜고 긴 가을 편지를 가슴으로 쓰고 싶다. 꺾었던 붓을 다시 손질하여 그리움이 키만큼 자랄 때까지 손으로, 가슴으로 편지를 직접 쓰고 싶다.

차 한 잔의 여유

정오가 가까울 무렵 차를 몰고 교문 앞에 도착하니 쇠사슬로 비스듬히 잠겨 있었다. 차를 세우고 잠시 내려 살펴보니 자물통이 열려 있어 두 손으로 문을 밀어내었다. 주차장에 차를 세우고 별관을 향했다.

울창하게 들어선 소나무 숲을 가로지르면 일년생 화초들이 갖가지 정원수와 어우러져 눈부시다. 오늘 아침 갑자기 내린 소나기가 지난 뒤에 흰 구름을 헤집고 고개를 살며시 내민 햇살이 따사롭다. 봄부터 수백 개의 큰 화분에 정성껏 가꾸어 온 메리 골드와 생강, 그리고 꽃밭 가득 흐드러지게 피었다가 도톰하게 맺힌 비비추 줄기가 한층 돋보인다.

햇살이 쏟아지는 양지바른 담 벽에 잠시 기대어 섰다. 몇 명의 조무래기들이 공놀이를 하느라고 운동장에서는 가끔씩 재깔거린다.

고요함이 밀려오는 일요일의 한가로움을 뒤로 한 채 당직 기사의 도움을 받아 본관 3층 교무실에 들어섰다. 운동장이 보이는 뒷좌석에 비스듬히 닫힌 창문을 여기저기 열어제치고 커피 한 잔을 끓였다.

차 한 잔의 여유를 갖고 싶어진 때문이리라.

컴퓨터를 켜 놓고 책상 앞에 앉아 코끝으로 커피 향을 흠씬 맡았다. 혼자 텅 빈 교무실에 앉아 운동장에서 들려오는 아이들의 재깔거림에 슬며시 찻잔을 들고 창가로 다가섰다.

어느 새 창 틈을 비껴 간 은빛 금빛 햇살자락을 바라보고 있으니 마음은 두둥실 억새꽃 울창한 언덕으로 춤추며 향한다.

얼마만의 한가로움인가!

아무도 없는 한적한 곳에서, 누구의 방해도 받지 않는 곳에서 혼자 차 향기에 그윽한 추억을 떠올려 본 일도 정말 오랜만인 것 같다.

벌써 이십 여 년이 흘렀나보다. 직장에서 만나고도 하루에 몇 번씩 만나야 직성이 풀릴 만큼 가깝고도 애틋한 벗의 얼굴이 떠오른다. 지금도 전화를 하면 한 시간을 마다 않고 달려올 수 있는 친구이지만 쉬는 날 서로 방해가 되면 어떻게 하나 배려한답시고 손 전화가 지척에 있어도 물끄러미 바라볼 때가 얼마나 많은지 모른다.

더구나 오늘은 모처럼 수필 한두 편 써보려고 일부 예배를 본 뒤에 곧장 학교로 달려온 것이다. 집에 있어도 방해할 사람은 없는 데 글이 써지지 않아 할 수 없이 일하기 익숙한 책상을 찾아 근무지로 왔다면 별난 성격을 가졌다고 놀릴 것인가?

여름방학이 지나고 개학이 되니 각종 행사가 겹치고 다가온 도 지정 연구학교 보고회 준비로 더 여유가 없어진 것 같다. 그래서 작품 마감이 지나고 또 독촉을 받고서야 마음을 가다듬느라고 애를 쓴다. 그래도 올 여름에는 십여 권의 문학서적을 읽고 문학세미나에도 참가해 보고 가까운 문인의 출판기념회에도 참석하면서 다시 글을 써 보겠다고 다짐을 하지 않았는가!

오늘은 새벽에 잠이 깨어 일찍부터 컴퓨터 앞에 앉았는데도 글이 써지지 않았다.

어제는 쉬는 토요일을 맞아 마음이 푸근해서 금방 글이 한 아름 쓸 것만 같았는데 하루 종일 잠을 자고 공원을 거닐고 저녁때는 사우나까지 다녀와 책장만 넘기다가 글쓰기를 포기했다. 일주일 간 야근까지 하면서 바삐 보낸 것이 피로가 쌓인 것이다. 도무지 마음처럼 행동이 따라주지 않아 오래도록 잊고 산 일은 다시 시작하는 것이 두렵고 쉽지 않다.

막상 책상 앞에 앉아 자판을 두드리면 글은 써지고 마음은 정돈되어 한결 가벼워지는 일인데도 왜 이렇게 한 편의 수필을 써 보는 일이 어려운 것일까?

유난히 질병이 따라다녀 평생 투병하면서 직장 일을 하고, 신앙생활을 하면서 건강을 지키느라고 마음을 쓰다 보니 어느 결에 겁쟁이가 된 것은 아닌지?

아니면 일 자체에 매여서 여유를 찾지 못하고 무미건조하게 사는 것에 익숙해진 것은 아닐까?

주말이면, 틈만 나면 걷고 산에 가고 사우나에 가고, 모임에 참석하고 그리고 환절기가 되면 어김없이 찾아오는 계절병에 시달리면서 십 수년이 지나다보니 원고지와 씨름하던 오랜 기간의 문학수업을 스스로 잊고 애써 외면하려 한 것은 아니었을까?

이제 육십 고개를 몇 고개 남기지 않은 지금 얇은 달력 앞에 서서 갑자기 몸이 움츠려드는 것은 어찌된 까닭일까?

생각에 잠기다가 다 식어버린 커피를 홀짝홀짝 마시고 보니 어느 틈에 찻잔이 바닥이 났다.

이리저리 살펴보니 비스듬하게 열린 창밖엔 공을 차던 아이들이 어디론가 가 버렸다. 자전거를 타고 있는 계집애가 운동장을 가로지르고 있을 뿐이다. 여전히 햇살은 소나무 숲과 느티나무 숲 그늘 사이에서 쫙 날개를 편 채 환히 웃는 것 같았다.

문득 책상 앞에 놓인 전화기가 눈에 크게 들어온다. 번쩍 들어 벗에게 달려가고 싶은 마음을 실어보고 싶어진 것이다.

그 해 이맘때쯤인 것 같다. 아니 추석을 얼마 남겨 놓지 않고 주말 오후에 햇살이 눈부시게 쏟아지던 오후 한 때 우린 지지대 고개를 지나 고려합섬이 보이던 언덕에 손잡고 오른 일이 있었다. 억새꽃이 유난히 하얀 웃음을 흐드러지게 흘리면서 춤추던 그 길섶에 앉아 손잡고 쉴 새 없이 나누던 이야기는 순수한 쪽빛 가을하늘 그대로였던 것 같다.

가슴을 졸이면서 도란도란 이야기꽃을 피운 기억이 지금 난데없이 엊그제 일처럼 생생하게 다가서는 것은 화창한 가을 날씨 때문일까?

논길로, 파장동 야산으로, 공원으로, 호젓한 숲이나 양지바른 들판이면 어디든지 손잡고 뛰어다니면서 바람을 느끼고, 타오르는 불꽃 같은 감정을 주체하지 못해 갈증을 삭이느라고 밤잠을 설치던 추억이 고스란히 다가서고 있는 것은 어찌된 영문일까?

늦은 밤에도 아이들이 잠든 시간이면 전화 한 통화에 뛰어나와 동네 한 바퀴를 돌면서 이런 저런 이야기를 나누고, 실타래처럼 써 내려간 원고뭉치를 가로등 불빛에 보여 주면서 작품평을 듣거나 풀리지 않는 이야기의 뒷부분을 함께 나누면서 도움을 받았다.

이십 년이 훌쩍 지나버린 지금은 몇 차례 이사하는 동안 차를 타고 한 시간쯤 거리로 떨어져, 보고 싶을 때 단숨에 달려가지 못하고 전화로 혹은 약속을 하고서야 만나고 있다. 서로 바쁜 일이 있으면 한 달을 만나지 못하고 지나는 일이 자주 있게 된 것이다. 하루에 몇 번씩 만나지 못하면 일손이 잡히지 않아 퇴근 후에도 시장에서 만나거나 동네 어귀에서 잠시 만나야 하루 일과가 순조롭게 진행되는 것 같았다.

마치 연인처럼 만나고 이야기하고 의지하던 벗이 오늘따라 더 보고 싶어진다. 글을 쓸 때도 제일 처음 독자가 되어 주고 원고지에 최종 정서를 할 때도 그 벗의 손을 거쳐야 마무리가 된 것이다. 몸이 아플 때 언제나 곁에서 있어주고 마음이 아플 때도 힘이 되어 준 그 벗을 생각하면 늘 마음이 따뜻했다.

바쁜 가운데에서도 여유를 가지고 생활하면서 누군가에게 힘이 되기를 좋아한 그 성품은 긍정의 힘을 가지고 무엇이든지 해결사노릇을 하곤 했다. 남에게 베풀기를 좋아하는 그 벗은 어쩌면 내가 갖지 못한 성품을 지녀서 더 가까운 친구가 되었는지도 모른다.

그 성품 때문에 조금은 손해를 보는 생활을 할 때도 있는 것 같다. 가족 우선을 생각하고 뒷바라지를 아낌없이 하느라고 아직 승진의 기회가 오지 않아 안타까울 때가 많다. 아마 올해가 지나면 틀림없이 그 승진의 기회가 오리라고 믿는다. 아무튼 그 벗은 평생 주변을 생각하고, 뭐든지 챙기면서 어느 조직에서든지 어울리면 웃음과 여유를 선사하여 친목회장을 떼지 못하고 생활하는 만능박사이다.

내가 오랫동안 원고지를 접고 살았던 것은 외곬 성격 때문일 것이다. 체력이 따라주지도 못했지만 한 번에 두 가지 분야를 감당하지 못하는 성격 탓에 그 동안 작품 쓰기를 접어 둔 것 같다. 그래서 뒤늦게 다시 작품 쓰기를 다시 시작하려고 마음먹으면서 책상 앞에 앉아 한 편의 수필을 써 보겠다는 것이 생각에만 그치고 여기까지 온 것이 아닐까?

하지만 햇살이 따사롭게 비치는 창가에 서서 바람결에 다가서는 가을 언덕의 그 풋풋한 억새꽃 추억이 한 아름 다가서고, 바람 같은 벗의 향기가 쪽빛 하늘로 다가서는 지금 가을 이야기가 동화처럼 펼쳐지고 있다.

유난히 햇살이 눈부시게 쏟아지던 그 언덕에서 가을바람이 살랑거리며 겨드랑이 사이로 하얀 속살을 드러내놓고 웃음을 짓는다.

그 벗이 지니고 있는 마음의 여유와 따사로운 감정을 나도 이 가을 하늘 한복판에 한 올 한 올 수놓아 문학의 향기를 느끼고 싶어진다. 이젠 차 한 잔 마실 수 있는 여유를 가지고 살고 싶다. 돌아보면서 천천히 앞을 향해 가고 싶어진다. 그 여유의 삶 속에서 가끔은 밤새워 글을 쓰고 아파하면서 인생의 깊은 맛을 차 한 잔에 담아 보고 싶다. 그래서 가끔은, 아주 가끔은 고독한 시간을, 마음을 향기로운 그릇에 담아 보고 싶다.

영혼을 찾는 이들의 그리움

나이를 먹어간다는 것은 꼭 나쁜 것은 아닌 것 같다. 그러나 삶의 현장에서 조금씩 뒷전으로 물러앉는 그런 모습을 떠올리는 나이는 언제부터 시작되는 걸까?

최근에야 나는 내 나이가 적지 않다는 사실을 깨달았다. 하지만 26년의 연륜이 쌓인 그리메 모임에 최근 다시 회원이 되어 각자의 취미활동 결과물을 한 장소에 전시하게 되면서 나는 아직 젊고, 이루고 싶은 꿈이 많다는 것을 알게 되었다. 모든 것을 다 이룬 사람처럼 한동안 현재에 안주하다가 나보다 나이가 훨씬 많은 퇴직교사 선배님들의 또 다른 인생을 엿보면서 부끄러움이 고개를 들기도 하였다. 옛날 내 열정적인 모습을 떠올리니까 생활에 활기마저 되찾는 것 같아 설레기도 하고 무엇인가 내 할 일을 다시 해야겠다는 용기도 생긴다. 학교 경영자로서 아직 할 일도 많고, 공무에 바쁘지만 자신의 영혼 깊은 소리를 들으면서 문학공부에 또 다시 매진하고 싶은 소망 때문에 기분이 좋다. 그만큼 마음의 여유를 찾은 것 같아서 날아갈 듯이 기쁘고 행복하다.

할머니 소리를 들어야 할 나이에 무엇인가 목표를 가지고 새롭게 일하고, 꿈을 키워갈 수 있다는 것은 분명히 즐거운 일이 아닌가!

그 동안 건강 회복을 이유로, 뒤늦게 내 삶의 방향을 바꿔 놓은 승진 문제를 해결하기까지 십 년 간 글 쓰는 일을 멈추었다. 원고 청탁이 와도 한 편의 작품도 쓰지 않았던 것은 감당하기가 어렵고, 한꺼번에 두 가지 이상 총력을 다 할 수 있는 건강도 따라주지 않았기 때문이 아닌가!

밤늦게 원고지와 씨름하던 일을 떠나 현실에 부딪쳐 숨차게 앞만 보고 달린 지 벌써 십 년이 넘었다. 오랫동안 글쓰기를 멈추었더니 이젠 현실에 안착하려는 게으름마저 몸에 배인 것 같고, 밤새워 문학열에 혼신을 다 바치던 그 열정이 식어버린 것은 아닌가 생각되어 그 동안 허전하기도 했다.

그런데 이번 작은 모임인 그리메 회원들 틈에 끼어 20여 년 전에 써둔 시 십여 편을 정리해서 전시회에 출품하는 동안 잃었던 자신의 모습을 찾은 것 같아 여간 다행스럽지 않다.

글을 잘 쓰지도 못하면서 열정적인 성격 탓에 건강을 크게 해칠 정도로 다시 아플까봐 글쓰기를 접게 된 것 같아 늘 마음 한 구석이 허전하고, 좋지 않았던 것 같다.

'또 아프면 어떻게 하지?'

건강 때문에 죽을 고비를 몇 번씩 겪으면서 하고 싶은 일을 조금씩 줄이고, 다음으로 미루다 보니 어느 틈에 십년이 훌쩍 지나버렸다. 그런데 정겨웠던 옛사람들을 다시 만나 이야기 하고 생산적인 일을 찾아보자는 의견 일치를 보면서 시작한 작품 전시회였는데 뜻하지 않게 새로운 용기를 갖게 되어 마치 하늘로부터 큰 선물을 받은 기분이 들고 있다.

하루 빨리 게으름에서 벗어나 자신을 위한 투자를 해야겠다는 생각을 하게 되었다. 마음 깊이 묻어 둔 영혼의 이야기를 찾아가는 작업을 다시 할 수 있다는 자신감이 샘솟는다.

조금씩 마음의 여유를 찾아가는 삶으로 바뀌고 있기 때문일까?

어느 틈에 육십의 문턱을 넘게 되니 앞만 보던 눈이 전후좌우를 살피게 되기도 하고 사람 관계를 소중하게 깨닫게 된다. 철이 좀 난 것일까?

이렇게 생각하는 지금 알 수 없는 미소가 머금어진다. 그리고 이번 연말에 내가 근무하는 학교 시청각실에서 오랜 세월 함께 했던 전 · 현직 선생님들의 작품전시회를 가졌던 잔잔한 감동이 어제 일처럼 다시 되살아난다.

1983년도 수원 영화초등학교에서 같이 근무하던 여선생님 열 명이 각자 지니고 있던 취미생활 작품들을 다양하게 펼쳐 보인 것이다. 전시회 당일 날엔 영화초등학교에서 근무하던 사람들과 가까운 가족들 150여 명의 지인들이 찾아 와서 반가움에 얼싸안기도 하고, 서로의 그리움을 달래보며 차 한 잔씩 마시면서 삶의 뒤안길을 같이 노래하게 되었다.

오랫동안 잊고 살았던 자신의 영혼이 다시 꿈틀거리기도 했고, 삶의 뒷전에서 활기 없이 서성거리던 모습에서 벗어나 무엇인가 자신만을 위한 영혼의 작업이 얼마나 소중한 것인지 깨닫게 되었다. 열정을 쏟아 작품을 만들고, 그 동안 틈틈이 취미삼아 쓰고, 그렸던 소품들을 누구엔가 보이기 위해서 정성껏 손질하여 한 자리에 펼치기까지 회의를 거듭하면서 서로 격려하고, 이끌며 행복해 했던 모습을 잊을 수 없다.

작품 전시회를 준비하는 동안 우리는 적어도 나이를 잊었던 것 같다. 서로의 의견을 모으면서 때로는 열띤 토론과 의견 충돌로 애들처럼 옥신각신하기도 했지만 오랫동안 사귄 끈끈한 정으로 곧 모임은 활기를 찾았고, 꿈이 가득한 젊은이들보다 더 싱그럽고, 정겨운 모습이 가득했다.

정말 나이를 잊고 사는 젊은 사람들처럼 모이면 전시회 준비 얘기로 꽃을 피우면서 할 일이 있다는 행복감에 젖었던 것 같다. 하고 싶은 일에 열중하는 모습은 정말 아름다웠다. 집 안에 틀어박혀 손자, 손녀의 재롱을 보면서 노후를 편히 쉴 나이에 무엇인가 자신의 일에 몰두하고, 작품을 만든다는 것은 가슴이 뭉클할 만큼 감동적인 일이 아닌가!

평생 바친 교직을 떠나 연금을 받으며 노후를 보내고 있는 칠십대의 선배님에서 육십대 후반의 선배님들, 그리고 사 오년 남은 현직교사 모두 열 명 회원이 같이 한 공동전시회를 통해서 혼자보다는 둘이, 둘보다는 여럿이 힘을 모으고, 생각을 모으면 꿈은 만들어지고, 삶은 활기차게 된다는 사실도 알게 되었다. 아무튼 내 삶을 새롭게 도전해 보고 싶을 만큼 생각이 젊어지고, 행동이 새로워진 것 같아 자신을 칭찬해주고 싶다.

영화 인연 26년의 중심에서 푯대와 기반이 되어 준 시루떡 같은 그리메의 영원한 대들보, 젊음의 뒤안길에서 조용히 돌아와 앉은 큰 누님같이 국화꽃 사랑 넘치는 영원한 소녀, 예리한 감성이 세월과 더불어 농익어, 완숙한 아름다움으로 승화시키는 삶의 모습을 지닌 이, 천天, 지地, 인人을 함께 품은 어머니같이 생명 있는 것들의 영원한 안식처, 젊음을 다 연소시키고 이름 없는 여인 되어 들장미 울타리 감옥에 스스로 들어가 고요히 살아가는 이, 드러내지 않는 품성과 품격을 갖춘 고농축의 다재다능한 숨은 인재, 우주 만물을 품어 아름다운 무지개의 신비를 재창조하는 진, 선, 미의 집합체, 운주사의 풍경소리 담은 영혼에 합당한 방울꽃 같은 만년 소녀의 절대 가치를 지닌 이, 철저한 완성의 영원한 미

완성, 초겨울 기러기 닮은 신비의 환타지, 미로의 절묘한 하모니, 은근함과 고요함이 빛 고운 물소리 되어 모두를 품어내는 삶의 주춧돌 같은 이, 서로의 특징과 개성을 살려 회원 모두의 인물화 밑에 소개하는 글귀를 적으면서 우리는 마음껏 웃었다.

꽃꽂이, 시, 시조, 비즈 공예, 수예품, 포토샵, 종이접기, 인물화, 선별된 클래식 선율로 전시회 작품은 제법 격식을 갖춘 프로급 솜씨였다.

전시장을 꾸민 그날 해질 무렵 케익과 촛불을 마련하여 개관식 자축을 마친 회원 모두는 분홍색 스카프를 두른 채 같이 사진을 찍고, 가까운 온천장으로 옮겨 따스한 온천수에 피로를 풀면서 밤늦도록 이야기꽃을 피웠다. 그리고 이튿날 열시부터 오후 세시까지 보고 싶었던 친지들이 찾아 준 가운데 정말 뜻 깊은 행사가 이루어졌다.

오랜 세월이 지났는데도 초대장을 받고 곧장 달려온 영화초등학교 시절의 선생님들을 보면서 정말 눈물이 날 만큼 고마웠다. 감동적인 하루였다. 그리운 이들끼리 만남의 장을 만들었다는 뿌듯한 마음에서 회원 모두는 어린애처럼 손뼉을 치기도 했고, 서로 얼싸안으면서 환성을 터뜨렸다.

정말 나이를 먹어간다는 것은 서글픈 일이며 삶의 현장에서 조금씩 뒷전으로 물러앉는 것만은 아닌 것 같다.

이렇게 소중한 사람끼리 아름다운 추억을 만들어 갈 수 있다는 사실에 회원 모두 삶이 훨씬 고무된 것 같았다. 나 역시 편안히 안주하고 싶은 게으름에서 떨치고 다시 열정 속에서 영혼에 귀 기울여 꿈을 키워가고 싶어졌다. 향기 나는 글도 다시 쓰게 될 것 같다. 창작의 고통이 따르는 일이겠지만 이젠 쉬지 않고 소중한 생각과 아름다운 꿈을 펴 올려야겠다.

아직 나는 내 나이를 헤아리며 늙고 싶지는 않다. 새로운 것에 대한 도전과 자신을 변화시키며 창조하는 일에 혼신을 다 하고 싶다.

이것은 함께 하는 이들의 그리움이 깊어 곳곳의 삶 속에서 또 다른 모양으로 나타낼 수 있을 때까지 계속되리라.

아직은 세월의 뒤안길에서 추억만을 먹고 살기엔 나는 마음이 젊고 이루고 싶은 꿈이 용솟음친다. 지금도 모임에서 만나면 그날의 설렘으로 이야기꽃을 피우고 있다.

그리움이 있다는 것은 살아있다는 것이 아닐까?

젊다는 것은 새로운 것에 대한 도전과 변화를 두려워하지 않고 꿈을 향해 앞으로 나아가는 모습일 것이다. 그렇다면 나는 아직 젊은이에 속하는 나이가 아닌가?

저 산 저 하늘 너머엔

우리 부부가 인천공항에 도착한 시간은 늦은 오후였다. 탑승 시간이 저녁 시간이기 때문이었다. 그러나 예상보다는 시간이 촉박하여 마음이 분주해졌다. 이리저리 공항 주차장을 찾아 타고온 승용차를 정차시키고 출국 절차를 마치기 위하여 안내 표지를 따라 바삐 움직였다. 미리 서둘러 나온 길이었지만 처음으로 찾아온 곳이어서 뭐든지 낯설었다. 공항 위치를 찾는 데도 시간이 걸렸지만 단기 여행자들이 차를 맡기는 지정된 주차장을 찾느라고 애를 썼다. 주차장을 눈앞에 두고도 출입구를 찾느라고 몇 번이나 빙빙 돌았다.

20여 년 전, 현대의학의 힘으로 고치기 어려워 마지막 기도를 드리는 마음으로 찾아 입원했던 할렐루야 기도원에서 그곳 원장님과 같이 우리 부부가 미국에 간 일이 있다. 기관지 확장에서 온 심한 각혈 때문에 사경을 헤매다가 신앙의 힘으로 기적을 만나 병이 낫게 되었는데 간증을 하는 임무를 띠고 15일간 미국에 간 것이다. 그때는 김포공항을 통해서 출국을 했기 때문에 최근 10여 년 전에 새로 생긴 인천 공항은 처음 온 것이다.

남편 역시 미국을 가 본 것 외에는 나처럼 외국여행은 이번이 처음인 셈이다. 그래서 모든 것이 서툴고 낯설었다. 또한 소풍 전날 밤 잠을 설치며 기다리는 아이처럼 떠나기 훨씬 전부터 달력을 보고 손꼽아 기다리게 되었다.

그동안 건강회복과 자녀교육, 그리고 갑작스러운 승진 준비 때문에 해외여행을 뒤로 미루기만 하였다. 특히 여러 날 동안 멀고 낯선 외국 땅에서 견딜 수 있는 체력에 자신이 없어서 그동안 해외여행을 망설여 온 것 같았다. 또 외국 땅에서 음식에 적응할 자신도 없었던 것 같다.

그러나 큰아들 내외가 서둘러서 마련한 효도여행길이라 사실 떠나기 훨씬 전부터 어린애처럼 가슴이 설레었다. 무엇보다도 건강이 많이 좋아져 늦은 감은 있지만 낯선 외국 땅에서도 잘 적응할 것 같아 비행기에 오를 날짜를 은근히 기다리게 되었다. 틈만 나면 남편과 같이 여행지에서 필요한 이것저것을 적어 보기도 하고, 필요한 물건도 미리 사려고 준비를 단단히 하였다.

싹싹한 며느리가 딸처럼 몇 달 전부터 비행기 시간과 날짜, 여행 일정표까지 직접 짜 주고 예매를 해 주는 등 그곳에서 지낼 물건을 꼼꼼히 챙겨 주었다. 그리고 출발하기 보름 전에 아들 내외가 와서 용돈도 주고 갔다.

우리 부부는 떠나기 며칠 전에 같이 쇼핑을 하였다. 여행지에서 입을 옷과 신발은 물론 간단한 밑반찬과 약품까지 샀다. 아들, 며느리가 적어 준 메모지를 보면서 일일이 체크를 하면서 빠뜨리지 않고 사려고 애를 썼다. 어른이 되어서도 편식을 못 고친 내 별난 식성 때문에 3박 5일 동안 내가 먹을 밑반찬을 챙기면서 가족들에게 한 마디 핀잔을 들었다. 진정한 여행이란 현지에서 만든 그 나라 음식을 먹도록 노력해야 하는 것이 기본이라는 것이다. 하지만 참 오랜만에 떠나는 먼 여행길이라 할 수 없다고 응수를 하였다. 그런데 나이를 먹어서도 어디론가 떠날 때의 설렘은 변함이 없는 것 같았다.

두리번거리면서 겨우 여기저기 찾아 출발 수속을 마친 우리 부부는 탑승 전에 간단한 저녁 식사를 마치고, 커피숍에 앉아 차 한 잔을 느긋하게 마실 수 있었다.

탑승 시간은 다섯 시간이 채 안 걸리는 거리였지만 이미 한여름밤이어서 비행 출발을 알린 한참 뒤에 창밖으로 보이는 하늘을 바라보았지만 캄캄하여 지척을 가릴 수 없었다.

비행기 안에서 특별히 할 일이 없어 신문과 잡지를 읽다가 앞좌석 등받이에 꽂힌 이어폰을 귀에 꽂고 음악을 들었다. 그러다가 잠시 졸았던 것 같았다. 남편이 무릎을 툭툭 치는 바람에 깜짝 놀라 눈을 뜨고 보니 방콕에 도착하였다고 했다.

짐을 찾아 출구를 벗어나 지정된 위치를 찾았더니 이미 현지 안내자가 나와 친절하게 맞아 주었다.

손목시계를 바라보니 새벽 한 시 반이 지나고 있었다. 탑승 전에 그곳 시간에 맞추어 시침과 분침을 돌려놓은 것이다. 아무튼 날이 밝을 때까지 가까운 호텔로 가서 잠을 잘 수 있게 되어 다행스러웠다.

최고의 특급 호텔이라고 설명을 덧붙인 안내양은 취침 후 식사를 마치면 아침 9시까지 현관 앞으로 마중을 온다고 하였다. 여행지를 벗어날 때까지 우리 부부만을 위하여 줄곧 안내를 하게 되었다는 이 양은 우리나라 사람이었다. 아직 20대 아가씨인데 뜻이 있어서 부모님의 반대를 무릎 쓰고 대학을 졸업하자 여행사에 근무를 하게 되었고, 방콕에 온 지 벌써 4년이 되었다고 한다. 낯선 곳에 이미 적응하여 중국어는 물론 방콕 현지의 말과 영어를 병행할 줄 아는 아주 당찬 아가씨였다. 손님이 여행지에서 불편함이 없도록 세세한 부분까지 신경을 쓰고 안내해 주는 안내양 덕분에 고단함이 어느 결에 사라진 것 같았다.

투숙하는 호텔 방 안에 들어서니 그런대로 시설이 괜찮았다. 하지만 우리나라 특급 호텔보다는 좀 뒤떨어진 문화시설인 것을 곧 알 수 있었다. 최고의 시설이라고 안내양이 자랑했는데 침구류와 화장대, 목욕탕 등이 우리나라 최고급 호텔과 훨씬 차이가 났다. 하지만 숙소를 찾느라고 허둥대지 않고 현지인의 안내를 받아 다행스러웠다.

우리나라 산과 하늘을 높이 날아서 수만리 떨어진 낯선 곳에서의 하루는 그렇게 시작되었다.

'저 산 저 하늘 너머엔 누가 어떻게 살고 있을까?'

어릴 때부터 하늘 높이 비행기가 날아오르면 가던 길을 멈추고 깊이 생각에 잠긴 일이 많이 있었다.

'아득히 멀고 높은 그 어딘가에는 나와 전혀 다른 사람들이 다른 문화 속에서 다른 생각을 하며 지내고 있는 것은 아닐까?'

골똘히 생각에 빠져 하던 일을 멈추고 공상에 가까운 상상 속에서 흰 연기를 뿜고 하늘 한복판을 가로질러 저 산 저 하늘 너머로 비행기가 사라져버린 곳을 한없이 바라본 일이 생생하게 떠올랐다. 먼 옛날의 꿈이 이루어지고 있는 순간이었다.

가보고 싶은 곳에서 새로운 것을 접하며, 새로운 생각과 또 다른 꿈을 꾸고 있을 때의 자신의 모습은 분명히 나이를 초월한 젊은이의 신선한 그런 얼굴을 지닌 것은 아닐까?

몇 시간 곤한 잠을 자고 아침 식사를 마친 우리 부부는 약속한 현관 앞으로 갔다. 그런데 방콕 비행장 출구에서 처음 만났던 그 안내양이 벌써 나와 기다리고 있었다.

"안녕하세요? 고단하시지요?"

함박웃음을 띄고 그녀와 마주쳤을 때 나는 반갑게 인사를 하였다. 낯선 곳에서 우리만을 위하여 안내자가 따로 있고, 여행 중에 타고 다닐 전속 차량까지 대기하고 있다는 사실이 흐뭇하였다. 15인승 봉고차였다. 70대 가량의 노인 기사가 알아듣기 어려운 말로 웃음을 띈 채 손을 흔들며 맞아 주었다. 안내양이 태국 본토 사람이라고 얼른 얘기해 주었다.

간편한 옷차림으로 우리 부부가 운전기사 바로 뒤편에 앉아 밖을 바라보니 안내양이 뒤따라 차에 올랐다. 노인 기사는 뒤를 돌아보더니 곧장 차의 시동을 걸었다.

"또 다른 사람들은 없어요?"

나는 깜짝 놀라 안내양을 쳐다보며 물었다.

"예, 봉고차도 두 분만을 위하여 준비 되었고, 수상가옥을 보기 위하여 배를 탈 때도 아버지 어머니만을 위하여 준비 되었어요. 저도 여행기간에 온전히 두 분만을 위하여 봉사하게 되었어요. 아드님과 며느님이 아주 효자 효부인가 봐요. 효도여행 중에서도 제일 편하게 모셔달라고 했어요. 아마 요금도 가장 비싸게 지불한 것으로 알고 있어요."

우리 부부는 두 손을 꼭 잡으며 빙긋이 웃었다. 최고의 대우를 받으면서 여행하는 것도 기분이 괜찮았다.

방콕 여행은 팁 문화가 아주 발달한 곳이라고 한다. 조그만 서비스를 받아도 팁을 주는 것이 예의라고 한다. 현관 앞에서 가방을 차에 싣거나 간단한 소지품을 옮기는 것조차 팁을 주고 음식을 먹은 뒤에도 서비스를 하는 종업원에게 팁을 주어야 한다고 했다. 그러나 효도여행을 하는 부모님들은 나이가 많아 일일이 팁을 챙겨 주기가 번거로워서 여행비에 포함한다고 한다. 여행사 측에서 알아서 주게 된다고 했다. 하지만 아주 작은 부분의 팁은 여행자가 직접 주고 있다고 안내양이 알려 주었다. 그래서 남편은 출발 전에 현지에서 사용하는 달러와 태국 돈으로 바꾼 것을 내게 주었다. 눈치를 봐서 봉사하는 사람들에게 조금씩 주라고 했다.

나는 고개를 끄덕거렸다. 현지 여행 안내자에게 가끔씩 물어가며 너무 인색하지 않게 봉사료를 주어야겠다고 생각하였다.

태국의 웅장하고도 아름다운 건축물인 전통적인 왕궁과 새벽사원을 구경한 뒤에 미니시암, 농녹빌리지를 돌아보았다. 농녹빌리지의 규모는 우리나라 외도 섬의 십여 배가 넘는 아주 큰 농원이었다. 더운 지방에서 볼 수 있는 아름드리 활엽수가 울창하였다. 관광 사업으로 태국 사람들의 생계를 대부분 유지한다는 말이 실감날 정도로 규모도 크고 가는 곳마다 규모 있게 꾸며 놓았다.

태국의 명물 코끼리 쇼를 관람하고, 코끼리 트래킹 체험대신 전통마사지를 한 번 더 받았다. 두 시간 이상 최대의 봉사가 곁들인 솜씨로 전신마사지를 받은 일이 가장 기억에 남는다. 기회가 되면 다시 오고 싶을 만큼 온 몸의 피로가 가셨다.

다음날 수상가옥을 보기 위하여 배를 타게 되었다. 배 한 척 안에 노를 젓는 사람과 안내하는 이양, 그리고 우리 부부만이 탔다. 뭐든지 우리 가족만을 위하여 봉사 받는다는 생각이 드니까 기분이 좋았으나 너무 호강을 하는 것은 아닌 지 순간마다 황송하다는 생각이 떠나지 않았다. 사실 처음부터 여행을 함께 할 수 있는 사람을 찾았으나 우리가 필요한 날짜에 아무도 신청하지 않았기 때문이라고 한다. 그래서 여행을 떠나기 얼마 전에 요금을 더 지불한 것이다. 그런데 직접 와서 보니까 지불한 돈이 아깝다는 생각을 하지 않게 되었다. 한 번쯤 최고의 봉사를 받으면서 친절한 안내 속에서 여행하는 것도 나쁘지 않다는 생각이 들었다.

태국은 불교가 국교라고 하는 것은 이미 학창 시절에 배운 바가 있다. 배에 오르자 긴 빵과 바나나를 모두 사라고 주변으로 노를 저어 장사하는 사람들이 몰려들었다. 점심 식사를 마친 바로 뒤여서 모른 체 하니까 안내양이 웃으며 설명을 하였다.

오래전부터 배에 오르면 그 강 속에서 살고 있는 물고기 떼에게 빵을 사서 한 줌씩 떼어 던져주는 풍습이 있다는 것이다.

강 한 바퀴를 유람하는 동안 조금씩 빵조각을 떼어 배 가까이로 몰려오는 물고기들에게 던져 주니까 정말 커다란 잉어 떼가 뱃길을 따라 오고 있는 것이 아닌가!

빵조각을 던지며 주변을 살피니까 많은 사람들이 여기저기 배 안에서 환호성을 지르고 있었다. 커다란 물고기들이 아주 가까운 거리에서 물속을 헤엄쳐 따라오는 것이 보였다. 그리고 건너편 강가엔 아주 오래된 절이 우뚝우뚝 서 있고, 반대편 물 위엔 아주 낡은 나무토막들이 수상가옥을 아슬아슬하게 받치고 있었다. 그 안에서 살고 있는 사람들이 희끗희끗 보이고, 바깥 오두막집 빨랫줄엔 칙칙한 빨래들이 너절하게 걸려 있었다.

'저 안에서 살고 있는 사람들은 어떻게 용변을 해결할까?'

궁금증은 곧 해결되었다. 안내양이 배가 움직임에 따라 주변의 모습을 자세히 설명하는 것이었다. 용변이나 쓰레기를 실어 나르는 배들이 하루에 한 두 번씩 수상가옥 가까이 다가온다는 것이었다. 빨래는 강물을 이용하거나 비가 올 때 큰 물탱크를 이용하여 받아서 쓴다고 한다. 식수도 그 물을 사용하다니까 위생적으로 마음에 걸렸다. 아무튼 어디를 가든지 위생처리가 된 물을 사 먹거나 정수기를 사용하여 나오는 물도 끓여 먹는 것이 제일 안심이라고 한다.

내가 시골에서 중 · 고등학교에 다니던 시절, 과학 선생님께서 외국에서는 물을 사 먹는다고 설명했을 때 아무도 그 사실을 믿지 않았다. 마시는 물을 사 먹는다는 것은 너무 지나친 사치요, 이해가 되지 않는 일이기 때문이었다. 그러나 이젠 우리나라에서도 집안에서는 정수기 물을 사용하는 것이 일반화되었다. 또 등산길에 슈퍼에서 물을 사들고 가는 것이 너무나 당연한 일이 되지 않았는가!

그런데 수상가옥을 둘러보면서 가슴이 너무 아팠다. 방콕 시내와 파타야 섬의 호화스러운 풍경과는 달리 가난하게 살고 있는 사람들의 모습을 보았기 때문이었다. 50여년 훨씬 전인 내 어린 시절 우리나라 시골풍경이 떠올랐다. 배가 고파 죽을 먹고, 겨로 만든 깔깔한 빵을 먹던 보릿고개가 생각나서 한동안 산 너머 하늘 저 멀리를 향해 시선을 돌렸다.

요즘 우리나라는 정말 잘 살고 있다는 생각이 들었다.

우기철이라 구경하는 중에도 거세게 소나기가 쏟아져서 비를 피하여 구경하는 건물 속으로 잠시 몸을 피하면서도 예정된 곳을 거의 안내받았다.

우리나라 사람이 경영하는 음식점에도 몇 군데 갔지만 향이 조금씩이라도 안 들어간 곳이 없는 것 같았다. 아무리 비싸고 귀한 음식이라고 소개를 받아 젓가락을 잡았으나 맛이 이상하여 고생을 하였다. 그러나 먹성이 까다롭지 않은 남편은 어디서나 음식을 잘 들어서 그나마 다행스러웠다.

지금도 기억에 가장 남는 곳이 있다. 바로 태국뿐 아니라 아시아에서 가장 높다는 84층의 바이욕 호텔 꼭대기에서 방콕의 야경을 본 일이다. 그 곳에서 최고로 비싼 음식을 먹고, 안내양이 대신 읽어 준 아들 며느리의 효도 편지 내용 때문에 지금도 그 생각을 하면 눈시울이 뜨듯해진다. 어릴 때 엄마의 긴 투병생활 때문에 걱정을 하면서 지내던 일과 늙어가는 아버지와 어머니의 모습 때문에 가슴이 저리다는 글귀는 우리 부부의 가슴을 한없이 적셔준 내용이었다.

오래오래 건강하게 살면서 세계 곳곳을 구경하시면 좋겠다는 글도 잊을 수 없는 내용이었다.

어린 시절 학교에 오고 가는 길에 혹은 혼자 오솔길을 따라 걸을 때 저 산 저 하늘 너머로 비행기가 높이 나를 때면 그곳엔 무엇이 살고 있을까, 자주 궁금하였다. 또 그 곳에 살고 있는 사람들은 어떻게 살고 있을까 아련하게 생각한 일이 있다. 그런데 이렇게 나이가 들어 실제로 아주 먼 나라에 훌쩍 날아와 며칠간 여행을 하면서 느낀 일이 많다.

어디에 살든, 사람들의 생각과 느낌은 달라도 살아가는 걱정과 무엇인가 이루고 싶은 꿈이 있다는 것이 같지 않을까 하는 생각이 든 것이다. 또한 어디에서나 사람들의 애환은 있게 마련이고, 행복과 불행은 마음먹기 달린 것이 아닐까?

지금도 길을 걸을 때 비행기 소리가 나면 나도 모르게 고개를 든다. 그리고 저 산 저 하늘 너머로 높이 날아가는 비행기를 따라 설렘을 안고 눈길을 돌리게 된다. 그리고 아련하게 떠오르는 꿈을 꾸고 있다. 나이와 상관없이 날아오르고 싶고, 아주 작은 꿈이지만 무엇인가 꿈을 꾸면서 살고 싶어진다. 이제 삶을 돌아보면서 살아야 할 나이이지만 나는 아직도 이루고 싶은 꿈이 많다.

재미있게 동화작품을 계속 쓰고 싶고, 교직에 있는 동안 아이들과 교사들에게 큰 꿈을 키워가도록 밑거름을 마련해 주고 싶어진다. 물론 기도원에서 교회에서 봉사할 일도 많다. 그리고 남편과 벗들과 가족과 자주 세계여행을 하고 싶다. 아름다운 우리나라의 곳곳을 찾아다니는 일도 부지런히 실천하고 싶다. 그러나 세계 여러 나라를 돌아다니면서 그곳 사람들이 살아가는 모습과 사람냄새를 맡고 싶다. 다양한 문화를 접하면서 새로운 글도 쓰고 싶은 것이다.

이 한여름에 모처럼 외국여행을 하면서 뜬 구름 같은 꿈이 아닌 것을 알게 된 것 같다.

'저 산 저 하늘 너머엔 누가 어떻게 살고 있을까?'

내 영혼의 불꽃에게

어제는 모처럼 네 모습을 찾아 볼 수 있어서 참 좋았단다. 광활한 바닷가를 눈앞에 두고 솔바람 아래서 그네를 타고 철썩이는 파도와 햇살부신 모래사장을 바라보는 너는 나이를 초월한 십대 소녀였다.

가까운 벗과 초가을 나들이를 한 때문인지 네 볼은 유난히 붉게 물들었고, 목소리는 맑고 조금은 떨리는 것 같았어. 그네 위에 앉아서 그네줄을 묶기 위하여 세워 둔 기둥을 발끝으로 힘주어 치면서 구를 때마다 앞으로 뒤로 몸체가 움직이고, 허연 물거품을 쏟아내는 세찬 파도를 탄 모습은 그 어느 때보다 빛나고 눈부실 만큼 아름답다는 생각을 했단다.

불꽃! 내 영혼의 불꽃이라고 불현듯이 너의 이름을 떠올렸다면 너는 어떤 표정을 지을까? 문득 오랫동안 너를 잊고 살았다는 자책감에 사로잡히는 것은 어찌된 까닭일까?

지금도 나는 너를 생각하는 순간 설레면서도 두렵기도 하단다. 너를 부르는 순간부터 아니 네 이름을 떠올리면서 갑자기 숨이 콱 막혀 오는 것을 감출 수가 없어. 너를 생각하면 나는 언제나 뜨겁고 열정적인 불덩어리 같은 것이 가슴 깊숙이에서 솟구치는 것을 느끼기 때문일까?

불꽃! 요즈음은 종종 나에 대해서 실망 같은 것을 느끼지는 않는지?

세상적인 것에 대해서 너무 많이 때가 묻어 있다거나 일상의 굴레 속에서 벗어나지 못하는 지극히 평범한 사람인 것을 알게 되어 깊은 대화를 피하고 있는 것은 아닐까 두렵단다.

일상의 언저리를 벗어나지 못하고 늘 피곤하게 사는 내가 이젠 부담스러워진 것은 아닐까?

어느 새 육십 고개를 바라보는 시점에서 아직도 날고 싶은 꿈을 그리며 바람과 하늘과 바다를 바라보는 가슴으로 하루를 열어가고 싶다면 사치스러운 생각이라고 흉을 보겠니?

그러나 마음만큼 생각만큼 몸이 따라주지 않아서, 일상적인 생활에 너무 익숙해져서 어느 순간에 나태해진 자신이 부끄러워 너를 만나는 일이 두렵기도 해서 슬며시 너를 멀리 하게 된 것은 아닌지 모르겠다. 그래서 너도 어쩌면 가슴 저 깊은 곳에 자리한 샘물 같은 맑은 언어를 퍼 올려 주는 일을 포기한 것은 아닌 지 가끔 네 모습이 떠오를 때마다 생각했단다.

내 생명처럼 아끼고 소중한 불꽃! 내가 너를 얼마나 사랑하고 깊이 생각하는지 알고는 있겠지?

시골에서 자란 청소년기에 밤새워 책을 읽고, 원고지 뭉치를 싸들고 문학 공부를 한다면서 들로 산으로 절로 바다로 방황할 때도 너는 내 영혼 깊숙이에서 중심을 잃지 않고 안내를 했다는 사실을 잊지 않는단다.

대숲 바닷가 근처에 위치한 아주 작은 학교에서 근무할 당시에도 너는 밤마다 호롱불을 켜 놓고 삶의 바른 방향을 설정하기 위하여 입술이 부르틀 만큼 깊은 고뇌에 빠진 경험을 기억한단다. 아마 그 때가 결혼 전이니까 삼십 오년 가까이 되지 않았니?

아이들이 좋아서, 건강이 나빠서, 살면서 받은 아픔 같은 상처투성이의 삶이 싫어서 혹은 자신을 너무 사랑한 나머지 일상적인 삶을 벗어나 혼자 이 세상을 짊어질 기세(?)로 가까운 이웃과 멀리 떨어져보려고 안간힘을 쓰던 일도 엊그제 일처럼 생생하게 떠오르는 것은 계절 탓일까?

기억나니? 여러 형제 중에서 위도 아니고 아래도 아닌 틈새에 끼어 옷가지나 지니는 물건도 새 것이 아닌 물려받은 것을 사용하면서 자랐고, 누구의 관심을 받기 보다는 자신이 땀 흘려 노력하지 않으면 갖고 싶은 것을 얻을 수 없는 그런 생활에 익숙하여 어릴 때부터 생존경쟁에 치열했다고 생각하는 것은 나만의 편견일까?

가정형편이 넉넉하지 못한 속에서 공부를 하고, 그런 환경 속에서도 세상을 마음껏 날고 싶은 꿈을 꾸느라고 늘 너를 혹사시킨 것은 아니었는지 깨닫게 되었을 때 이미 너는 아주 많이 아팠단다. 세상적인 방법으로 너를 치유할 수 없을 만큼 너는 병들었고, 지쳐 있었어.

알고 있니? 네가 나와 같이 엄동설한의 추운 겨울 어느 날 할레루야 기도굴 시멘트바닥에서 맨 무릎을 꿇고 사흘 밤 사흘 낮을 생수만 마시고 목 놓아 울부짖으며 살아온 삶을 회개하고, 정리하는 마음가짐으로 보이지 않는 하늘의 존재를 인정하였을 때 왜 그렇게 눈물이 쏟아졌는지 너는 알고 있니?

너와 하나가 되어 혼신으로 기도하였을 때 뜻밖에도 빛으로 만나주신 하늘의 은총으로 이제까지 생명이 연장되었으며, 잃었다고 생각했던 삶의 모두를 다시 찾았을 뿐 아니라 그 이상으로 삶의 큰 것을 얻었다면 네 힘이 무엇보다도 컸다는 것을 고백하지 않을 수 없단다.

너는 벌거벗은 내 모습을 진작 알고 있었고, 긍정의 힘을 통하여 치유의 손길까지도 이끌어 낸 장본임을 나는 지금도 인정하고 있단다.

불꽃! 지금도 내가 너를 만나서 이야기 하고 편안하게 상대할 수 없는 것은 자신의 치부까지 알고 있고, 곪아터진 상처부위까지 끌어안고 기도하는 네 모습이 떠올라 가능하면 피하고 싶었단다.

오랜 시간이 지나서 이젠 너를 다시 가까이 두고 삶의 깊이와 더 큰 꿈을 위하여 날갯짓을 해 보고 싶지만 그 동안 용기가 나지 않았어. 그리고 일상의 굴레 또한 소중한 것이어서 어느 것도 소홀히 할 수 없었단다.

너는 알고 있니? 내가 왜 너를 그 동안 멀리 하면서 내 영혼의 노래를 부르지 못하고 생활인으로 돌아왔는지 조금은 눈치를 챘을 것 같구나.

젊은 날에 자신을 혹사시키면서 날고 싶은 그 어떤 꿈을 위하여 몸부림친 것은 너와 나 자신을 위하는 길이라고 믿었기 때문이라면 너는 이해할 수 있겠니?

몸과 마음이 건강해야 내 영혼의 불꽃을 끝까지 태울 수 있고, 마음껏 꿈을 펼 수 있다는 사실을 나는 너무 늦게 깨달았는지도 모르겠어. 얼마나 쉬운 답인데도 나는 그것을 모르고 열심히 영혼을 불사르면서 사는 길만 고집을 부리다가 너를 너무 오랫동안 방치한 것은 아닌지 모르겠다.

적당하게 쉬면서 너를 찾고, 이야기하고 뭐든지 너와 의논하면서 사는 길이 너를 아끼고 사랑하는 길인데 나는 너를 진실로 사랑하는 방법을 몰랐던 것 같아.

불꽃! 너는 정말 사랑받고, 소중하게 다루어야 할 내 삶의 중심인 것을 이제라도 깨닫게 된 것을 감사한단다.

이십여 년이 다 되도록 움츠리면서 내 영혼의 깊은 곳에 도사리고 있는 너를 모른 체 일상적인 삶의 굴레를 오히려 만들면서 생각이 없는 사람처럼, 꿈을 버린 사람처럼 담담하게, 열정을 의식적으로 버리고 싶었다면 너는 이해할 수 있니?

불꽃! 몸과 영혼이 많이 아파서 사랑으로, 설렘으로 다독거리면서 치유되는 시간이 아주 길어서 다시 영혼을 불태워 자신과의 고독한 싸움에 도전하기가 쉽지는 않았어.

그러나 어제는 솔바람따라 광활한 바닷가를 거닐고, 소나무 숲 속에 매달아 놓은 그네를 타면서 다시 날고 싶은 꿈틀거림이 내 안의 깊은 곳에서 용솟음치는 것을 발견하고 너무 많이 놀랐어. 세월의 흐름을 용납하지 않고, 넘실거리는 파도를 따라서 비상의 날갯짓을 다시 그리고 싶다는 생각으로 꽉 차 버렸거든.

불꽃! 너는 아무래도 신기한 마술솜씨를 가졌나 봐. 다시 아플까 봐 걱정이 앞서서 밤새워 책상 앞에 앉는 일을 멀리한 나를 탓하지 않고 살포시 안아주면서 손잡아 주는 네 따뜻한 가슴을 느낄 수가 있어서 고맙구나. 손 놓아 버린 글도 이젠 다시 써야겠지?

불꽃! 너는 내 영혼의 불꽃이라는 사실을 진심으로 인정한다. 앞으로 삶의 여유를 잃지 않으면서 결코 너를 방치하거나 혹사시키는 일이 없이 소중하게 다루고 아끼면서 다시 한 번 내 삶의 한가운데 너를 중심으로 하여 타오르는 불꽃을 노래하고 싶구나. 또 지치지 않게 가끔 쉬면서 너의 영혼을 어루만지고 보살피며 노란 가을햇살로 멱을 감으면서 알찬 열매를 주렁주렁 맺을 수 있도록 날개를 쫙 펴 보고 싶다.

분명 나는 내 영혼의 불꽃을 잊지 않고 있으며, 언제든지 마음만 먹으면 타오르는 불꽃의 언어들을 아름답게 수놓아 그리움을 노래할 수 있다는 믿음을 가지고 있단다. 그리고 그 작업은 한없이 고되고 자신과의 치열한 싸움과도 같아서 누구도 대신할 수 없는 고독한 삶이라는 것도 알고 있단다. 그래서 할 수만 있으면 그 일을 하지 않고 편하게 살고 싶은 것도 숨김없는 내 마음이란다. 어쩌면 지금까지 건강이 좋지 않다는 이유만으로 일상의 고단함을 내세워 너와의 만남을 은근히 피하면서 지냈는지도 모르겠어. 아무튼 십여 년 이상 내 안에서 너를 멀리 하고 단조롭게 그저 일상 속에서 땀 흘리며 사는 법을 배웠는지도 몰라.

그런데 요즘 다시 가을을 타는 것을 보니 내 안의 너는 참 온갖 재주를 가지고 있는 것 같아. 오랫동안 무디어진 내 감정의 끝자락을 여리게 하고, 젊은 날에 지녔던 삶의 고뇌들을 다시 꺼내어 보게 하는구나.

이제 내 영혼 깊숙하게 자리했던 너를 찾아 긴 여행을 떠나야겠어. 그러나 예전처럼 밤낮없이 일하고, 고민하면서 너를 혹사시키지는 않을 거야. 지치지 않게 가끔 솔바람 따라 쉬면서 그네도 타고, 바다 구경도 하고 파도소리에 설레는 가슴도 느끼면서 남아 있는 내 삶의 여정을 노래하고 싶어. 너와 함께 떠나는 길이어서 근사한 여행이 될 거야.

불꽃! 이제 고백하지만 나는 너를 결코 떠날 수 없단다. 사랑해. 내 안의 불꽃!

같은 곳을 향하여

날씨가 을씨년스러운 초겨울 퇴근길엔 유난히 쓸쓸해질 때가 많아진다. 그래서 가까운 벗에게 무작정 만나자고 철없이 전화를 하고 싶어진다. 그러나 선뜻 용기가 나지 않아 손 전화를 몇 번씩 만지작거리다가 집으로 향하는 차에 오른다.

시간이 여의치 못해서 다음 번에 만나면 어떨지 조심스럽게 손전화를 타고 올 친구의 목소리를 들을 것 같아서이다. 갑자기 만나기가 어렵다는 대답을 조심스럽게 할지라도 그 뒤에 다가올 허전함을 더 감당하기 어려워 나는 대부분 손전화를 만지작거리다가 그냥 퇴근하는 쪽으로 가닥을 잡는 편이다. 실제로 생각을 행동으로 옮기지 못하는 것이다.

하지만 날씨나 그날의 기분에 따라 나는 아직도 감정의 기복이 심한 것 같다. 혼자라는 생각에 사로잡혀 어디론가 훌쩍 떠나버리고 싶은 유혹에 곧잘 빠진다. 어쩌면 문학소녀 기질이 아직 남아있기 때문인지도 모른다.

어느 날 문득 나 혼자라는 기분에 사로잡혀 몹시 마음이 가라앉을 때가 종종 있다. 그런 날이면 나는 어김없이 집시처럼 마음도 행동도 떠돌 때가 잦아진다. 젊은 날엔 이런 내 모습을 들여다보면서 계절을 유난히 타는 까닭이라고 스스로 대답을 하곤 했다. 그런데 나이를 먹어가면서 최근 느끼는 기분은 좀 다른 것 같다는 생각을 요즘에 가끔 한다.

유난히 이 가을에 외롭다는 생각을 한다. 아니 영혼 깊숙이에서 고독하다는 느낌을 받고 있는 것 같다.

곱게 물든 앞산 뒷산을 바라보아도 아름답긴 하지만 왠지 모를 쓸쓸함이 더해 오는 것이다. 주말에 혼자 등산하면서도, 바람소리에 우수수 떨어지는 나뭇잎을 바라보면서도 흔들리는 감정을 억누르기가 어려워 걸음을 멈추고 멀리 하늘을 물끄러미 바라보며 생각에 깊이 잠기곤 한다. 앞으로 십 년 뒤의 내 모습을, 이십 년 뒤의 내 얼굴을 떠올리면서 혼자 쓸쓸해 한다.

아니 이삼십 년까지 살아 있다면 내 모습은 과연 어떠할까?

이런 저런 고뇌에 빠지게 되면 걷잡을 수 없을 만큼 내 상심의 늪은 깊어만 가고, 더욱 혼자라는 생각에 멍청해지는 자신을 떠올리게 된다. 그리고는 지금까지 나와 가장 가까이서 살고 있는 가족의 얼굴과 오랜 동안 내 영혼의 분신처럼 뗄 수 없는 영적인 벗들의 얼굴을 떠올린다.

과연 언제까지 같은 하늘 아래에서 같은 곳을 함께 바라보며 기쁨과 슬픔을 공유한 채 생활할 수 있을까?

내가 죽을 때까지 같이 생각하고, 같이 웃고 울며 지낼 수 있는 사람은 누구누구일까?

예측할 수 없는 삶 속에서 하나님 한 분만이 변함없이 내 인생의 동반자가 되어 같은 길을 함께 바라볼 수 있다는 스스로의 결론을 내리게 되면 어느 틈에 나는 허허로운 인생의 벌판에 혼자 동그마니 서 있는 게 아닐까 문득 여기에 생각이 미치게 된다. 그러면 또 바보처럼 늦가을 퇴근길의 외로움 때문에 어깨를 움츠리게 되는 것 같다. 매사에 자신감이 없어지는 것을 발견한다. 초라해지는 내 모습을 바라보면서 어쩔 수 없이 신앙의 힘에 의지하는 자신을 본다.

아무튼 이렇게 감당하기 어려운 가을병이 도지는 날이면 불꽃 같은 열정을 가지고 문학에 몰두하거나 바람처럼 나타난 친구의 각별한 눈빛에 빠져 상상할 수 없을 만큼 큰 감정으로 오랜 동안 그 영혼의 속삭임을 잊을 수 없어 밤잠을 설친 추억에 사로잡힌다. 아직도 그 생생한 기억 때문에 가끔 영혼의 방황이 찾아와도 거뜬히 떨치고 일어나 다시 활기찬 삶 속으로 돌아오는지도 모른다.

늘 함께 만나고, 느끼고, 생각과 감정마저 공유하면서 서로 다른 공간에서 숨 쉬고 먹고 마시는 다른 삶을 살아도 언제나 우린 한 곳을 향하여 같은 감정으로, 같은 생각으로 바라본다는 믿음이 있다. 그래서 어쩌다가 서로 성격이 다름을 발견하는 순간에도 너무 오랫동안 서로에게 익숙하여 설렘이 마음 한구석에 녹아버린 편한 사이가 된 때문이라고 스스로 위안을 삼으면서 서운한 감정을 달래곤 한다. 결코 벗과의 아름다운 감정은 변함이 없으며 살아 있는 한, 같은 곳을 향하여 함께 바라보는 영원한 사이라고 믿고 있다. 그러나 내성적인 성격인 까닭에 가끔은 서로의 감정을 확인하는 버릇이 있는 것 같다.

어느 순간부터 자주 만나 이야기하지 못하고, 같이 밥을 먹고 같은 행동을 하는 횟수가 뜸해지면서 아무 때나 연락하면 무조건 만날 수 있는 사이가 아닌 것 같다는 생각에 스스로 놀란다. 함께 가고 같은 곳을 바라보는 사이일지라도 때로는 서로에게 의도적으로 시간을 할애하여 만나고, 배려하는 마음이 유지되지 않는다면 어느 순간 그 소홀함 때문에 마음을 다치기도 하고, 오늘처럼 을씨년스러운 퇴근길에 보고 싶으니 무조건 만나자고 선뜻 손전화를 누를 용기조차 사라지는 것 같다.

바보같이 혼자라는 쓸쓸함에 공연히 움츠러드는 자신을 발견하고 첫 눈이라도 올 듯이 먹구름이 몰려오는 잿빛 하늘만을 하염없이 바라보며 쓸쓸해 한다.

보고 싶다고 당장 만나자는 말을 선뜻 할 수 없을 만큼 뒤늦게 철이 들어버린 것일까?

만나고 싶다는 생각을 하는 순간 이것저것 현실적으로 어려움을 깨달을 때 행동보다는 마음에 담아두고 혼자 삭이면서 감정을 절제하며 추스르는 버릇이 언제부터인지 모르게 몸에 배어버린 자신을 발견한다. 이런 내 모습을 보면서 나도 어쩔 수 없이 세월의 흐름에 순응하는 보통 사람임을 깨닫는다. 그래서 더욱 이 초겨울의 길목에 선 자신이 앙상한 겨울나무처럼 추워 보이는지도 모른다.

지난 주말 아침 모처럼 집에서 혼자 쉬면서 느긋하게 텔레비전을 시청한 일이 있다. 어느 90대 노부부가 한적한 시골 농가에서 하루를 지내는 모습을 담은 내용이 생생하게 떠오른다. 할머니는 몸이 불편하여 부축을 받지 않고는 거동이 어려워 십여 년 이상 할아버지가 수발을 들며 생활하는 모습이었다.

자손들은 주말이면 밑반찬을 준비해서 찾아와 여러 모로 효도를 하고 있고, 모시고 나가 함께 살자고 하는 데도 할아버지가 끝까지 고집을 꺾지 않고 할머니와 살아가고 있었다.

할머니에게 뒷산의 단풍 구경을 시켜 드리기 위하여 휠체어를 마련하고, 몇 가지 간식까지 준비하여 집을 나서는 할아버지의 모습을 지켜보며 가슴이 뭉클하였다. 서로 부축하고, 손을 맞잡아 휠체어에서 할머니를 일으켜 단풍이 곱게 물든 뒷산에 오른 노부부의 단조로운 몇 마디 대화 속에서도 큰 감동을 받아 눈시울이 뜨거웠다.

자식들을 바르게 키워 모두 분가시킨 뒤 평생 함께 살아온 부부가 노년에 서로 의지하며 살아가는 모습은 정말 아름다운 일이 아닌가?

더구나 죽음을 앞둔 노부부가 끝까지 함께 같은 곳을 바라보고 함께 살아가는 모습은 많은 생각을 갖게 한다. 자신의 삶을 돌아볼 계기를 갖게 된 것 같다. 공연히 혼자 엉뚱한 생각을 하고, 삶의 한가운데서 혼자만이 감당해야 하는 것처럼 고뇌에 빠져버려 쓸쓸한 인생타령에 시간을 허비해서는 안 될 것 같다는 생각이 문득 든다. 지금까지 내 곁에 가까이 있는 사람들을 소중하게 생각하고, 아끼며 사랑하는 따뜻한 삶을 오래 이어가도록 해야겠다는 다짐을 한다. 서로에게 느끼는 불만이나 서운함 때문에 잠시라도 사이가 벌어진다면 얼마나 무모한 일인가?

인생은 긴 것 같지만 순간이 아닐까?

서로를 바라볼 수 있을 때 같은 곳, 같은 길을 갈 때까지 오래도록 동행했으면 좋겠다는 생각을 한다. 같은 지붕 아래에서 서로 함께 살 수 있는 것도 큰 기쁨이요, 같은 하늘 아래에서 생활공간은 달라도 같은 생각을 하면서 같은 감정을 느끼며 기쁨과 슬픔을 공유할 수 있는 삶이란 얼마나 아름다운 일인가?

아직도 감정의 기복이 심하고, 계절의 변화에 따라 집시처럼 훌쩍 어디론가 뛰쳐나가고 싶은 걸 보면 나는 육십 대의 늙은이가 아니라 생각과 꿈이 큰 한창 젊은이가 아닐까?

또 무작정 가까운 벗을 불러내어 늦도록 거리를 거닐다가 한적한 찻집에서 손을 호호 불며 따뜻한 찬 한 잔을 함께 마시고 이야기를 끝없이 하고 싶어지는 걸 보면 만년 문학소녀요, 생각과 행동이 정지된 늙은이가 되는 것을 아직도 수용하지 않는 도전적인 삶의 한가운데 서 있는 게 아닐까?

하지만 계절의 변화와 세월의 흐름을 결코 거꾸로 되돌리고 싶지도 않다. 그저 삶을 묵묵히 수용하면서도 가끔 찾아오는 쓸쓸함과 고독한 감정만큼은 신앙의 힘으로 극복하면서 하루하루를 감정과 현실에도 충실히 하고 싶어진다. 그래서 머리카락이 하얗게 변해가도 서로 보듬으면서 손잡고 같은 곳을 향해 삶이 다 할 때까지 아름다운 마무리를 하고 싶다. 최선을 다하는 모습으로 인생을 살고 싶은 것이다.

어느 멋진 노부부의 삶처럼, 보고 싶을 때 언제든지 달려가고 달려 올 수 있는 벗과 함께하는 삶을 끝까지 누릴 수 있다면 더 이상 바랄 것이 없는 것 같다. 같은 길 같은 곳을 향하여 같은 감정과 같은 눈으로 외롭지 않게 뚜벅뚜벅 갈 수 있다는 믿음을 갖게 한 이 계절에 감사한다.

외출

20층 발코니에 서서 밖을 내다보니 외출하기엔 눈발이 점점 세차게 눈앞을 가로막는다. 오전 11시 서울역 2층 KTX 타는 곳 앞에서 시간을 꼭 지켜 만나자는 문자가 오늘 아침에도 또 온 것이다. 약속 시간에 늦지 않으려면 서둘러야 될 것 같아 허둥지둥 간편복으로 갈아입었다. 벌써 오전 열시가 가까웠기 때문이다.

이리저리 우산을 찾다가 웬일인지 잘 어울릴 것 같지 않아 등산 가방에 넣어 둔 갈색 털모자를 꺼내 썼다. 전철역까지 걸으려면 십 분은 걸릴 것 같은데 그냥 눈을 맞고 걷기엔 먼 거리였다.

아파트를 벗어나 전철역으로 향하는 걸음은 뛸 듯이 빨랐다. 눈발이 어느 새 함박눈으로 바뀌어 앞을 분간할 수 없을 만큼 세차게 얼굴에 와 닿았기 때문이다. 안경알이 뿌옇게 변하고 얼굴은 꽁꽁 얼어붙는 것 같았다. 거의 한 달 전부터 약속된 날인데다가 최근에 몇 차례 메일과 문자가 총무님으로부터 왔기 때문에, 어떤 일이 있어도 꼭 참석하겠다고 마음먹지 않았으면 되돌아가고 싶을 만큼 추위가 엄습했다. 올 들어 가장 추운 날씨인데다가 전날부터 전국에 폭설경보가 내릴 만큼 도로변 곳곳에 쌓인 눈을 보고 더 추위를 느낀 것 같았다.

하지만 회원 모두라야 여덟 명인데다가 계절이 바뀔 때마다 한 번씩 만나 밀린 이야기를 나누고 각자 교육현장에서 겪고 있는 정보를 교환하며 낭만도 즐기는 자리이고 보니 만날 때마다 반갑고 기대가 된다.

화성에서 여교감으로 만나 현재 한 사람은 교장으로 퇴임하였고, 두 사람은 현역교장이며, 세 사람은 지난 해 여름 교장연수를 마치고 발령대기중이다. 그리고 두 사람은 올봄에 교장 자격연수 차출을 기다리고 있다.

외투자락에 쌓인 눈을 털며 전철에 올랐을 때는 이미 마음은 서울역 만남의 장소 KTX로 달렸다. 어떤 모습으로 변했을까? 어떤 생각으로 지내 왔을까? 그리고 고속전철역의 모습은 어떨까?

아직 한 번도 고속전철을 타보지 못한 나로서는 호기심과 기대감으로 추운 날씨에 집을 나선 것을 잠시 후회했던 마음이 말끔히 사라졌다.

오랜만에 온 때문일까?

서울역에 내려 만남의 장소를 찾는 데 시간이 꽤 지체되었다. 문자가 오고 핸드폰으로 연락이 와서 겨우 찾아 도착하니 이미 회원 모두 와 있었다. 사정으로 못 온 회원 셋을 제외하고는….

"뭐 하지?"

"어디로 갈까?"

"고속전철 탈 것 아냐?"

"천안 가서 점심 먹고 놀다 올까?"

"부산 가서 바닷바람 쐬고 회나 먹고 올까?"

"너무 늦지 않을까요?"

"괜찮아. 아주 좋은 생각이야. 우리 부산 가자. 겨울바다도 보고 동백섬도 보고 자갈치 시장도 구경 가자."

누구랄 것도 없이 하나로 의견을 모으는 데는 시간이 그리 오래 걸리지 않았다. 가족석으로 차표를 끊고 한 사람만 더 차표를 구하면 되는 것이어서 교통비도 아주 싸게 든다고 했다. 오전 11시 45분에 출발하면 오후 3시 전에 도착한다고 했다. 그리고 부산역에 도착하여 돌아올 차표를 미리 끊어 놓고 구경하면 당일 코스로 완벽한 여행이 되는 것이라고 모두 어린애처럼 깔깔 웃었다. 정년퇴임을 이미 한 K 교장의 얼굴도 환해졌다. 모두 천진난만한 얼굴이 되어 가족석에 마주 앉았다. 기회가 닿지 않아 아직 한 번도 타보지 못한 고속전철을 타게 된 나는 누구보다도 더 들떠 있었다. 차창 밖으로 휙휙 빠르게 지나치는 전주와 하얀 눈 쌓인 겨울산과 허허로운 들판이 추억의 꼬리를 잇고 있었다.

희끗희끗 차창 밖으로 눈발은 여전히 휘날리고 세월의 흐름은 가늠할 수 없을 만큼 많이 달려온 것 같다. 초임 발령을 받고 대숲 바닷가 주변에 있는 작은 학교에 근무를 하면서 집에도 가지 않고 자취방에 어린이들을 모아 놓고 밤마다 향학열을 불태워주면서 작가가 되겠다고 원고지와 씨름하던 일이 삼십 년을 훌쩍 넘었다.

결혼도 마다하고 평생 어린이들과 지내면서 글이나 쓰겠다고 벼르던 내게 초등학교 일학년 때 담임선생님이 편지를 주셨고, 그 해 겨울 경남 울산 어느 두메산골로 전보내신을 한 나를 불러 여주 어느 사택 방에 며칠 재워 주시면서 인생의 언저리를 일깨워 주시고 다시 전보내신을 취소할 수 있도록 마음을 바꾸어 주신 그 여선생님은 아마 지금쯤 돌아가신 것은 아닐까?

아무튼 그 뒤에도 건강 악화로 사경을 수없이 보내면서 승진의 꿈은 커녕 교단에 다시 설 수 있게만 도와 달라는 간절한 소원기도를 포천 기도 굴에서 무릎이 닳도록 얼마나 많은 날을 부르짖었는가?

그런데 지금 나는 다섯 사람의 회원들과 함박눈이 끊임없이 내리는 차창 밖을 바라보며 우리 인생만큼이나 빠르게 달려가고 있는 고속전철 안에서 교육 현실을 논하고, 교육현장의 경험을 쏟아 놓는 자리에 동참하여 새로운 마음을 다지고 있지 않은가!

교장으로 발령을 받으면 잘 해 낼 수 있을까?

풋나기 교장으로 실수를 연발하는 그런 학교경영자가 된다면 그 집단은 얼마나 불행하고 또 자신은 얼마나 회한의 시간을 보낼까?

두 분의 현역교장선생님과 퇴임교장선생님의 경험담은 발령을 기다리는 내게 꿈처럼 들려오기도 하고 두려움으로 다가서기도 한다. 갑작스러운 사건이 일어났을 경우에 과연 나도 저 분들처럼 현명하게 판단하고 움직일 수 있을까?

각기 다른 특성과 경험을 지닌 교직원들을 하나로 움직일 수 있도록 이끌고 안내할 수 있을까?

갈등과 난관에 부딪혔을 때 당황하지 않고 그들을 포용하면서 끌어안고 함께 그 문제를 진지하게 풀려는 의지가 과연 내게도 있을까?

혼자 고민하고 깊은 좌절감에 빠져 그 일을 그르치지는 않을까?

요즘 초등학교 어린이들에게 과연 어떤 모습으로 다가설 수 있을까?

어린이들과 선생님들에게 교장의 모습은 어떻게 비쳐야 할까?

빵과 우유로 차 안에서 간단히 점심을 요기하고 그 동안의 이야기보따리를 푸는 데 모두 열중하였다. 그들의 이야기를 들으면서 이런저런 상념 속으로 빠져 있는 동안 어느 새 부산역에 도착하였다. 왁자지껄 지방

사투리와 내리는 사람들에게 밀려 출구를 나오는데 누군가 달려와 넙죽 인사를 하였다.

“어서 오세요. 어디로 모실까요? 부산 일대만 25년간 안내하여 훤하답니다. 즐거운 여행이 되도록 도와드리겠습니다.”

사십대 후반쯤 되어 보이는 훤칠한 기사 한 사람이 끝까지 따라 붙었다. 오전 내내 택시로 부산일대를 안내하고 배웅까지 마치고 나서는 길이라고 한다.

우린 결국 넉설 좋고 입담 좋은 그 기사를 따라 택시에 올랐다. 함박눈이 아닌 장대비가 계속 쏟아지고 있었기 때문이었다.

자갈치 시장에서 늦은 점심을 먹기에도 그렇고 부산에서 유명한 곳을 몇 군데 구경하고 저녁을 먹은 뒤에 서울로 돌아가는 것이 좋겠다고 의견을 모은 것이다.

택시 안에서 우린 비가 내리고 있는 부산 날씨에 대하여 이것저것 기사에게 물었다. 그 기사는 아주 친절하게 대답해주었다. 부산에서는 눈 구경을 하기가 쉽지 않다고 했다. 불과 세 시간을 달려 온 것인데 날씨 변화가 이렇게 다를 수가 있을까?

서해대교보다 더 긴 7.4㎞나 되는 광한대교를 달려 도착한 곳은 21개국 정상이 모여 세계를 논하고 각국의 경제와 정치발전을 위하여 함께 의기투합했던 아이 팩 회담 장소인 동백섬이었다.

택시에서 내리니 사방이 바다로 둘러싸여 하루 종일 파도가 철썩이는 동백섬 입구였다. 빨간 동백꽃이 만발하였다. 한겨울에 피는 꽃이라고 보기엔 믿어지지 않을만큼 탐스럽고 싱싱하였다. 택시 기사가 빌려 준 우산을 E교감과 같이 쓰고 걸으면서 회담 장소를 둘러보았다. 잘 다듬어진 바깥 산책로를 걸었다. 전국 각지에서 가장 잘 자라고 우람한 소나무와 각종 정원수를 옮겨다 심은 것 같았다. 삼십여 년 전 초임지에 근무하던 어느 해 여름 방학을 이용하여 세 여선생과 같이 배낭을 메고 이곳 동백섬을 찾은 일이 있었다. 이곳 부산 태종대에도 오르고 한려수도 해상공원도 찾고 두루 다니면서 동백섬 노래도 구성지게 부르며 추억을 쌓은 일이 있었다. 이렇게 잘 다듬어진 정원과 산책로와 최신식 건물은 없었지만 끝없이 앞만 보고 달려간 우리들의 꿈이 살아 있었고, 불안한 미래가 다가온다 해도 두려울 것이 없는 그런 당당한 미래에 대한 설계가 저마다 있었던 것 같다.

아무튼 누리마루(아이팩 회담장소를 이렇게 부르고 있음)를 돌아본 뒤에 그 택시기사를 꾀어(?) 내친 김에 꼭 가보고 싶은 해동용궁사로 향했다. 바닷가와 맞닿은 곳에 우람한 암석을 이용하여 고려 공민왕 때 지었다는 이 절은 입구와 출구 모두 돌계단과 담장까지도 암석으로 둘러싸인 보기 드문 건축물이었다. 우리나라 산천 곳곳을 둘러보면 경치좋고 산새좋은 곳에는 어김없이 섬세하고 우람한 불교 건축물이 두드러지는 것을 볼 수 있는 것 같다. 해동용궁사의 유래와 그 사연을 자세히 관찰할 시간은 없어 아쉬웠지만 쉬지 않고 철썩이는 파도소리와 스님들의 불경 외는 소리는 그 어느 것보다도 아름다운 겨울바다의 풍영이었다. 아무런 욕심도 없이 순수한 그대로의 인간 모습 그 자체가 부처가 아닐까?

서울역을 출발하여 부산으로 향할 때만 해도 눈발 휘날리는 변화무쌍한 날씨에 조금은 불안했다. 또 선배님들의 교장경영학을 들을 때만 해도 보이지 않게 밀려오는 불안감을 떨칠 수가 없었던 것 같았다.

가까운 미래에 대한 불안은 설레임 못지않게 두려움으로 다가서기도 하고 때로는 모든 것을 그대로 멈춰버리게 하는 것은 없을까 하는 부질 없는 생각에 빠지기도 하나보다. 그래서 잠시 현실을 잊고, 욕심이나 잡념을 떨쳐보고 싶을 때는 잠시 동안의 여행이 필요한지도 모르겠다.

바다가 한 눈에 들어오는 해동용궁사 절벽에 서서 가슴을 활짝 펴고 두 팔을 쫙 벌려보았다. 어느 틈에 가슴 속 답답한 덩어리 같은 것이 바다 가운데로 쑤욱 빠져 나가는 것을 느낄 수가 있었다. 후련함과 텅빈 듯한 가슴이 한동안 정지 상태로 머무는 것 같았다. 무엇이든지 포용하고 품어주는 겨울바다의 깊은 진리를 맛본 덕분에 아마 일년을 거뜬히 즐겁게 그리고 감사한 마음으로 주변을 돌아보면서 살 수 있지 않을까?

달맞이공원, 국제시장 그 유명한 영화의 거리를 지나 자갈치 시장에서 따뜻한 저녁을 먹을 때는 이미 날이 어두워지고 있었다.

택시 기사의 헌신적인 봉사로 짧은 시간에 부산의 곳곳을 구경하면서 오랜만에 젊은이의 패기를 찾아 낭만을 노래하면서 새해의 설계를 다시 한 번 꾸려본 것이 얼마나 유익한 시간이었는지 모른다.

미래에 대한 두려움보다는 알차게 보내기 위한 철저한 준비가 더 필요하다는 것을 더 깊이 깨달은 하루인 것 같았다.

돌아오는 막차 시간이 두렵지 않았다. 피곤하지만 무엇인가 알찬 하루를 보냈을 때의 그 포만감을 느꼈다. 같은 생각을 하고, 같은 꿈을 꾸고, 하나로 모여 교육현실을 헤쳐나가보자는 외침이 없어도 우리는 끊임없이 작은 희망을 노래하면서 앞을 향할 것이다. 인생의 막차를 타서 종착역에 이를 때까지 달려갈 것이다. 때로는 걷다가 쉬고, 지치면 서로 손을 잡아주고 이끌면서 함께 가는 이 길이야말로 한 번 가 볼 만한 곳이 아닐까?

눈꽃 산행

곧 희끗희끗 눈발이 날릴 것 같은 잿빛 날씨였다. 하늘이 맞닿을 것만 같은 가파른 산꼭대기에 오른 것 같아 차창 밖으로 내다보이는 풍경을 곁눈질하면 어느 새 벼랑끝으로 치닫는 듯한 새하얀 골짜기 세상이 펼쳐진다. 고개를 살짝 내밀면 차는 슬그머니 꼬불꼬불 끝도 없이 똬리 틀 듯 험준한 산등성이를 오르락내리락 곡예사가 숨바꼭질하듯 춤을 추었다. 손에 땀을 쥐고 숨을 죽이며 친구가 잡은 운전대를 얼마나 바라보았는지 모른다. 좌우에 펼쳐진 새하얀 산등성이를 느긋하게 감상할 겨를도 없이 오금이 저릴 만큼 미끌미끌한 눈길을 체인도 감지 않고 오르내리는 차바퀴에 신경이 온통 모아지는 동안 목적지에 닿은 것을 뒤늦게 알 수 있었다.

깊은 산 속의 맑은 공기를 흠씬 마시려고 반쯤 열어놓은 차창 밖에서 갑자기 들려오는 웅성거림이 커진 때문이었다.

강원도 태백산 도립공원 안에 있는 눈 축제 장소에 도착한 시간은 오후 네시가 가까웠다.

주차장이 다섯 곳이나 있다고 안내를 받았는데 이미 차들이 들어설 수 없을 만큼 꽉 차버렸는지 맨 아래 주차장에 겨우 멈출 수 있었다. 좀 늦은 시간인데도 가족 단위 혹은 동료, 친지들과 무리를 지어 걷는 모습이 눈에 띄었다. 오르고 내려가는 인파 속을 헤집고 입구를 찾았다. 위태로운 산등성이 찻길을 오르내리면서 간신히 찾아온 이곳은 완전히 눈의 나라였다. 인위적인 힘으로 만든 눈꽃나라가 아닌 그야말로 자연적인 설경雪景이 너무 근사하였다. 차가 지날 수 있는 길만 겨우 눈을 치우느라고 찻길 옆은 하얀 눈으로 축대를 쌓은 것 같았다.

이곳 태백산 눈꽃 축제는 벌써 여러해 전부터 전국적으로 알려진 곳이라고 한다. 겨울 한 철의 관광 사업으로 자리 잡으면서 눈이 많이 오는 이때 쯤이면 군인들과 큰 차를 이용하여 찻길의 제설 작업을 대대적으로 하기 때문에 겨울철 진풍경인 눈꽃 축제는 그 어느 곳의 축제보다도 사랑받고 있다고 한다.

하긴 나도 이곳 눈꽃 축제를 보기 위하여 이른 아침부터 서둘러 오지 않았는가!

눈꽃 축제 입구에 들어서니 전국 대학생들이 출품한 얼음조각 조형작품이 여기저기 웅장하게 진열되어 있었다. 사다리를 놓고 거대한 조각칼로 세밀한 부분까지 쪼아서 만든 정교한 작품들이었다 북방도시 작가들이 모두 태백산에 모인 것 같았다. 눈과 함께 생활하는 그들의 작품들이 대거 출품한 것을 볼 수 있었다. 호기심이 발동하여 슬그머니 그 얼음조각 작품들을 손가락으로 콕콕 찍어보는 데 갑자기 한 아가씨가 달려와 만지면 녹아버린다고 하였다.

앞으로 축제 기간이 일주일 남아서 녹으면 작품이 일그러지기 때문에 관리에 세심한 신경을 쓰는 것 같았다. 좀 겸연쩍어서 눈길을 돌리니 또 다른 신기한 것이 보였다. 바로 얼음으로 만든 미로였다.

입구에 들어서자 꼬불꼬불 출구를 찾느라 한동안 애를 먹었다. 하지만 재미있는 체험이 곳곳에 즐비하여 세계 사람들을 끌어 모은 듯이 사람 물결로 발 디딜 곳이 없을 만큼 줄지어 섰다. 눈의 여왕과 세계 눈사람이 반겨주는 환상적인 눈의 거리와 가수들이 함께 하는 공개방송을 볼 수 있는 이곳에서 오랜만에 젊은 날의 낭만을 만끽할 수 있었다. 호젓한 얼음성을 지나칠 때는 고교시절 심취해 읽었던 카프카의 성城에 홀로 서서 단절된 듯이 주변 때문에 혼자라는 고독을 깊이 맛보고 있는 착각 속에 빠지기도 하였다. 저녁나절 길게 드리워진 햇살에 눈부신 얼음 조형품들이 사람들의 발길을 잡았다.

저마다 추억을 새기고 싶어서일까?

얼음조각 앞에서 멋진 포즈를 취하고 사진을 찍는 모습들이 더 한층 축제 분위기를 띄웠다. 하늘엔 애드벌룬이 높게 떠 있었고, 얼음조각이 빙 둘러 서 있는 한쪽 광장에서는 노래자랑 생방송으로 열기를 더해 가고 있었다. 등산복 차림으로 뛰어나가 노래를 흥겹게 부르는 모습을 본 나는 친구에게 출연을 해 보라고 부추겼다.

평소 노래 실력이 프로에 가까웠기 때문이었다. 그러나 알고 보니 벌써 사흘째 축제가 진행되고 있는 탓에 예선 통과자만이 노래자랑에 출연한다는 사실을 알고 아쉬웠지만 발길을 돌렸다. 바로 가까운 곳에 석탄박물관이 보인 것이다.

아무래도 문수봉과 천제단이 있는 등산코스는 아이젠도 없었고, 왕복 네 시간 이상이 걸리기 때문에 이튿날로 일정을 잡기로 하는 것이 좋을 것 같아서였다.

불과 삼사십 년 전의 우리네 가정이나 학교는 물론 모든 동력의 원동력이 되었던 석탄이 만들어진 과정이나 갱 안에서 채취하던 광부들의 애환哀歡까지 체험할 수 있는 시설이 이루어져서 사람들의 발길이 끊이지 않고 있었다. 그러고 보니 어릴 적 시골에서 초 · 중 · 고등학교를 졸업하는 동안 초겨울이면 산에 가서 솔방울을 줍고, 따서 몇 자루씩 학교에 내던 일이 생각났다. 겨울이면 교실에서 조개탄을 난로 연료로 썼기 때문에 불을 지피려면 반드시 솔방울이 필요했던 것이다.

그 당시 추운 겨울이면 이른 아침마다 석탄 창고에 양동이를 가지고 가서 줄을 서야 조개탄을 한 양동이 받을 수 있었고, 학교 아저씨의 눈에 들면 한 번 더 조개탄을 받기도 하였다. 그런 날이면 오후에도 연통이 따끈따끈하여 몰래 가져온 흰떡이나 고구마를 구워 먹다가 선생님께 들키기도 하였다.

석탄박물관을 구경하면서 어린 시절 난로에 불을 지피느라고 연기 때문에 눈물을 흘리던 일과 인천에서 자취할 때 꺼진 연탄불을 살리느라 번개탄을 몇 개씩 태우며 애를 태우던 일이 생시처럼 떠올랐다. 불과 몇십 년이 지났을 뿐인데 요즘 우리 생활에서 연탄은 박물관에 전시할 만큼 옛일이 되고 보니 세월의 흐름이 덧없음을 느끼는 것 같았다. 아직도 마음은 어린이처럼 새로운 것을 보면 동심童心 속에서 가슴은 파닥거리는 데 사방 어디를 둘러보아도 나에게 어린이라고 호칭해 주는 이는 아무도 없다.

조금은 쓸쓸해지는 기분에 사로잡혀 박물관을 나서는 데 바로 건너편 비탈길 쪽에서 사람들의 환성이 들렸다. 걸음을 재촉하여 내려가 보니 비탈길 광장에서는 수십 마리의 큰 개들이 밧줄을 끌고 달리는 성이었다. 그런데 그 여러 개의 밧줄 끝에 달린 썰매에는 몇 아이들이 앉아 있는 게 보였다. 말로만 듣던 개썰매를 타는 체험을 하고 있는 것이었다. 어른이나 아이 모두 그 개썰매를 타고자 수십 명이 줄지어 있어서 탈 엄두도 내지 못했지만 둘러선 사람들 틈에 끼어서 한동안 웃고 손뼉치고 그 광경을 물끄러미 바라보았다. 정말 딴 세상에 여행 온 것 같았다.

손이 시리고 온 몸이 얼어붙는 것 같아 두리번거리다가 포장마차를 찾아 군고구마와 국화빵을 한두 개를 먹고 발길을 돌렸을 때는 어느 새 어두워지기 시작하였다. 더 머물고 싶었지만 이튿날 등산을 위하여 시내 숙소를 찾기로 하고 그 곳을 떠났다.

다음 날 아침 숙소 건너편 허름한 음식점에서 따끄니한 생태찌개를 먹고 친구와 서둘러 등산 장비를 갖추고 다시 눈꽃축제 장소를 찾은 시간은 오전 열 한시가 가까워서였다.

그것은 찻길을 잘못 들어서서 되돌아가느라고 고생도 한 까닭이지만 인근에 자연환경 체험으로 유명한 '구음 소'를 둘러보기 위해서였다. 커다란 바위 중간부분이 뻥 뚫린 곳으로 찻길이 있고, 주변에는 깨끗한 물이 흐르는 작은 연못 같은 '소沼'가 얼어 있었다. 경치 좋은 늪으로 알려진 곳인데 호수보다는 작으나 못보다는 크게 땅바닥이 저절로 둘러빠지고, 진흙 바닥에 많은 물이 깊지 않게 괴어 있어 물속 식물이 무성한 고승로, 겨울 한철이 지나면 학생들의 환경체험 장소로 다양하게 활용되는 것 같았다.

온 김에 한 곳이라도 더 구경하려고 '구음 소' 주변에 설치된 쉼터와 단계별 체험내용이 게시된 안내판을 살펴보느라고 너무 등산하는 시간이 늦은 것 같아 갑자기 마음이 조급해졌다. 그러나 생각처럼 걷는 속도가 빠르게 움직이지 않았다. 등산출발 지점인 단골광장을 벗어나 비탈길로 들어서면서 앞으로 곤두박칠쳤다. 단번에 엉덩이가 얼얼하여 겁이 더럭 났다. 얼어붙은 눈 두께가 두꺼운 때문일까? 아니면 등산화 바닥에 아이젠을 끼운 때문일까?

하지만 마음은 온통 새하얀 눈꽃에 휩싸인 것 같았다. 걸을 때마다 뽀드득 뽀드득 하얀 세상과 만나는 것 같았다. 울창한 숲 어디선가 꽃사슴 떼들이 설원雪原을 달려 쌓인 눈을 헤치고 맑고 푸른 숨결이 그득한 샘물을 길어 올리려고 달려오는 것 같은 환상에 사로잡혔다.

"한눈팔지 말고 두려워하지 말고 앞만 보고 가야지!"

앞서가던 친구가 돌아보았을 때 정신이 번쩍 들었다. 걸음은 점점 빨라지고 등산의 묘미는 더해 갔다. 문수봉까지는 4㎞라고 하는 데 길이 가파르고 눈길이 험해서 왕복 네 시간 이상이 걸린다고 했다.

태백산은 강원도 태백시와 영월군, 경상북도 봉화군과 접경을 이루고 해발 1천567m의 장군봉과 높이 1천517m의 문수봉을 품고 있다고 했다. 또한 태백산 등산로는 활과 같은 부드러운 능선으로 이어져 있어 가족과 같이 산행하기 좋은 산이라고 들었다.

그러나 폭설暴雪이 쌓인 때문인지 반 시간쯤 등반이 시작되자 군데군데 설치된 밧줄을 잡지 않고서는 꼬불꼬불 위태로운 산길을 오르기가 쉽지 않았다. 저절로 비명이 터져 나왔다. 좌우에 즐비한 겨울나무에 만발한 눈꽃에 잠시라도 곁눈질하다 보면 앞서가는 일행을 따라 잡지도 못했고, 엉덩방아를 찧고 말았다. 물 한 모금도 마시지 못하고 숨이 가빠서 몇 번씩 되돌아 내려오고 싶을 만큼 산행에 지쳤을 때 갑자기 눈앞에 우뚝우뚝 선 나무들이 발걸음을 멈추게 하였다.

바로 살아 천년 죽어 천년을 태백산 기슭에 뿌리박고 우뚝 서게 되었다는 주목나무 군락 앞에 도착한 것이다. 지금까지 나는 이렇게 어마어

마한 주목나무가 있다는 사실도 몰랐고, 군락을 이루고 있는 곳이 태백산 기슭이라는 것도 처음 알게 되어 그 놀라움은 더욱 컸는지도 모르겠다. 조금 전까지 되돌아가고 싶을 만큼 힘겨웠던 산행이 어느 새 신선한 충격으로 다가섰다. 더구나 한낮이 지나면서 앞을 분간하기 어려울 정도로 함박눈이 내리고 있었지만 강행군을 하기로 친구와 다짐하였다. 그 만큼 문수봉에 오르는 눈꽃산행이 잊을 수 없는 추억으로 남겨질 것 같았기 때문이었다.

여기저기 눈 쌓인 언덕에 자리를 깔고 배낭에 지고온 점심을 먹는 모습이 눈에 띄었다. 시장기가 도는 시간 때문인지 저절로 군침이 돌았다. 보온병에 담아온 뜨거운 물을 종이컵에 따라서 커피를 타 마시는 등산객들을 바라보면서 몇 번이나 발걸음을 멈췄는지 모른다. 혹시 한 모금을 얻어 마실 수 있을까 기대가 된 것이었다. 하지만 그것은 헛된 바램이었다. 미리 챙겨오지 못한 것이 아쉬웠을 뿐이었다.

주목나무 군락을 지나 반 시간쯤 더 가서야 문수봉에 닿은 것 같았다. 벌써 수십 명이 올라와 있었는데 돌무더기를 큰 탑처럼 둥글고 뾰족하게 쌓아 올린 몇 군데에는 촛불을 켜고 간단한 음식이지만 차려놓고 술잔을 부으면서 남녀노소 가리지 않고 정성을 드리는 모습을 볼 수 있었다. 온 나라의 바위를 모두 옮겨 놓은 것처럼 봉우리는 꽤 넓고 웅장하였다. 풀 한 포기 돋아날 것 같지 않게 온통 바위들이 쌓여 있었는데 제사를 지내는 몇 군데 돌탑은 일부러 정성을 다하여 만든 것이 분명하였다. 비로소 우리는 배낭 속에 넣어온 비료포대를 꺼내어 큼직한 바위에 깔고 앉았다. 전날 먹다가 남은 고구마 한 개를 꺼내어 반쯤 나누어 먹었다. 너무 꿀맛이었는데 목이 말라 여기저기 둘러보았다. 가져온 점심을 먹는 사람들이 더욱 눈에 많이 띄었지만 조금 나누어 달라기에는 염치가 없었다. 어렵게 등에 지고 올라온 음식이라 꼭 먹을 만큼 외에는 여분이 없는 것 같았고, 아무도 모르는 사람에게 다가서서 배짱 좋게 커피 한 잔 달라고 말 할 용기도 없었다.

눈발은 거세지고 하산해야 할 시간이 지난 것 같아 건너다보이는 천제단은 다음 기회로 미루기로 하였다. 친구는 끝까지 산행을 하고 싶어했지만 미끄럽고 가파른 등산은 더 이상 내게는 무리여서 아쉽지만 발길을 돌린 것이다.

천제단은 그 옛날 단군왕검이 태백산에 내려와 나라를 처음 세웠을 당시의 일을 기리는 제사가 지금까지 지속이 된다고 하였다. 내가 알고 있던 그 당시 태백산은 북한 땅에 있는 백두산이라고 생각했는데 이곳 태백산에 이와 같은 천제단이 있다는 것도 이번 눈꽃산행에서 얻은 큰 수확이 아닐 수 없다. 역사적인 고증考證을 거친 이곳 천제단인지 아닌지 알 수 없지만 아무튼 새로운 사실을 알게 된 것만은 분명하지 않은가!

내려오는 길은 훨씬 수월했다. 좀 좋은 아이젠을 끼운 때문인지 걸음도 가벼워졌고, 주변 경치를 살필 수 있는 여유를 찾기도 하였다.

그런데 중턱쯤 내려왔을 때 친구가 난데없이 걸음을 멈췄다. 나도 덩달아 걸음을 멈추고 살피니 오십대 중반쯤 되어 보이는 세 사람이 앉아서 무엇인가 따라 버리고 있었다.

"와~아, 아저씨, 그것 버리지 말고 저희 한 잔 얻어 먹을 수 있을까요?"

"그러시지요."

한 남자가 따르던 보온병을 들고 다가서는 친구에게 커피믹스 두 개와 종이컵을 친절하게도 건네주는 것이었다. 나는 구세주를 만난 것 만큼이나 반갑고 고마워 얼른 뒤따라가서 한 개의 종이컵을 빼앗듯 받아들었다. 하산 직전에 짐의 무게를 조금이라도 덜려고 버리는 물이었겠지만 내게는 커다란 구원병의 도움을 받는 것처럼 따끈한 차 한 잔이 필요했던 것이다.

아직도 김이 모락모락 나는 뜨거운 물에 탄 한 잔의 커피는 그야말로 맛보지 못한 사람은 잘 모를 것이다. 앞이 잘 안 보일 만큼 눈발이 세어지면서 그 풍경을 바라보고 마시는 커피 맛은 더 할 수 없이 그윽하고 향기로웠다. 입 안에서 사르르 녹아내리면서도 태백산의 푸른 정기와 눈꽃향기가 어우러진 듯 커피향은 지친 몸을 단숨에 거두어 가는 듯했다.

그들은 등산장비를 완전히 갖추었을 뿐 아니라 배낭도 아주 큼직한 것으로 등산전문가들 같았다. 한라산을 거쳐서 지리산과 무주구천동, 계룡산 등 벌써 한 달 이상 집에도 안 들어가고 남부지방부터 이곳 강원도 태백산까지 기행하듯이 겨울산행에 나섰다고 하였다. 물론 직장은 명예퇴직을 한 지 몇 달째 되었다고 하였다. 등산을 하다 보니 삶에 대한 욕심도 사라지고 그동안 마음고생이 컸던 직장에 대한 미련도 사라지는 것을 느꼈다고 했다. 정말 그들의 얼굴을 살펴보니 산 속에서 오래오래 수양을 쌓은 사람에게서 볼 수 있는 그런 맑고 청아한 모습이었다. 세파에 시달려 골이 깊게 패인 듯한 얼굴의 잔주름마저 환한 웃음 속에 가려져 평온해 보였다.

차 한 잔에 넉넉해진 그들의 따스한 마음까지 마신 탓일까?

유일사 입구로 내려오는 등산로는 한결 가볍고 즐거웠다. 여기저기에는 남녀노소를 불문하고 엉덩이 썰매타기에 흠뻑 빠져있는 모습이 눈에 띄었다. 엉덩이 썰매를 타면서 즐거워하는 딸과 아들의 모습에서 가족사랑이 묻어나는 것 같아 덩달아 기분이 좋았다. 친구도 등산길에 광장 입구에서 배낭에 넣었던 비료 포대를 꺼내어 엉덩이에 깔고 앉았다. 엉덩이 썰매를 타보려는 것이었다. 우리는 까르르 웃으며 밀고 끌면서 맨 아래까지 미끄럼 타듯이 달음질쳐서 내려왔다. 추위를 녹이려고 바로 광장 옆에 보이는 천막 속으로 들어가 따끈한 강원도 옥수수와 차 한 잔을 시켰을 때는 벌써 다섯 시가 가까웠다.

마음이 바빠진 우리는 사북쪽으로 향했다. 돌아가는 길에 카지노 구경도 잠시 하고 싶다는 친구의 생각 때문이었다.

2

삶의 길목에서

한가위 풍속도

일 년에 두 번 맞이하는 설날과 한가위가 예전 같지 않다. 기다려지는 것이 아니라 또 한 해가 지나가는 것이 아닌가 문득 달력을 넘겨보기도 하고 내 나이를 손꼽아 보게 된다. 특히 이번 한가위를 보내면서 마음은 그 어느 때보다도 가라앉았다. 큰 아들과 며느리를 앞세우고 막내아들까지 온 식구가 찾은 시댁과 시누님 댁, 그리고 친정집은 물론 부모님 산소에도 다녀왔지만 시끌벅적한 한가위 기분은 들지 않았다.

구십을 지나 여섯 해를 넘기신 호호백발의 시어머님과 오랜만에 나눈 옛날 시집와서 겪은 두 번의 명절차림 이야기를 하면서 그 때 그 시절의 고달픔과 대종가집의 시끌벅적한 한가위 풍속도가 그리워졌다. 팔십호가 넘게 사는 마을에는 칠십호 가까이 일가친척들이 살았는데 당시에는 첫 번째로 시댁에서 차례를 지냈다.

며칠 전부터 이부자리를 모두 빨아 다시 꿰매고, 햇곡식과 햇과일을 준비해서 차례 상차림을 마련하는 일과 집안 대청소는 아주 필수적인 일이었다. 그래서 그 시절에도 집안 살림을 하면서 학교 근무를 한 나는 명절을 여러 날 앞두고도 벌써부터 일손이 바빴다.

하지만 추석날은 새벽부터 눈 코 뜰 새 없이 바빴다. 막내이면서 종가집에 눌러 앉아 목장 일을 하는 남편과 살고 있는 나는 종가집 며느리 노릇을 실제로 해야 할 처지였다. 첫 새벽에 눈을 뜨면 펌프우물에서 물을 길어 세수를 하고 곱게 화장부터 하고 부엌에 들어갔다. 제일 먼저 아궁이에 불을 지피고, 뒤뜰에 담가서 묻어 둔 차례상에 올릴 맑은 술을 퍼 올려 정갈하게 담아 놓았다. 그리고 일꾼아저씨들에게 막걸리 술부터 걸러서 한 대접씩 마시게 하였다. 전날 만든 두부를 큼직하게 썰어 김치와 곁들여 주면 바깥 광에서 십 여 개가 넘는 교잣상을 꺼내어 행주로 닦아주는 일손이 퍽 가벼웠다.

이른 아침부터 온 집안은 조용하지만 시어른과 며느리들의 손놀림은 제일 분주하였다. 살림을 나 외지에서 살고 있는 맏동서와 둘째 동서님도 모처럼 시골 큰 살림집의 한가위 분위기를 고조시켰다. 갖가지 차례상 음식에 간을 맞추고 주방일을 총지휘하시면 막내며느리인 나는 제기 접시들과 음식을 담을 그릇을 알맞게 꺼내어 담고, 설거지는 물론 아궁이에 불을 지피는 등 이리저리 동분서주했다. 직장 일을 했지만 시어머님을 도와 크고 작은 살림살이를 직접 했기 때문에 집안 곳곳에 무엇이 있는지 그나마 제일 잘 알았다. 잠시 다니러 온 일가 친족들의 손발 노릇을 하게 된 것이다.

일찍 돌아가셨지만 시아버지의 삼형제분 자손들이 흩어졌다가 총집결하고, 마을에 사는 육촌간의 친척까지 몰려드는 이 날은 교잣상 십 여 개도 모자랄 만큼 조반 식사를 하는 사람이 많았다. 해마다 팔십 여 명이 넘게 아침 식사를 함께 한 것으로 기억한다. 연세가 아주 높으신 할머님이 구십 칠세에 돌아가실 때까지 한가위 전후는 물론 설날에는 보름 이상 찾아오시는 손님으로 부엌일이 쉴 새 없이 바빴다.

한가위 날에는 성묘가 끝나고 저녁나절이 되면 고향을 찾은 자손들과 마을 사람들이 한데 어울려 저녁 늦도록 집집마다 찾아다니면서 농악놀이를 즐겼다. 상모를 돌리고, 꽹과리를 치고, 징을 치며, 앞장 선 사람이 구수하게 호적을 불면 서로 약속이나 한 듯이 집집마다 남녀노소 모두 골목길로 몰려 나와 박수를 치기도 하고 마련한 술과 음식을 대접하기도 하였다.

마을과 집안의 평안과 풍년을 기원하는 한마당 잔치가 집집마다 돌면서 한가위 분위기를 고조시킬 때쯤이면 어느덧 어둑어둑해졌다. 그러다가 마을 뒷산에 둥그런 보름달이 떠오르면 온동네 부녀자들이 마을 한 복판 가장 넓은 집 마당이나 뒷산 언덕 평평한 곳으로 무리를 지어 나왔다. 강강술래를 흥겹게 부르면서 서로 손잡고 밤늦게까지 쌓였던 이야기를 나누고 자손들이 잘 되기를 하늘에 빌었다.

이 풍경은 내가 시집오기 전에 살던 친정 마을에서는 더 근사하였다. 나는 어릴 때부터 신바람이 많아서 한가위 날이면 언니들이 입던 옷을 줄여 주거나 빨아서 입혀 준 옷을 입고도 명절 기분을 제일 많이 냈던 것 같다. 아침을 먹으면 농악놀이가 시작되는 한나절부터 아예 집에 없었던 것 같았다. 두레꾼들은 돌아다니면서 동네 아이들과 덩실덩실 춤을 추고 막대기를 주워 길옆 돌담에서 줏은 양은그릇을 세차게 두드리며 꼬마 악대패가 되었다. 그러면 동네 아주머니들이 깔깔 웃으면서 남은 음식을 건네주기도 하였다.

어쨌든 밤저녁이 되어 동네 여자들이 어울려 강강술레를 춤출 때 그

꽁무니를 졸졸 따라다니다가 큰언니한테 꾸중을 듣기도 하였다. 헌 옷이지만 어머니가 깨끗이 손질해 준 옷을 입고도 좋아서 한가위 기분을 마음껏 낼 수 있었던 어린 시절의 기억이 쓸쓸하게 떠오르는 것은 어찌된 일일까? 육십을 바라보는 지금 고향에서 한가위를 보내는 모습은 분명히 예전과 같지 않다. 한가윗날 아침 차례를 지내는 일가친척 범위도 훨씬 좁아졌을 뿐 아니라 한나절까지 시댁에서 머무는 동안 찾아오는 손님도 객지생활을 하다가 고향을 방문한 집안 친척 이십 여 명이 전부였다.

이십오 년째 외지에서 살고 있는 내가 요즘 한가위 풍속도가 너무 단조롭다고 허전해 할 자격이나 되는지 모르겠다. 인터넷 세상이 오면서 시골이나 도시 어디서든지 우리들의 생활양식이 너무 많이 달라지고 있다는 것을 느낄 뿐이다. 눈부실 만큼 발전된 문화생활을 누리고 사는 지금 우리에게는 오래 간직하고 이어가야 할 문화재가 소홀히 다루어지고도 잊혀가고 있는 것이 너무 많다는 것이다.

한가위 날이면 시골에서 이웃끼리 모여 농악놀이를 즐기고, 강강술레를 춤추며 달맞이를 하는 풍속은 시대 변화가 급속히 이루어져도 우리 모두 아끼고 이어가야 할 고유한 풍속이 아닐까? 조상들의 숨결이 가득 담긴 정신을 이어가는 것은 현대를 살아가는 후손들의 몫이요, 고향에 대한 애착을 길러주는 끈이라고 생각한다.

요즘 아이들은 사교육에 시달리고, 어른들은 살아가는 데 각박해져서 그 어느 때보다도 삶의 여유를 갖지 못한 것이 사실일 것이다. 그래서 한가위를 즐기는 농악이나 강강술레 등의 놀이는 우리네 생활에서 멀리 사라진 게 아닐까?

내가 근무하는 학교에서는 화성시청의 지원을 받아 농악반이 편성되어 있다. 방과 후에 연습하고, 관내 행사가 있으면 참석하여 상을 받아 오기도 한다. 그나마 얼마나 다행인지 모른다. 우리 음악에 대한 씨앗이 아직 남아 있고, 내가 근무하는 학교 아이들이 조금이라도 관심을 가지고 있다는 것이 위안이 된다.

하지만 나부터도 우리 가락에 대한 박자감이나 농악 전반에 대한 정확한 지식이 없는 편이다. 우리 선생님들도 특별히 관심이 없으면 잘 모르는 것이 보통이다. 그러니 요즘 사람들에게서 한가위 날에 강강술래 춤을 즐기고, 마을 사람들과 한데 어울려 농악놀이를 왜 하지 않느냐고 질문할 수 있겠는가?

옛것은 아름답고 그리운 것일까? 한가위 날에 즐기던 풍속을 떠올리면서 세월의 흐름에 따라 변한 현재를 살펴보니 쓸쓸해진다. 그러나 이제라도 우리 것에 대한 소중함을 깨달아 각자 처한 위치에서 그 아름다운 문화재를 이어갈 방법을 찾아봐야 하지 않을까? 학교에 있는 나는 아이들에게 우리 문화재의 소중함을 일깨워주고, 지켜가는 법을 연구하여 체계적으로 배울 수 있는 길을 모색해 봐야 한다.

고향에 계신 어른들은 바쁜 틈을 내서라도 마을 회관 창고 어딘가에 녹슨 채 방치된 농악 기구들을 꺼내어 농한기에 모여 가끔씩 연습을 하고, 명절 때 찾아오는 마을 사람들과 같이 어울려 우리 가락을 힘차게 두드려야 한다. 또한 고향을 떠나 객지에서 사는 사람들은 명절 때만이라도 돌아와 호주머니를 털어 새로운 농악 기구도 사 놓고 마을회관 운영 자금도 듬뿍 내면서 같이 춤추고 우리 가락을 두드리면서 풍년을 기원하고, 고향의 발전을 빌어야 할 것이다. 그래서 고향을 같이 한다는 끈을 결코 놓아서는 안 될 것이다.

자라나는 우리 아이들에게 재산을 물려주는 일보다 더 소중한 것은 우리 고유의 아름다운 풍속과 문화재를 이어가는 정신이 아닐까? 인공위성을 발사하고, 우주를 직접 다녀오는 요즘 세상일지라도 우리 고유의 맥을 이어갈 때 보다 더 사람 냄새가 나는 끈끈한 정 속에서 사람답게 살 수 있는 것이 아닐까?

가을에는

주말이 되면 광교산에 오르거나 한증막에 가는 게 고작이다. 나이 탓인가. 경조사나 특별한 모임이 있는 날이 아니면, 혼자라도 왕복 두세 시간 걸리는 광교산에 오른다. 뜨거운 열기가 솟구치는 숯불 가마 한증막에 가는 것도 통과의례다. 남편이 동행할 때도 있지만, 주일 새벽기도에 참석할 수 없는 날은 토요일 오후나 주일 낮 예배 후, 혼자 산에 오르거나 한증막을 찾는다.

몇 해 전만 해도 상상할 수 없는 일이었다. 그러나 이젠 웬만한 일일 아니면 주말에 특별한 약속을 잡지 않는다. 혼자서라도 산에 오르고 한증막까지 다녀와야 다음 일주일의 생활이 가볍다.

등산화를 신고 사계절 변함없이 주말마다 똑같은 광교산 그 산등성이를 오르내린다. 남들에겐 무미건조한 일로 보일지도 모른다. 하지만 내겐 특별한 의미의 일상이다.

종점에서 토끼재에 올라 능선을 타고 형제봉을 향한다. 힘이 들 때는 그 길을 돌아 송신탑과 갈대밭을 지나 절터 약수터에서 한 바가지 약수를 마신다. 그 상쾌함이란 맛보지 않은 사람은 알 리 없다. 토끼재에 오르는 사백 여 계단은 나 자신과의 혹독한 싸움을 부추긴다. 되돌아가고 싶을 만큼 헉헉 숨이 막힌다. 그러나 내 삶의 한가운데에 서서 호흡을 고를 때 마음은 한껏 겸허해진다. 그래 주말이면 어김없이 찾는지도 모르겠다.

가까운 친구와 이곳을 찾을 때도 똑같은 길을 고집한다. 그런 나를 이해할 수 없다고 한다. 새로운 곳을 찾기를 좋아하는 친구는 성격 탓이라고 한다. 하지만 두세 시간의 등산길이 내 체력에 알맞기 때문이요, 낯선 곳은 내게 두려움이나 불편함을 준다.

산등성이를 오를 때마다 새로운 느낌이다. 쉬고 싶을 때면 언제든지 바위나 언덕에 앉아 바람을 안고 나무 틈 사이로 보이는 파란 하늘과 한 무더기 구름을 바라본다. 그리곤 도시의 건물들을 바라보면서 내 삶 속에 묻어 둔 추억을 한 올 한 올 실타래에서 풀어본다.

등산길에 때로는 빈 병이나 쓰레기를 주우며 휘파람을 부는 이를 만나기도 한다. 어떤 이는 미국산 풀꽃이 생태계를 위협한다고 지나는 등산객들을 불러 모아 일일이 설명하기도 한다. 그네들을 보면 왠지 모를 뜨거움을 느끼기도 한다.

어두워지는 산길을 따라 내려올 때 가끔씩은 혼자라는 외로움을 느끼기도 하지만 오히려 그런 감정 때문에 혼자 산에 오르고 내려오는지도 모른다.

산에서 내려오면 사우나에 들러 온탕과 냉탕을 번갈아 드나든다. 그러면 삶에 찌든 먼지와 땀과 세상 모든 것, 잊고 버려야 할 것을 훌훌 털어버리고 말끔히 씻어낼 수 있는 것만 같다. 찜질복을 입고 숯불 가마 속에서 십여 분 땀을 뻘뻘 흘리면 세상 그 어떤 어려움이 불어온다 하여도 헤쳐 갈 수 있을 것만 같다.

일터에서 지친 몸과 마음을 다스릴 수 있는 곳이 하필 산이요, 뜨거운 물과 항상 열기가 서려 있는 한증막인지 가끔은 고개를 갸웃거리기도 한다. 하지만 내겐 하등 이상할 일이 아니다. 십오륙 년 전, 건강을 잃고 시한부 삶 속에서 한 치 앞도 내다볼 수 없을 만큼 아픔을 겪다 덤으로 살아가고 있지 않은가. 그러니 삶의 방식이 여느 사람과 다를 수밖에 없다. 되찾은 건강을 지키느라고 삶의 우선 순위가 저절로 바뀐 것이리라.

2년 이상을 아침마다 녹즙과 공복에 두 공기 이상 생수를 마시는 게 내 일상이 되었다. 곤히 잠든 남편을 깨워 새벽기도회에 참석하고 직장으로 향했다. 그 뒤 2년은 매일 윗몸 일으키기 백 번씩을, 주말에는 사우나를 찾았다. 매주 목요일 퇴근 후에는 포천 기도원까지 달려가 생수를 긷고 환자를 돌보고 자정예배를 본 뒤 새벽에 돌아왔다. 그런 힘든 일이 반복되어도 나는 생기 있는 모습을 잃지 않았다. 그러구러 십여 년, 기도하고 산에 오르고 걷는 동안 환절기마다 반복되는 기침과 끊임없이 따라 다니는 잔병치레를 이겨낼 수 있었다.

최근 몇 년 전부터 건강한 모습을 되찾았다는 자신감이 붙어서일까?

교회에서 주방봉사도 하고 있다. 일년에 예닐곱 번씩 돌아오는 식사당번이지만, 그 일을 할 수 있다는 것만으로도 무척 자랑스럽다. 그만큼 건강해졌다는 이유 때문일 것이다.

그런데 이 가을에는 웬일인지 마음이 스산하다. 즐겨 찾는 광교산과 한증막이 더 이상 내 안식처가 될 수 없다는 생각이 자꾸 고개를 든다. 그동안 너무 오래도록 자신의 건강을 지키고 훈련시킨다는 명목으로 모든 생활 속에서 우선순위를 '건강지킴이' 쪽으로만 몰아 간 것은 아닌지. 문예잡지를 구입해 놓고 끝까지 읽지 못하고 덮어두기 일쑤여서 서재에 먼지로 쌓여있다. 광교산과 가까운 등산코스 그리고 숯불가마 속에서 내 뜨거운 삶을 너무 많이 낭비하고 있는 것은 아닐지 싶다. 너무 오랫동안 울타리 안에 자신을 보호한다는 구실로 가두어 둔 것은 아닐까?

이런저런 생각들이 자신을 자주 거울에 비춰보게 한다.

이젠 숨고르기에서 자신을 일으켜 세워야겠다. 가을 벌판을 달려 파란 하늘의 무한한 언어와 도시 한복판에서도 숨차게 달려 따스한 이야기를 한 올 한 올 빚어내는 일에 다시 한 번 붓끝을 갈고 닦고 싶다. 밤늦도록 책상 앞에 앉아 생각을 가다듬는 일은 또 다른 내 삶의 깊이와 진실을 낚아 올리는 일이 아닐까?

이 가을에는 내 문학의 길을 다시금 찾고 싶다. 아니 나 자신을 깊이 생각하며 가을벌판을 달려 바람의 언어를 곱게 수놓아 높은 하늘에 매달고 싶다. 그리고 이름 모를 풀벌레들과 이끼 푸른 산등성이마다 날아오르는 산새들의 노래에 귀 기울여 한 편의 시를 쓰고 싶다.

비자금

'비자금' 하면 우선 긍정적인 느낌보다는 부정적인 느낌이 오는 것은 나 혼자만의 잘못된 언어 감각일까?

그 언어 자체에서 풍기는 어감이 정상적이 아닌 비정상적인 통로에 의한 자금의 흐름 정도가 아닐까 생각한다.

사전상의 의미를 살펴보면 기업이 장부상에는 나타나지 않게 조성한 비밀자금으로 장부조작, 매출 누락, 인건비 과다 계상 등의 방법으로 조성한 것을 말한다고 했다. 흔히 로비를 위해서 투입하는 것을 비자금이라고 알고 있다.

정치인, 정당, 국회의원 등 권력자들에게 어떤 단체나 기업 등을 위해서 이해 문제를 진정하거나 부탁하는 활동이 바로 로비이다. 그런데 로비와 함께 따라다니는 말이 비자금이고 보면 긍정적인 느낌보다는 부정적인 인식으로 다가서는 것이 나만의 생각일까?

요즘 텔레비전을 시청하다보면 뉴스 시간에 거의 빠짐없이 대기업과 정치인, 혹은 권력자들의 각종 비자금 문제가 불거져 눈살을 찌푸리게 하고 있다. 일반 시민들에게는 상상할 수도 없는 큰 자금의 흐름이 어떤 이해 문제를 해결과 그에 따른 비자금이 얽혀 사회 이슈가 되고 있는 것 같다.

단 돈 몇 천원 가지고도 희비가 엇갈리는 우리네 서민들에게는 몇 천 억 그 이상의 큰 비자금으로 인해서 사건이 터지고, 누군가에 의해서 그 비밀이 뒤늦게라도 밝혀져 수습하느라 허둥대는 당사자들의 모습을 화면으로 자주 본다는 것은 여간 씁쓸한 일이 아니다.

더구나 아무 것도 모르고 땀 흘려 번 돈으로 생활하는 것이 정상적인 삶이라고 알고 지내는 서민들에게는 상상할 수 없는 큰돈이 비자금이라는 명목으로 통용된다는 것은 여간 큰 충격이 아닐 수 없다. 아직도 우리 사회 권력층과 기업인 사이에 비자금이 오고 가야 해결되는 일이 많다는 사실은 정말 힘 빠지게 한다. 정권이 바뀔 때마다 비자금 문제가 불거지는 것은 권력의 언저리에는 늘 비자금이 도사리고 있었던 게 아닐까?

아무튼 각종 비리와 연결고리에는 빠짐없이 비자금이 얽혀 있어서 듣기만 해도 부정적인 어감으로 다가선다. 우리네 서민들에게 직접적인 이해타산이 걸린 일이 아니어도 뉴스를 접하는 순간 기분을 상하게 만들고, 때로는 주먹을 불끈 쥐게 만드는 것을 보면 분명 좋지 않은 영향을 주는 말임에 틀림없다. 생활에 활력소를 넣어주는 것이 아니라 오히려 힘을 빠지게 하는 언어이니 우리 생활 속에서 아예 없어져야 할 말이겠다. 비자금이 상식화되어버리는 사회일수록 후진국이요, 선진화로 가는 걸림돌이 아닐까.

그러나 개인적으로 보면 이 비자금이 때로는 필요한 부분이 될 수도 있다. 나이를 먹어가면서 그만큼 사회의 때가 묻어버렸다는 것일까?

한 집안에서 주부가 살림을 할 때 비자금이 때로는 가정에 힘을 불어넣어 줄 때도 있다. 어쩌면 집안에서 가족 모르게 비상용으로 쓰기 위해 마련된 돈은 '비상금' 이라고 표현하는 것이 옳은 일인지도 모르겠다. 그러나 쌈짓돈 정도의 액수를 벗어나 몇천 만 원을 남편 모르게 혹은 아내 모르게 따로 가지고 있으면 그건 비상금이 아닌 '비자금' 이라고 해야 되지 않을까?

억지를 부리는 일일지 모르나 나는 개인적으로 가정에서도 큰돈을 마련하여 비상시를 대비하였다면 그것은 비상금보다는 비자금일 것이다. 이것은 부정적인 측면이 아닌 긍정적인 용도로 쓰는 일이라고 생각되어 집안 살림에 가끔은 필요할 것이다.

20년쯤 된 일이다. 내가 처음 창작동화집 《아프면서 크는 아이》를 출판하여 보름 만에 재판까지 나와 9천여 권이 훨씬 넘게 팔린 일이 있었다. 그 시절에는 수원, 안양, 서울 등 내가 알고 있는 선후배 선생님들을 통해서 여러 학교에 소개가 되어 짧은 시간에 동화책이 팔려 큰 이익금을 받게 되었다. 출판기념회도 했고, 이웃 친지들에게 인사치레를 하고서도 생각한 것보다 많은 액수가 들어온 것이다. 그때 가까운 친구가 그 돈을 무의미하게 쓰지 말고 개인 통장 하나를 마련하는 것이 어떠냐고 넌지시 귀띔해 주었다.

그 뒤 나는 남편 모르게 책값의 이익금 일부를 떼어서 모았다가 한참 뒤에 집안의 갑작스러운 일이 있었을 때 아주 요긴하게 썼다. 물론 남편에게는 빌려온 돈이라고 말하고 그 일을 해결하는 데 쓴 것이다. 그리고 얼마 후에 그 돈을 갚게 되었을 때 다시 비밀 통장에 그 액수와 작지만 이자까지 합쳐서 넣었다. 그 뒤에도 나는 그 통장에 얼마씩 매월 절약한 돈을 넣기 시작했고, 나중에는 의도적으로 통장 액수를 불려 나갔다. 그러다가 내가 건강이 몹시 나빠져 사경을 넘나들다가 회복 단계에서 집안의 경제가 아주 많이 기울어진 일이 있었다. 그때 남편의 기를 살려주고 싶어 중형차를 선물하기로 마음먹고 그 통장을 보여준 일이 있었다. 남편은 눈물까지 글썽거렸고, 고집을 세워 마다하는 남편에게 좋은 차를 마련해 준 일이 있다.

단번에 통장이 텅 비게 되었지만 그 뒤에도 꾸준히 몰래 돈을 모아 비상금이라기에는 너무 큰 액수를 만들어서 큰 아파트를 장만하는데 밑거름이 되었다. 또 몇 해 전에는 남편이 직장에서 어려운 일을 만났을 때 모두 찾아 빌려온 돈이라면서 해결해 주었다. 남편은 마지막 그 큰 돈은 끝까지 정말 누구에게서 빌려 온 것이라고 믿었다. 그렇게 넉넉한 살림이 아닌 데 아내가 번번이 그 큰 액수의 비상금을 아니 비자금을 가지고 있다는 것을 상상하지도 못한 것이다. 그 무렵 새 아파트를 장만하느라고 몇 해 동안 돈 때문에 쩔쩔매는 것을 가끔 들켜버린 일이 있었기 때문이다.

남편은 평소에 집안 살림을 아내에게 모두 맡기는 편이지만 그 당시 대학생 아들이 둘인데다가 이리저리 꾸려 가는 뻔한 살림이 만만치 않다는 집안 사정 정도는 알고 있었던 것이다.

살림에 무심해도 부부가 함께 살다보면 서로의 월급 액수를 훤히 알아버리는 것은 그렇게 어렵지 않은 일이 아닌가?

그런데 2천만 원에 가까운 그 비자금을 빌려온 것이라고 하여 남편에게 써버린 뒤에 쉽게 갚을 길이 없게 되었다. 큰 아들의 결혼 날짜가 예상보다 빨리 진행되었고, 그 아이의 새 집을 무리해서 분양받았기 때문에 목돈이 계속 들어간 것이다. 그래서 빨리 갚아야 할 필요도 없는 그 비상금 아니 비자금을 채워 놓는 일에 신경을 쓰지 않았다. 남편은 가끔씩 그 돈을 서둘러 갚아야겠다고 걱정하였다. 그때마다 은행 이자 정도만 생각하면 되는 것 아니냐고 모른 척 넘어가곤 하였다. 물론 양심의 가책을 이따금 느꼈지만, 지금까지 그 비자금 때문에 집안의 어려움을 순간순간 해결한 일이 너무 많았기 때문에, 꼭 남편에게 일일이 보고 하지 않아도 괜찮다고 생각한 것 같았다. 모든 것을 알고 나면 서로 가정 살림에 소홀하거나 절약하는 정신이 흐려질 것 같았기 때문에, 오랫동안 가족 모르게 돈을 여축하는 데 마음을 썼는지도 모른다.

처음에는 돈의 액수가 불어나는 재미로 시작하였는데 나중에는 매사에 절약하면서 악착같이 몰래 모아간 것 같았다. 그러다가 송두리째 집안일에 써버리게 되고 쉽게 채워 넣지 못하게 되니까 어느 순간부터 다시는 비자금 같은 것에 마음을 쓰지 말자고 스스로 다짐하였다.

그런데 바로 큰 아들의 결혼을 3주 앞둔 재작년 초겨울인가 지병이 도져서 갑자기 중환자실에 들어가 수술을 받게 되었다. 기관지 확장에서 오는 동맥파열로 심한 각혈이 멈추지 않아 기관지 수술을 하지 않으면 위태롭게 된 것이다. 과로와 스트레스가 겹치고 환절기 날씨에 그만 길을 걷다가 심한 각혈로 실려온 것이다. 혈압은 떨어지고, 지혈은 되지 않은 채 정신은 오락가락 하여 목사님을 청하여 기도를 받고 안정을 잠시 동안 찾게 되었다. 그때 나는 남편을 찾았다. 수술실에 들어가면 그 위험하다는 기관지 수술결과를 장담할 수 없었기 때문에 무슨 이야기라도 하지 않으면 안 될 것 같았기 때문이다.

십년 아니 십오 년 전에 이미 나는 이 지병으로 대학병원을 몇 번씩 들락거리다가 수술도 불가능하고, 지혈 주사도 막을 수 없어 멀리 기도원까지 가서 죽을 준비 기도를 하는 중에 기적적으로 하나님의 선물을 받아 지금까지 덤으로 살아오고 있다고 믿어서 두려움 같은 것은 없었다. 생명의 연장을 많이 받았다고 생각한 때문이었다. 다만 큰 빚이 있다고 믿고 있는 착한 남편에게 내가 죽어도 그 돈을 갚을 필요는 없다는 사실을 밝혀야겠다고 생각한 것이다.

입술을 꼼짝거리면서 수술실에 들어가기 전에 나는 남편에게 몰래 여축해온 비자금이었다고 밝혔다. 그러니까 갚을 필요가 없다고 작은 소리로 우물우물 이야기를 하는 데 그만 남편은 울음을 터뜨렸다. 수술이 잘 될 것이니까 아무런 걱정을 하지 말라고 하였다. 십오 년 전에는 불가능한 수술이었지만 지금은 의학이 발달하여 충분히 가능하다는 것이다.

어쨌든 나는 가족의 기도로, 하나님의 도우심으로 그 수술을 잘 이겨냈고, 완치는 아니지만 부분적인 시술로 각혈을 멈추게 되었다.

죽음 앞에서 그 비자금에 관한 일로 남편과 이야기 한 기억이 가끔씩 떠오를 때면 지금도 얼굴이 달아오르다가 옷깃을 여밀 만큼 숙연해진다. 나쁜 의도로 가족 모르게 돈을 모으다가 집안 살림에 요긴하게 쓰면서 점점 큰 돈을 모았던 일을 생각하면 '비자금'이 꼭 부정적인 의미로 받아들여져서는 안 될 것 같기도 하다. 적어도 가족끼리 집안 살림을 위하여 남편이 혹은 아내가 조금씩 돈을 모았다가 어느 날 서로에게 감동을 줄 수 있는 용도로 쓴다면 그것은 바람직한 비자금이 아닐까 문득 생각해본다.

국어사전을 찾다보면 애당초 비자금이란 기업이나 정당 혹은 큰 기관에서 장부상에 나타나지 않게 조성한 비밀자금이라고 한다. 또한 어떤 단체나 기업 등을 위해 이해 문제를 진정하거나 부탁하는 활동에 쓰이는 돈이라고 하니 하루 빨리 이 사회에서 사라져야 할 부분이 아닌가!

아니면 법적으로 아무런 문제가 없도록 회계법이 바뀌든가 음지가 아닌 양지에서 정당하게 쓰일 수 있도록 그 시스템이 마련되어야 하지 않을까?

아무튼 비자금이라는 의미가 바뀌지 않는 한 우리에게 부정적인 느낌으로 다가서는 것은 어쩔 수 없지 않은가?

요즘 나는 집안 살림에서 그 비자금의 필요성을 알고 있으면서도 다시는 통장 같은 것에 몰래 여축해 가는 일은 하지 않는다. 이리저리 돈을 채우고 모으는데 흥미를 잃어버린 것이다. 모든 것을 내 손으로 해결하고 지출하다보니 남는 것보다는 모자랄 때가 아직도 많은 까닭이다. 작은 아들의 늦공부 뒷바라지와 결혼 준비를 위해서는 몇 해 동안 또 절약해야 하는 살림인데 혼자 고민하면서 비자금을 모아가기가 꾀가 나버린 것 같다. 그냥 함께 걱정하면서 살림을 꾸려 가는 재미도 있다는 것을 새삼스럽게 느끼고 있다면 나이를 먹어간다는 의미가 될까?

자질구레한 일 같지만 남편에게 일일이 돈의 쓰임을 이야기하고 꾸려 갈 살림 이야기를 나누다보니 이젠 집안 살림 걱정을 혼자 하지 않아도 된다. 서로 더 많이 대화를 할 수 있어서 이해의 폭이 넓어진 것 같다.

가정에서도 비상금이 아닌 비자금 같은 것을 만들지 않고 서로 뭐든지 의논하면서 살림을 꾸려가는 것이 바람직하다는 사실을 뒤늦게 깨닫고 다시는 그런 혼자만의 고통을 감수하면서 굳이 비자금을 마련할 필요가 없다고 생각하게 되었다. 그렇다면 국가나 각종 기업 등에서 아무도 모르게 돈을 마련하여 로비 자금으로 쓰기 위해서 마련하는 비자금도 그 출처를 밝히고, 하루 빨리 이 사회에서 근절되어야 하지 않을까?

서로 불신하고 정상이 비정상이 되고, 비정상이 정상이 될 수도 있는 원인 제공을 하고 있다고 생각하기 때문이다.

맷돌에 대한 단상

이른 새벽부터 정성껏 얼굴을 만지고도 너무 이른 시간인지라 살금살금 옆방 서재로 가 컴퓨터를 켰다. 아주 가까운 벗에게 설날 아침 인사를 메일로 보낸 뒤에 성경책을 꺼내 읽고 있을 때였다. 방문을 살짝 열고 며느리가 환하게 웃으며 다가섰다.

"어머니, 벌써 일어나셨어요?"

"그래, 시골 가려면 아직 멀었는데 벌써 일어났니?"

"잠이 안 와서요."

"시골에 가면 차례상 준비에 설거지로 고단할 텐데 좀 더 누웠다가 일어나렴."

새 아이는 책꽂이에 꽂힌 큼직한 성경책을 꺼내들고 방그레 웃으며 돌아섰다. 시어머니와 이야기를 하고 싶은 것 같아 읽던 성경책을 들고 뒤를 따랐다. 주방에 불을 켜고 식탁에 앉아 두툼한 성경책을 읽고 있었다. 결혼을 앞두고 신앙생활을 함께 하기 위하여 우리 가족이 다니는 교회에 출석하고 세례까지 받은 새 아이가 기특하고 고마워 늘 감사기도를 드리고 있는 터였다. 그런데 새해 아침 가족예배 준비를 위하여 일찍 성경책을 편 시어머니를 따라 행동하는 것이 기쁘기도 하고 가슴이 뭉클하여 가만히 두 손을 잡아 주었다.

"고맙다."

"아이, 어머니도! 제가 더 고맙고 감사드려요. 올해도 건강하세요."

식구들을 깨고 이리저리 선물꾸러미를 거실로 옮기고 온 가족이 거실에 둘러 앉아 잠깐이지만 예배를 드린 뒤 부부끼리 세배를 하였다. 그리고 자식들의 세배를 받은 뒤 덕담 한 마디씩 건네고 두툼한 세배 돈까지 주고서야 집을 나섰다.

찬바람을 가르고 달려 간 곳은 백 리도 채 안 되는 내 고향이자 백 세 가까운 시어머님이 살고 계신 시댁이었다. 친정 동네 바로 옆 마을인 시댁은 내가 시집 와서 십여 년 가까이 살던 종갓집이다. 아니 정확히 말하면 내가 건강이 나빠져서 어린 아이들과 수원으로 분가를 한 뒤에도 남편이 목장 일로 이곳에서 칠년쯤 더 살았기 때문에 남다른 정이 들은 내 집 같은 시댁이었다. 남편이 내 건강을 챙겨주기 위하여 수원으로 아주 나오면서 오랫동안 비워 두어 폐허가 되어버린 그 집은 지붕과 서까래만을 그대로 둔 채 큰돈을 들여 현대식으로 꾸며 장조카 내외가 들어와 살림을 하기 시작하였다. 맏동서가 갑자기 몇 해 전에 세상을 떠났기 때문이었다.

조카며느리들과 어린 손자들, 남편의 형제인 시숙들, 그리고 어느 틈에 호호백발이 되신 시어머님. 이십여 명은 넘고, 삼십 명은 채 안 되는 단출한 가족끼리의 차례가 진행되는 동안 둘째 동서와 같이 시어머님의 말동무가 되었다.

내가 시집 와서 차례를 지내던 삼십여 년 전에는 삼간대청과 사랑방도 모자라 앞마당에 멍석과 돗자리를 펴고 일가친척들이 둘러앉아 아침 조반상을 받았다. 큼직한 교잣상을 열 개는 펴야 일가친척들이 앉을 수가 있었다. 다른 친척집으로 차례를 지내러 가기 위하여 남자들만 먼저 식사를 하는 데도 자리가 비좁아 앞마당까지 조반상을 차려 놓아야 했다. 손이 꽁꽁 얼어 호호 불면서도 조카들은 떡국 그릇을 들고 앞마당에 차려 놓은 교잣상 둘레에 웅크리고 앉아 맛있게 먹던 모습이 지금도 눈에 선하다.

막내며느리인 나는 윗동서들과 사촌 동서들보다 더 재바르게 부엌과 마루를 뛰어다니며 그릇을 날랐고, 남자조카들은 빈 교잣상을 닦아 접은 뒤 아래 광으로 옮겨 놓았다. 삼간 대청마루를 대강 치우고 나면 시조모님이 정좌를 하시고 같은 세대별로 몇 명씩 세배를 드렸다. 어른들에게는 덕담 한 말씀을 해 주셨고, 어린 조카와 손자들에게는 백 원씩 혹은 오백 원씩 안주머니에서 세뱃돈을 꺼내 주시던 시할머님은 구십칠세까지 살았다.

며느리들은 부엌에 수북이 쌓인 빈 그릇을 씻을 재간이 없어 앞마당에 있는 펌프 우물가에 둘러 앉아 분담을 하여 설거지를 하였다. 큰 함지박을 몇 개 꺼내어 그릇을 몇 차례씩 헹구는 동안 나는 쉬지 않고 펌프질을 해서 물을 길어야 했다. 남자들과 어린 아이들이 다른 친척 집으로 차례를 지내러 가고, 집에서 좀 떨어진 산으로 성묘를 다녀오는 한나절까지 여자들은 그릇을 씻고, 마른 행주로 닦고, 찬장에 정리하다보면 또 다시 점심상을 차리곤 했다. 할머님께 세배를 하러 오는 마을 어른들과 꼬마 손님을 비롯하여 고향을 찾은 일가친척들의 발길이 끊이지 않았던 것이다.

시할머님은 팔십 호 가까운 같은 동네에서 칠십 호 가까운 양씨 집안의 대종가집 어른이셨다. 그래서 시할머님이 살아 계신 동안은 정월 초하루부터 대보름이 지날 때까지 세배꾼이 끊이지 않았다. 막내이면서 목장을 경영하는 남편 때문에 집안 살림을 하면서 직장을 나가야 했던 나는 퇴근 후 밤에도 늦도록 세배꾼들에게 간단한 술상이나 떡국상을 차려야 한 것은 물론이었다.

그런데 육십을 바라보는 지금 그 바빴던 설 차림의 손놀림이 추억 속에 머물러 있다고 생각하니 씁쓸하기 짝이 없다.

아랫방에서 늙으신 어머님의 말벗을 하다가 차례상을 물리고 남자들이 늦은 조반을 드는 동안 나는 슬며시 밖으로 나왔다. 장조카가 어머님을 찾으셨기 때문이다. 아마 세배를 드리고 같이 아침 식사를 하려는 모양이었다.

밖은 아직 한겨울날씨였다. 마당 둘레엔 일손이 모자라 농사를 짓는 연모들이 여리저기 흩어져 있었다. 그리고 결혼 초기에 젖소들을 키우기 위해서 마련한 함석집이 그대로 있었다. 그곳에 십여 마리의 한우와 개들이 여물 먹이를 먹고 있었다. 그 옛날에 남편이 손으로 젖을 짜고 나는 새벽이면 가마솥에 물을 끓였다. 젖을 짜기 위해서 더운 물수건으로 젖가슴을 부드럽게 만져준 것이다.

울타리도 없이 담장을 군데군데 쌓아올린 뒤뜰로 돌아서니 뜻밖에도 낯익은 맷돌이 담 벽에 아무렇게 놓여 있었다. 몹시 반가웠다.

명절 때면 어김없이 등장했던 우리 시댁의 명물이 아니었던가!

백여 명에 가까운 차례 지내는 일가친척들과 보름 가까이 드나드는 세배꾼들 때문에 몇 말씩 콩을 담가 두부를 한 것이다. 그 무렵 시댁뿐만이 아니라 시골에서는 명절이나 손님치레가 있을 때마다 거의 빠짐없이 맷돌에 불린 콩을 갈아서 두부를 만들어 먹었다. 그리고 빈대떡이나 부침질하는 가루를 곱게 빻아서 부칠 때도 맷돌을 사용하지 않았는가!

시집오던 이듬 해 어느 봄날 바깥마당 귀퉁이에 놓인 연자 맷돌을 시어머님이 지나가는 엿장수에게 빨래비누 오십 장과 바꾸었다는 말씀에 몹시 서운해 한 일이 있었다. 아마 그것은 민속촌 어느 곳에 놓여 있거나 어느 민속 박물관에 놓여 있으리라.

지금 이 맷돌도 몇 해 지나면 아무 쓸모없이 자리만 차지한다고 지나가는 고물상에 넘기지 않을까?

젊은 조카나 조카며느리 눈에는 이 맷돌이 보잘 것 없는 옛날 물건일지 모르나 시댁 어른들의 손때가 묻어 있고, 시어른들의 애환이 서려 있는 소중한 풍물이 아닐까?

남편과 같이 서투른 솜씨로 맷돌을 돌리고, 시어머님의 훈수를 받으면서 늦은 밤 설차림에 쓰였던 이 맷돌에 서려 있는 나의 매운 시집살이 이야기도 쌓여 있지 않은가?

그리고 고부가 같이 앉아 겪어온 여자들의 시집살이와 우리네 가정살림의 어려움을 나누고 정을 돈독하게 쌓은 정이 있지 아니한가?

단 돈 천 원이나 천오백 원을 주면 사 먹을 수 있는 두부 한 모이지만 그 옛날 우리 조상들의 솜씨로 밥상을 풍성하게 마련하고 따스한 정으로 가득하게 한 것은 조상 대대로 대물림 받아온 맷돌의 위력이 아닐까?

아마 지금 내 고향 시골 어느 집에 가도 아낙네들이 둘러 앉아 맷돌에 콩을 갈고 녹두를 갈고 팥을 갈아 두부와 녹두전을 만들고 떡고물을 만들지는 않을 것이다. 민속촌에나 가야 체험해 볼 수 있는 맷돌이 아닐까?

그동안 눈부시게 발달하는 세계 문명에 가려서 우리의 미풍양속이 하나 둘 없어지고 잊혀가는 것이 어디 맷돌뿐이랴?

지금부터라도 자라나는 우리 아이들에게 조상들의 아름다운 미풍양속과 시골에서 사라져가는 풍물들을 찾아 아끼고 이어가야 하지 않을까?

짧은 시간에 많은 양을 생산하는 것도 필요하지만 손 솜씨를 발휘하는 동안 가족간의 사랑과 정을 쌓아가고 고향을 아끼고 생각하는 풍토가 다시 솟구치는 게 아닐까?

명절 때만이라도 맷돌 손잡이를 마주하면서 고부간에 혹은 가족간의 온정을 싹틔우고 일가친척끼리 도란도란 이야기꽃을 피울 수 있었으면 좋겠다.

삶의 길목에서

올여름 장마 비가 주룩주룩 내리는 출근길에 걸려온 장조카의 전화 목소리는 그 어느 때보다도 가라앉아 있었다.

"작은 엄마, 할머님이 곧 운명하실 것 같아요."

"그래, 곧 가마. 작은아버지가 먼저 도착하실 거야. 난 잠시 학교에 들려 급한 일처리 하고 뒤따라 갈게."

후관 특별실 증축과 어학실공사가 같이 이루어지게 되어 잠시라도 아침에 출근해서 일을 살펴야 된다는 생각이 앞섰기 때문이다.

남편이 곧장 시어머님이 입원하신 시골 요양병원으로 향하는 것을 보고 서둘러 직장으로 향했다. 그러나 운전대를 잡은 손이 자꾸 떨렸다. 느낌이 심상치 않았다. 올봄부터 수차례 전화를 받고 달려가 뵐 때마다 어머님의 건강은 아슬아슬하게 고비를 넘기셨다.

그런데 학교에 도착하기 바로 직전에 남편에게서 어머님의 운명 소식을 듣게 되었다. 순간 온힘이 쑤욱 빠져들었다. 두어 달 이상 정신을 놓으시고 대소변을 가리지 못한 채 누워 지내신 어머니를 인근 요양병원으로 입원시킨 뒤 꼭 일주일 되는 아침이었다.

올해 아흔 일곱 살이 되신 어머니는 시할머님과 똑같은 연세를 살다가 돌아가신 것이다. 그래서 모두 호상好喪이라고 하였다.

몇 해 전 맏동서님이 운명을 달리 한 뒤 큰 아주버님과 장조카 내외가 어머니를 모시면서 막내인 우리 내외를 볼 때마다 어머니는 맞벌이로 분주한 우리 집에서 살고 싶어 하신 분이다. 수원으로 분가分家하여 늘 종종걸음으로 사는 막내아들 내외를 돕고 싶다는 것이 이유였다. 또 말년에 같이 살았기 때문에 우리 집에서 생활하는 것이 편안하시다고 말씀하셨다.

그러나 잠시 오셔서 지내는 것 외에는 어머니의 뜻을 따를 수는 없었다. 평생 동안 시골 생활이 몸에 배인 어머니는 도시생활에 쉽게 적응을 하실 수 없다는 것을 너무 잘 알고 있었기 때문이었다.

더구나 고층 아파트에서 어머니 혼자서는 잠시라도 밖에 나오실 수 없지 않은가?

우리가 결혼하여 시골에서 오랫동안 함께 살았기 때문일까?

어머니는 분가한 초기부터 며느리에게 온갖 양념과 농사지은 것들을 올망졸망 보따리 속에 넣어 가지고 오셨다.

시어른들은 내가 건강이 좋지 않다는 이유로 우리 아이들이 초등학교 입학하기 직전에 수원으로 분가를 시켜 주셨다. 그러나 목장을 운영하던 남편은 그 뒤에도 칠년 가까이 고향에서 어머니와 할머니를 모시고 살았다. 그런 때문인지 돌아가시기 전까지 건강이 회복이 되시면 우리 집에 오셔서 집안일을 거들어 주시겠다고 입버릇처럼 말씀하셨다.

그래서 마음의 준비를 하고 있었는데도 어머니의 운명 소식은 큰 충격이 된 것 같았다. '이젠 어느 누가 환갑을 바라보는 며느리가 아직도 직장에 나가는 것이 안쓰럽다고 염려해 주실까?'

가슴이 콱 미어지는 아픔에 눈물을 주체할 수가 없다.

이젠 친정과 시댁 어느 쪽에도 기댈 부모님이 안 계시게 되었다.

홀로 사막 한가운데 버려진 느낌이라는 생각이 갑자기 드는 것은 지나친 내 감수성感受性 때문일까?

급히 사무 처리를 하고 시골 고향집에서 멀지 않은 장례식장으로 달려갔다. 어머니가 돌아가시자 서둘러 인근에 있는 장례식장으로 옮긴 것이다.

몸이 건강하지 못한 자식 앞에서 너무 오래 사는 것을 큰 죄(?)로 여기시던 어머니는 빨리 아프지 않고 잠자듯이 하늘나라에 가는 것이 소원이라고 늘 말씀하셨다.

매운 시집살이에 시달렸는데도 어머니의 죽음이 너무 슬퍼서 자꾸 눈물이 쏟아지는 것은 어찌된 까닭일까?

아마도 맏동서와 막내며느리인 내가 너무 많이 아파서 오랫동안 어머니의 마음을 속상하게 한 것이 제일 많이 마음에 걸린 때문일 것이다.

'살아계실 동안 효도하려고 마음을 다하여 틈틈이 찾아뵙고, 잡수실 음식을 챙겼으나 과연 부모의 마음을 얼마나 헤아렸을까?'

시골 종가집에서 시댁 어른들과 같이 살다가 분가한 뒤에도 남편이 시댁에 머물러 있을 때까지 십수 년은 효자, 효부라는 소리를 들으면서 지냈다. 하지만 어머니는 시골 고향집에서 몇 년을 혼자 살다가 맏동서와 장조카가 모시게 되자 아무래도 어머님께 소홀하게 되었다.

수원에 분가한 뒤에 유난히 병치레가 잦았던 내가 사경死境을 헤매는 큰 병을 얻어 결국 남편이 목장 일을 접고 내 곁으로 거주를 옮기면서 어머니를 뵙는 일이 뜸해지게 되었다.

몇 해 전까지 어머니는 일 년에 몇 번씩 우리 집에 오시면 한 달 가까이 머물면서 집안 구석구석 청소도 해 주시고, 옷장 정리도 해 주셨다.

나는 시집와서 층층시하의 종가집 큰살림을 하면서 학교 출근을 계속할 때 그 시절에 걸맞지 않을 만큼 매운 시집살이를 하였다.

새벽 네 시에 일어나 술을 걸러 목장일과 농사일을 하는 일꾼들의 아침 해장국을 준비한 뒤에 아침 식사를 마련하고 출근하였다. 퇴근하면 쉴 틈 없이 부엌에서 저녁을 짓고, 그 큰 농사 뒷바라지를 하면서 밤 열두시가 넘어야 겨우 잠자리에 들곤 했다.

그 무렵 시댁 마을엔 칠십 여 호가 넘는 집이 모두 멀고 가까운 친척이었다. 그래서 명절 때면 한 가마가 넘는 떡쌀을 담갔다. 차례를 지내는 이른 아침엔 대청마루와 사랑방 그리고 앞마당에 큰 교자상을 열두 개를 폈는데 그것도 모자라 여자들은 남자들이 식사를 마친 뒤에나 앉아 음식을 먹었다. 음력 대보름이 지날 때까지 집안 어른들께 세배를 드리러 오는 손님이 끊이지 않아 집에 있을 때면 부엌 일로 손이 마를 새가 없었다.

시집살이를 통과하면서 몸은 바빴지만 시댁 어른들의 사랑을 흠씬 받았는데 내가 건강이 나빠지자 어머니께서는 정말 미안해 하셨다. 너무 미련하여 며느리를 아껴 주지 못한 것이 한이 된다고 내 앙상한 손을 잡고 우시던 그 선한 모습을 잊을 수 없다.

병마에 시달려 깊은 절망 가운데 기도조차 하지 못했을 때 마음 깊이 어머니를 한동안 원망하던 내 모습도 잊을 수가 없다.

결혼해서 몇 년 동안 직장 일과 고된 집안 살림, 그리고 육아 문제 어느 것 하나 소홀히 할 수 없었기 때문에 피로가 겹겹이 쌓였었다. 그 무렵 잠시라도 쉴 수 있도록 배려해 주시지 않은 시어머니께 마음 한구석 섭섭한 감정이 가시지 않았던 것 같았다.

'친정어머니 같으면 그렇게 고된 생활을 하도록 내버려 두셨을까?'

그런데 분가 후에 건강이 너무 좋지 않아 입원하던 대학병원에서 퇴원을 당하고, 마지막 임종을 기다리는 심정으로 삶을 정리하기 위해서 남편의 부축을 받고 추운 겨울날 찾아간 포천 기도원에서 내 삶은 완전히 바뀌게 되었다.

한겨울 엄동설한의 포천 땅 기도 굴에서 사흘 밤 사흘 낮을 잠자지 않고 혼신을 다 하여 무릎 꿇고 눈물로 기도하다가 그 원망이 모두 사라져 버린 기적 같은 체험을 생생하게 하지 않았는가!

주변 모두를 향한 미움과 억울함은 물론 시어머니에 대한 미움도 눈 녹듯이 사라져 버린 것이다. 덤으로 살아가는 제 2의 인생을 맛보게 되면서 삶에 대한 무한한 감사와 기쁨을 얻기 시작하였다. 거울을 보면 내 얼굴엔 찡그린 모습이 사라지고, 자신도 모르게 피어난 웃음꽃이 만발한 것을 발견할 수 있었다.

시어머니는 내가 죽음에서 벗어나 기적적으로 건강을 찾기 시작한 이십 년 전, 우리 집에 올라 오셔서 일 년 가까이 머물며 내 간병을 하신 분이다. 평소 고부간에 깊은 대화는 많지 않았으나 내가 건강이 회복되어 긍정적인 눈으로 삶을 바라보게 되면서 며느리에 대한 사랑이 아주 애틋해지셨다. 내 자신이 변화하면서 주위 사람들이 나를 바라보는 눈길이 다르다는 것을 시어머니를 통해서 더 절실히 깨닫게 된 것 같았다. 삶과 죽음의 길목에서 어려움을 겪으며 자신도 모르게 삶이 성숙해진 것일까?

자손들을 위하여 평생 지녀온 토속신앙마저 버리고 며느리들의 건강 회복을 위해 온 가족이 예수를 믿도록 선구자 역할을 하신 시어머니를 마음 깊이 사랑하고 있다는 것을 깨닫기까지는 그렇게 오랜 시간이 걸리지 않았다.

어머님이 운명을 달리 하신 그날 비는 아침부터 종일 내렸다. 장례식이 있기 전날까지 빗줄기는 점점 세져 조문객들의 발길을 무겁게 하였다.

어머니가 돌아가신 이튿날 아침 자손들이 모인 가운데 숙연한 분위기 속에서 시신을 염하여 입관하는 내내 나는 걷잡을 수 없이 흘러내리는 회한의 눈물을 주체할 수 없었다.

'좀 더 잘 해드릴 걸!'

그러나 반듯이 누워 있는 어머니의 시신을 이리저리 염하는 동안 눈물을 거두고 묵묵히 바라보기 시작하였다.

어머님의 얼굴이 어느 때보다도 평온하였기 때문이다. 곤하게 잠이 드신 것 같아 숨을 죽이며 지켜보게 되었다.

'혹시 인기척 때문에 잠에서 깨어나시면 어떻게 하나?'

어머니는 그렇게 잠자듯이 삶을 마감하셨다.

삶의 길목에서 벗어나 영원을 노래하며 또 다른 세상을 향해 날갯짓을 하신다고 믿어지신 때문일까?

깊게 패인 얼굴의 주름살도 팽팽하게 펴진 것 같았다.

그동안 삶과 죽음의 기로岐路에서 얼마나 많은 고통에 시달리셨는데 모든 것을 내려놓은 사람처럼 모습이 아주 평온하였다. 그래서 둘러 선 자손들의 마음을 더욱 숙연肅然하게 하였다.

나는 가까스로 눈물을 닦아내고 어머님이 가시는 마지막 길목에서 조용히 기도를 하기 시작하였다. 어머니께 수의壽衣를 입히는 동안 눈물을 보인다는 것은 며느리로서 안 된다는 생각이 든 때문이다.

문득 내 나이를 생각해본다. 내년이면 회갑이 돌아온다.

아직은 죽음을 생각할 나이는 아닐지도 모른다. 그러나 삶과 죽음의 갈림길이 언제 찾아올지 모른다는 생각만큼은 하면서 무엇인가 준비해야 하지 않을까?

삶의 길목에 서서 자신을 돌아보고 더 아름답게 살 수 있도록 노력하고 싶다. 주위 사람들을 더 아끼고 사랑하면서 보람 있게 살다가 삶을 마감할 수 있기를 기도한다. 살아 있다는 것 자체가 행복의 시작이 아닐까?

시골 노총각의 결혼식

지난 주말 유난히 가을햇살이 쏟아지는 한나절에 내 고향 송산면 포도로(새 도로 명)에 살고 있는 한 젊은이의 결혼식에 다녀온 일이 있다. 손으로 직접 쓴 청첩장 주소를 찾아 간 곳은 마산감리교회 넓은 잔디밭에 일일이 만들어 놓은 별난 예식장이었다.

야외결혼식장이 보이는 신작로 길목부터 안내하는 마을 사람들이 여럿이 있었다. 나무들을 직접 손으로 깎고, 다듬어 신랑 신부가 입장하여 의식을 치루는 천막까지 만들어 놓은 식장엔 어린 조카들이 알록달록 한복을 입고 앉아 흥겹게 북을 쳐서 의식이 진행되는 출발의 신호를 화려하게 알렸다. 주례조차 없이 옛 스승인 대학교수 한 분의 사회로 결혼식은 아주 조촐하게 그러나 특별하게 이루어졌다. 가까운 친지 이백여 명의 손님들은 잔디밭에 놓인 빌려온 의자에 가지런히 앉아 내리쬐는 햇볕마저 축복의 의미로 보았는지 모두 흥겨운 가락에 박수를 치면서 축제 한마당의 기분을 마음껏 내었다.

적령기를 훌쩍 뛰어 넘도록 결혼할 생각은 않고, 몇 군데 방송국 편집장으로 근무하면서 해마다 해외선교를 한답시고 멀리 빈번한 출장을 오가더니 십여 년 전부터 부모님의 땅이 꽤 많은 데도 경상도 외딴 곳에 몇만 평의 땅을 사들여 유기농법으로 농사를 짓겠다고 어느 날 그 좋던 직장을 버리고, 시골로 아주 내려온 엉뚱한 노총각이다.

부모님의 반대를 무릅쓰고 고향땅엔 포도와 고추재배를 제법 성공시켰으며, 경상도 땅엔 어떤 비료도 쓰지 않고 짓는 유기농법의 곡류를 생산하여 큰 수확을 올리고 있다고 한다. 그러다보니 마흔이 훨씬 넘도록 결혼을 하지 못해 어른들의 애를 태우다가 이제야 뜻이 맞는 아내를 맞이하게 된 것이다. 그것도 송산면 채석장 문제로 여러 해 동안 환경단체에서 같이 일하며 마을 사람들의 적절한 보상을 위해 그들과 맞서 싸우고, 때로는 논쟁하면서 사랑을 키워 젊은이들끼리 한 가정을 이루게 된 것이어서 더욱 기대가 된 결혼식이었다.

지역 발전이라는 명분 아래 하루아침에 내 땅을 모두 내놓게 된 마을 사람들에게는 법적인 절차를 밟아주고, 그나마 제대로 된 보상을 받을 수 있게 앞장서서 여러 해 동안 일해온 이 젊은이가 이 지역의 꿈이요, 희망이라는 생각이 결혼식이 진행되는 내내 드는 까닭이 뭘까?

주례사 대신에 신랑 신부가 서로의 사랑을 더해 갈 수 있도록 진솔한 마음을 담아 쓴 편지를 낭독하는 부분에서는 저절로 눈시울이 뜨거워졌다. 더구나 흔히 볼 수 있는 예단을 없애고, 뜻 깊은 사랑의 표시로 가락지 하나를 서로에게 끼워주며, 동등한 입장에서 서로 존중하며 출발한다는 의미로 잔디밭에 깔아놓은 멍석에서 마주 절하며 촛불을 밝히는 모습에 하객 모두 큰 박수를 보냈다.

그리고 그동안 키워주신 부모님께 절하며, 효도하겠다는 절절한 편지

낭송에 모두 눈시울을 적시고 말았다.

더욱 감동을 준 일이 있다. 이십여 명의 조카들이 축하하는 노래와 우리 악기로 우리 노래 가락을 흥겹게 연주하여 하객 모두 덩실덩실 앉은 채로 춤을 추며 박자를 맞춘 일이었다. 뿐만이 아니었다. 수십 년간 노총각 내외를 지켜본 삼십여 명의 가까운 친구들이 한 송이 꽃을 각기 준비하여 축하 노래를 부르면서 신랑 신부에게 건네주며 큰 원을 만들었다. 그러더니 함께 '시월의 어느 멋진 날에' 라는 노래를 부르는데 그렇게 화음이 잘 맞을 수가 없었다.

칠순이 훨씬 넘으신 노부모님과 같이 흙벽돌로 지은 시골 농가에서 아주 소박하게 신혼살림을 꾸리겠다고 고집을 세운 이 젊은이들 가슴엔 새롭게 단장된 시골 농부의 이상적인 꿈이 어려 있지 않은가!

대학 공부를 마치고, 고향땅에서 젊은 부부가 일구어 낼 앞으로의 훌륭한 농부의 모습을 보는 것 같아 오랜만에 마음이 뜨거워진 진한 감동을 받은 것 같다.

마을 사람들과 직접 어울려 평생 시골 농부로서 고행의 발전을 위하여 정직하게 살아갈 남다른 생각이 뿌리내리는 모습에 강한 도전을 받고 있는 것은 어쩐 일일까?

사회 전반이 각박하고, 부패한 생활 속에서 무공해로 살아가는 이들 젊은 부부의 신혼 첫 출발에 큰 박수를 마음껏 보내고 싶다.

요즘 일간지 신문을 통해서 '작은 결혼식' 1,000쌍을 올리는 캠페인을 벌이고 있다. 매일 정치, 경제, 문화 등에서 앞서가는 저명인사들이 앞다투어 그 캠페인에 동참하여 결혼 문화를 바꿔보려고 하는 것 같다. 우리 사회에 분에 넘치는 화려한 결혼식이 뿌리 깊게 자리 잡으면서 언제부터인지 큰 사회문제로 대두된 것이 아닌가 한다. 그런데 작은 결혼식에 참석하는 사회 저명인사들의 소개도 좋지만 정말 소박하게 살아가는 사람들 중에도 사회의 큰 변화에 앞장 서는 뜻 깊은 젊은이들이 있다는 아름다운 소식을 들려 줄 필요가 있지 않을까?

시골에서 태어나 비록 객지에서 공부했지만 고향으로 돌아와 마을 사람들에게 이상 농촌의 꿈을 심어주고, 더불어 서로 돕고 사는 일을 몸소 실천해 나가는 이들 젊음이의 결혼 출발은 얼마나 신선한 일인가!

농업을 천직으로 알고, 다양한 유기농법을 개발해 나가 장차 우리 농가에 희망을 줄 인재양성이 더욱 시급한 때가 아닐까?

'시인과 농부' 라는 말이 어울리는 이 노총각뿐만 아니라 묵묵히 이 시간에도 시골 곳곳에서 땀 흘려 일하면서 농촌을 부흥시키는 젊은이들에게 마음 놓고 영농자금을 아주 싸게 지원해 나감으로써 세계 경제대국으로 발돋움하는 우리나라의 밑거름이 되도록 해야 하지 않을까?

요즘 대학물을 먹고 좋은 직장을 구하기 위하여 수백 통의 이력서와 자기 소개서를 써서 대기업과 중소기업을 기웃거리는 젊은이들에게 이 시골 노총각의 이야기를 꼭 들려주고 싶은 까닭은 무엇일까?

자기만의 비전과 도전 정신 그리고 살아온 고향을 잊지 않고 흙을 사랑하는 삶이 계속되는 한 우리 사회는 바람직하게 발전해 나가리라고 믿는다. 흙은 정직하기 때문이리라. 허례허식을 버리고, 우리 고유의 아름다운 풍속을 이어가며, 땀 흘려 연구하면서 일하면 반드시 보람 있게 살 수 있을 거라는 믿음을 이 젊은이들에게서 배운다. 그래서 이 가을 햇살이 더욱 따뜻하게 느껴진다.

올곧게 살아온 벗에게

오늘 아침은 유난히 하늘이 맑고, 높아 가을이 성큼 다가선 느낌입니다. 출근길에도 목덜미에 스며드는 바람이 제법 서늘하여 옷깃을 여몄답니다.

그동안 교장선생님도 안녕하셨는지요?

이번 구월 초하루에 인근 학교로 인사이동을 하면서 바쁘다는 이유로 연락을 드리지 못하여 죄송합니다. 직원의 도움을 받아 겨우 손 전화번호가 달라져서 그나마 교장선생님께 문자를 보낸 것입니다. 그런데 지난주에 뜻밖에도 걸려온 교장선생님의 정겨운 목소리에 그만 전기에 감전이 된 것처럼 잠시 할 말을 잊었답니다.

경상도 사투리가 조금 섞인 교장선생님의 목소리는 언제 들어봐도 활기차고, 정이 듬뿍 담겨 있답니다.

벌써 올해가 회갑이시라니 참 세월이 빠르군요. 이번 여름방학 중에 있었던 서울에서의 전국 여교장 연수 때는 폭우 때문에 회원 모두 집합

장소에 시간 맞추느라고 참석하셨는지 전화도 드리지 못해 끝내 서운하였습니다.

혹시 충주체육관에서 있었던 전국 교장 연찬회에 참석은 하셨는지요?

너무 넓은 장소에 수만 명이 밀집해 있어서 좀처럼 찾기가 어려워 도중에 포기를 하였습니다.

교장선생님, 지난 2007년 여름에 근 5주간 교장자격연수를 받을 때 함께 같은 방을 사용하면서 남다른 정을 느낀 일이 새삼스럽게 떠오릅니다. 교장선생님은 안동에서 네 명 차출 받아온 분 중에 유일한 여성이어서 밤마다 불려나가 그들과 어울리다가 들어올 때면 혼자 저를 두고 간 것을 몹시 미안하게 생각하셨지요.

교장선생님, 충북 교원대학교에서 교장자격연수를 받으며 학교의 여러 정보를 공유하면서 장차 현장에 나가면 학교장의 역할 수행에 대하여 기대와 우려 속에서 우린 지혜를 짜보기도 하고, 진솔하게 펴 나갈 꿈도 서로 이야기를 나누었지요.

특히 교장선생님은 자녀들을 잘 키우셨다는 것을 지금도 기억한답니다. 삼남매를 두셨는데 딸과 가까이 살고 있고, 두 아드님이 장성하여 효도를 잘 한다고 은근히 자랑하셨던 모습은 영락없으신 한국의 자상하신 어머니의 모습이셨습니다.

연수가 끝이 나고 이듬해 봄쯤인가 제가 갈담 초등학교에서 교장으로 근무할 때 초대장이 왔는데 사정이 있어 인사표시만 했더니 얼마 뒤에 난데없이 유기농법으로 키웠다는 토마토 한 상자가 택배로 날아와 놀라게 하셨지요. 가 뵙지도 못해 미안하였는데 정이 듬뿍 담긴 선물을 받고 먹을 때마다 교장선생님의 고향을 느끼게 하는 그 깊은 정을 생각했답니다.

교장선생님, 교장연수를 같이 받으며 같은 방에서 한 달이 훨씬 넘게 살면서 가정 이야기, 학교 이야기, 살아온 이야기, 살아갈 이야기를 하면서 어느 밤에는 새벽까지 잠을 설치기도 한 일이 생생하게 떠오릅니다. 특히 밤마다 안동에서 같이 오신 분들과 밤저녁에 데이트를 하시고 돌아온 뒤에는 먹을 것도 가져 오시고, 그 사람들과 나눈 사람 사는 이야기를 들려주시던 훈훈한 모습이 눈에 어른거립니다.

교장선생님, 너무 멀리서 근무하다보니 자주 왕래가 어려워 그동안 몇 번 뵐 수 없었지만 학교살림을 하다가도 문득 떠오르는 분이 교장선생님이랍니다.

어떻게 그동안 지내셨어요?

저는 3년 6개월 동안 60년이 지난 오래 된 학교, 18학급의 읍 지역에서 여기저기 뛰어다니며 시설공사를 많이 하다가 이곳 새 학교에 오니 너무 차이가 난답니다. 개교한 지 꼭 4년 된 민간투자 학교이다 보니 시설이 아주 좋아 오직 교직원들과 아이들의 교육활동 지도에 매진하면 되는 학교랍니다. 38학급의 일반 학급과 유치원 2학급, 그리고 특수학급 1학급이 있고, 학교관리도 외부에서 20년간 운영해준 학교랍니다. 1300여 명의 아이들과 80여 명의 교직원이 생활하는 이곳 학교에서 앞으로 2년 6개월 동안 행복한 배움터가 되도록 노력하렵니다.

교장선생님, 어느 새 회갑이라니 믿어지지 않아요. 하긴 저도 호적 나이가 줄은 탓으로 정년이 더 남은 것이긴 해요. 저도 작년에 회갑을 맞아 남편과 해외나들이를 오랜만에 했지요. 그리고 지난 해 가을 13년 만에 다시 창작동화에 불을 붙여 장편동화집 《칠공주집 칠순이》를 출판하여 세계동화문학상과 알베르카뮈 문학상을 받기도 했어요.

아이들에게 꿈과 용기를 심어주고 싶다고 하신 교장선생님의 학교경영이 상상만 해도 미소가 떠오릅니다. 매사에 따뜻한 정과 세심한 배려

속에서 학교생활을 하시는 모습을 같이 생활한 5주간에 너무 많이 느꼈거든요. 연수를 마치고 돌아서야 할 때 제게 건네주신 언니의 출판물을 지금도 가지고 있어요. 아마 제 기억으로는 그 언니가 전국 여자 교장단 회장도 지내셨고, 교육장님까지 하신 것으로 알고 있습니다. 단란하신 교육가족의 사진을 보면서 그때 많이 부러워했습니다.

교장선생님, 회갑을 맞이하여 그동안 교육하시는 중에 써 두신 글이나 가까운 분들과의 교류를 깊이 간직하기 위하여 이렇게 책자 발간을 하신다니 무엇보다도 기쁩니다. 진심으로 축하드려요.

그리고 우리 앞으로 종종 만나서 가까운 곳에 여행도 하고, 퇴직 후에는 먼 나라 여행도 같이 한번 꼭 했으면 좋겠어요. 열심히, 또 진솔하게 살아오시면서 특히 교육계의 큰 별처럼 삶 속에서 이웃에게 반짝이는 모습을 보여줄 수 있다는 것은 매우 큰 보람이요, 축복을 받아야 할 일입니다.

교장선생님, 다시 한 번 축하드려요.

충북 교원대학교에서 함께 한 5주간의 룸메이트이신 교장선생님과 이렇게 긴 이야기를 나누고, 그때의 정겨움을 오래 간직할 수 있도록 편지를 쓸 기회를 주신 교장선생님, 감사드려요.

교장선생님, 새로운 인생은 회갑을 맞이하는 지금부터라는 것을 기억하십시오.

부디 건강하시고, 종종 소식 들려주세요.

이번 겨울연찬회 때 만날 수 있기를 바라면서 오늘은 두서없이 글을 줄입니다. 온 가족 모두 평안하시기를 바랍니다.

안녕히 계셔요.

2011년 9월 가을 문턱을 넘으면서

오월의 첫 만남

지방에 관한 시리즈를 쓰다보면 부산이나 광주, 대구 등 큰 도시나 서울로부터 멀리 떨어져 있는 곳만 등장시키고 인천이나 수원 등 서울에서 가까운 곳은 외면당하는 게 예사다.

아마 서울의 세에 밀리거나 묻혀버리는 데서 빚어진 소홀함일 것이다. 그래서 이번에는 경기도청이 있는 수원을 택하기로 했다.

우선 수원은 북문이나 서문 등 고색창연한 옛 성곽을 구경할 수 있어 좋았다. 비록 근래에 복원된 것이긴 하지만 이 성곽은 조선 정조 때 정다산丁茶山이 최초로 지렛대를 이용하여 쌓았다는 기록이 있는 성이기도 하다. 그러니까 백성으로 하여금 조금 더 수월하도록 과학적인 힘을 빌려 쌓았다는 것이다.

마침 서문 밖 장안공원에는 등나무 꽃이 만발해 있었다. 그윽하게 풍기는 향기는 5월의 싱그러움을 진하게 해주었다.

– 글 : 김영택/사진 : 지재만 기자, 이하 중략

지난 해 초봄 40여 년의 교직생활을 정년퇴임하고 집에서 있게 된 3월 초부터 필자는 집안정리에 한 달 이상 시간을 보낸 일이 있다. 아파트에 새로 입주한 지 십수 년이 넘도록 고쳐 쓴 일이 없기도 하고 서재와 옆방에 칠팔천 권이 넘는 장서를 제대로 정리를 하지 못했기 때문이다.

오래 되거나 잘 읽지 않는 책을 골라 천여 권이 넘게 버리거나 가까운 개척교회에 보내게 되었다. 그런데 유난히 낡고 빛이 바랜 두툼한 잡지 한 권에 눈이 쏠렸다. 여성동아 책이었다. 1988년 6월호라는 활자가 눈에 들어오자 나는 서재 앞에서 그 책을 펼쳤다. 그리고 단숨에 읽어버렸다. 까마득하게 잊었던 옛날 문학소녀의 열정적인 내 모습이 떠올라 혼자 빙그레 웃었다.

〈꽃내음 물씬한 5월의 첫 만남〉이라는 제목의 글 속에는 현재 22집의 출간을 앞둔 경기여류문학회에 관한 소개가 자세히 나와 있었다.

갑자기 가슴이 두근거렸다. 그동안 잊고 있었던 일이 아주 생생하게 떠오른 것이다. 문득 현재의 우리 회원들과 지역사회는 물론 이 책을 읽는 독자들에게 경기여류문학회의 발자취를 알리고 싶어졌다. 그래서 눈에 잘 띄는 책장 앞쪽에 꽂아 두었다.

오늘처럼 글을 쓰고 싶을 때, 아니 경기여류문학회의 발자취를 돌아보고 싶을 때 다시 한 번 이 잡지를 펼쳐보려는 생각에서였다.

필자는 개인 지병으로 오랫동안 경기여류문학회 활동을 쉬고 있었지만 10여 년 전부터 다시 이 동인활동에 참석하고 있다. 당시 8명의 창립동인들 중에서 현재 강양옥 고문과 필자만이 창립 회원으로 머물고 있다. 그 외의 회원은 첫 동인지 출간 이후 지금에 이르는 동안 참여하게 된 것이다. 아무튼 빛바랜 여성동아 잡지에 게재된 글을 읽으며 창립 당시의 기억을 다시 한 번 떠올려 본다. 그런데 30여 년이 가까워진 그 시절의 기억이 너무 생생해진다. 그립고 또 정겨운 얼굴들이 영화 필름처럼 눈앞을 스쳐간다.

우리 모임의 첫 만남 당시의 장소는 서문 밖 장안공원이었다. 등나무꽃이 만발한 그 곳 잔디밭에 둘러 앉아 오순도순 얘기꽃을 피우며 문학에 대한 열정을 쏟아 놓았다. 그래서인지 그윽하게 풍기는 향기는 5월의 싱그러움을 더욱 진하게 해주었다.

보라빛깔의 등나무 꽃술이 주렁주렁 달린 그 아래 긴 의자에 앉은 8명의 여인들이 만나 무언가 열심히 이야기하면서 활짝 웃고 있었다.

오랫동안의 숙원이던 수원 여류문인들 클럽을 창립하기 위해 모인 것이다. 몇 년 전부터 마음은 있어도 선뜻 나서지 못해 이루어지지 않았던 모임이다.

꼭 있어야겠다고 생각을 가지면서도 어언 해를 넘기고 또 넘겼던 것인데 한국문인협회 경기 지부장인 윤수천(46)씨의 주선으로 드디어 뜻을 이루게 된 것이다.

이름도 간단히 지어졌다. 등나무 아래서 만나고 뜻을 합했으니 '등나무' 로 하자는 것이다. 그리고 매월 1회씩 만나 친목도 꾀하고 좋은 글을 쓰는 공부도 하자고 일사천리로 뜻이 모아졌다. 또 한 가지, 첫 동인지〈등나무〉 창간호를 내자는 것까지 합의되었다.

회장에는 강양옥(康良玉)씨가 만장일치로 뽑혔다. 가장 연장자인데다 복 많은 여인이어서였다. 또 우리나라 모든 어머니 누구에게나 보이는 아늑함과 자상함이 있기 때문이었다.

본래 서울태생인 강 여사는 대학을 졸업한 후 우연한 기회에 취직자리를 수원으로 잡아온 것이 수원과 뗄 수 없는 인연이 되어 버렸다. 지금의 부군을 만나게 된 것이다.

슬하에 4남매를 둔 그녀는 당초 시를 쓰기 시작했으나 지금은 산문과 수필을 주로 쓴다. 오히려 시인이라기보다는 수필가로 통해 송효숙, 임옥순, 임성자씨 등과 함께 경인일보의 '여성수상' 란을 채워 왔다. 이들 4명은 이번에 모두 '등나무' 회원이 되었다.

글 테마는 누구나 다 그러하듯이 생활주변에서 찾기 마련이지만 특히 고향과 부모에 관한 이야기를 자주 쓴다.

우선 북(황해도)에 두고온 고향을 그리워하면서 그럴 테지만 지금은 자신의 고향이 된 시댁(경기도 화성군) 동네에 관해서 자주 쓰고 다음으로는 부모 이야기를 많이 등장시킨다.

그녀는 친가나 시댁 양쪽 모두 양친이 생존해 계시는 아주 복 많은 여인이다. 나이 50을 넘겼는데도 부모님이 그것도 건강하게 온존 하시다는 것은 보통 축복받은 게 아니다.

송효숙(宋孝淑)씨도 역시 수필을 쓴다. 그러나 그녀는 소설과 동화를 쓰고 싶어 한다. 글을 쓰기 시작한 것은 고향인 화성군의 시골에서 초등학교에 다닐 때부터였다. 그래서 대학에 가서도 국문학과를 택했던 것이다.

그러나 그녀의 문학수업은 결혼생활로 일단 좌절(?)하게 된다. 그녀의 꿈은 대학원을 거쳐 학문도 하고 글도 쓰는 거였다. 그런데 부모님의 권유를 거역하지 못하고 시집을 가야 했던 것이다.

하지만 대학원 진학에 미련을 두어 고등학교 교편생활 때 결혼이야기가 나오자 바닷가 초등학교 분교장 교사로 도망친 일이 있다고 한다.

그래도 솜씨의 본바탕은 남아 있는 법, 경기도 주부백일장에서 금상을 탈 만큼 그녀의 실력은 사라지지 않았음을 보여 주었다.

임성자(林成子)씨는 40을 넘긴 중년인데도 첫 인상으로는 30대의 발

랄함을 지니고 있는 여인, 누가 고등학교, 중학교에 다니는 아들을 둔 학부모라고 볼 사람이 있을까 의아스러울 정도였다.

경인일보 '여성수상'에 실린 것을 비롯해 그동안 쓴 글은 1백 20여 편이나 된다고 한다. 이 글들을 모아 손질한 후 가을쯤 수필집을 낼 계획이라고 한다.

화성군 시골 태생이어서인지 그녀도 글에서 늘 고향타령이다.

> 차창으로 서해 바닷바람이 찝찔하게 스며들어오면 이제 내 고향 작은 마을이 선뜩 아름답게 시야에 들어온다. 다 왔다는 편안한 마음으로 가슴을 조이며 눈을 감아본다.
>
> 가슴 조이는 것은 몇 년 흘렀건 나이가 먹었건 간에 늘 똑같이 두근거리며 감격해 한다. 논 뚝 길은 왜 그리도 멀고 먼 가. 빤히 언덕 너머 지붕만이 보이건만 그래도 나의 앞에는 우리 집만이 환하게 보이는 것 같다.

〈경기수필〉 제2집에 실린 '두레박'의 한 대목이다. 제물포 수필동인이기도 한 임성자씨는 글 쓰는 일 말고도 사회봉사 활동에 많은 시간을 보낸다. 독실한 기독교 신자이기도 해서인지 그녀 얼굴을 보면 무언가 옆 사람을 도와주고 싶어 하는 모습이 역력하게 나타나 있다.

이미 올림픽봉사단에도 지원해 요즘 교육을 받고 있고 장애자들을 위한 봉사활동은 빼놓지 않는 극성과 함께 유별나다고 귀띔해 주는 사람이 있었다.

필자(林玉順)는 동화작가이다. 화성 태생으로 인천교대를 나와 수원 파장초등학교에서 교편을 잡고 있었다. 필자는 등나무 첫 모임이 있기 하루 전날 《아프면서 크는 아이》라는 창작동화집을 첫 출간하였다.

국민 학교 3학년 때 처음 써 본 독후감과 일기를 잘 썼다는 담임선생님의 칭찬 때문에 6학년 졸업을 마칠 때까지 학교 도서실에 있는 5천 여권이 넘는 책을 모두 읽어 '책벌레' 라는 별명을 갖게 되었다. 글짓기를 처음 시작한 계기는 중학교 1학년 5월, 어머니날 중고등학교 백일장에서 장원을 한 뒤에 문예부를 담당하신 '정대구선생님(시인)' 의 지도를 받게 되면서이다. 본격적인 문학수업을 받게 된 것은 교육대학에 다닐 때 현재 작고하신 아동문학가 '손동인 교수님' 을 만나면서라고 생각한다. 처음엔 소설과 시로 시작했다가 수필을 거쳐 〈아동문예〉지에서 동화부문 신인 문학상에 당선됨으로써 중앙문단에 등단하게 되었다.

아마 교실에서 어린이들만 상대하다보니 자연히 동화에 대한 발상이 샘솟듯 했던 모양인지도 모른다.

그러나 그녀는 본래 문학보다는 이상농촌을 꿈꾸는 농촌 운동에 뜻을 두었었다.

지금의 남편과의 결혼도 이상농촌을 지향하는 남녀의 만남이라고 할 수 있을 정도로 그녀의 농촌에 대한 꿈은 대단하다. 그래서 막내며느리인데도 목장을 경영하는 남편 따라 시골에 들어가 시할머니, 시어머니를 깍듯이 모시는 효부로 소문나 있었다. '85년 수원시가 필자의 미덕을 인정해 효부상을 준 것은 결코 우연이 아니다.

부산 태생으로 그곳에서 성장한 장순금(張舜琴)씨는 '77년 남편 따라 서울로 온 후 안양에서 살고 있으나 수원문인들과의 교류가 많아 이번에 등나무 회원이 되었다.

그녀는 '85년 1월 〈심상〉 신인상을 받아 문단에 데뷔한 후 80여 편을 모아 시집 《걸어서 가는 나라》를 6월에 낼 예정이라고 한다.

'나는 당신의 가장 여린 곳이어요/이른 아침/상큼한 바람/당신의 시작이고 싶어요./늘 잊지 않고 기억하는 것으로/안돼요/목마른 때를 알아주시고/그늘진 곳에 너무 오래 두지마세요'

'화초' 라는 시의 앞부분이다. 그녀는 이 시에서처럼 늘 서정적인 테마를 즐겨 찾지만 때로는 삶과 죽음 등 주지적인 것도 등장시키는 게 특색이다.

이번 '등나무' 의 창립의 산파역을 맡은 정재희(鄭載嬉)씨는 서울에서 태어났는데도 수원이 좋아 이곳에 정착한 시인으로 본래 중학생 때부터 글쓰기를 좋아했었다. 고등학교를 졸업한 후 혼자서 문학수업을 해 월간문학 신인상으로 데뷔하는 저력을 가지고 있는 열성(?) 여인이다.

그러나 선이 굵고 주지주의적인 성향이 짙다. '한중록', '수덕사 여정' 등 시의 제목들이 잘 말해 준다.

'들릴 듯 먼 옛날/꼭 한번 마주한/지워지지 않는 목소리로 남아/ 인경 우는 수덕사 해탈의 문을 밀며/다 떠나야 할 소매 자락/여며 텅 빈 /가슴 안에/ 촛불 하나 사르는/ 염주소리'

'수덕사 여정' 의 한 대목이다.

진순분(陳順分)씨는 말이 없는 여자, 어느 모임에 가도 그녀가 함께 있는 지 구분할 수 없을 정도로 조용하다. 그래서 '친구가 적다' 는 게 본인의 변명이다.

이 때문에 초등학교 4학년 때부터 일기를 쓰면서 대화하고 자신의 뜻을 밝혀왔다고 한다. 그녀의 글 솜씨는 그때부터 인정돼 학교 대항 글짓

기대회에는 언제나 대표로 나가야 했다.

'87년 5월 경기주부백일장 시 부문 장원을 차지하기도 했고 '86년 11월 KBS '내 마음의 시' 에도 당선되어 요즘은 본격적으로 시를 쓰고 있다.

수원에서 태어나 운수사업을 하는 남편과의 사이에 딸 둘을 두고 있는 진 씨의 시는 너무나 서정적이다.

> '하얀 눈송이가 내려앉은/아카시아 꽃 숲에 서면/문득/강물 흐르듯/가버린 추억이 떠오른다.'

'세월' 의 한 부분이다. 너무나 자연스럽고 유연해 읽는 이로 하여금 자신도 모르게 자연에 흠뻑 빠지게 한다.

자연을 통한 인간내면을 심화시킨다고 할까?

채명화(蔡明花)씨는 이 모임의 막내로 전북 군산에서 태어나 그곳에서 자란 후 지금은 동수원 초등학교에서 교편을 잡으면서 시를 쓴다.

학교 다닐 때 이미 문학에 열의를 보였으나 본격적으로 시를 쓰기 시작한 것은 '82년 경인일보를 통해서다. 요즘에는 〈경기문학〉, 〈경기문화〉, 〈수원사랑〉, 〈수원상의〉 등 수원에서 발행되는 각종 정기간행물에도 항시 그녀의 시가 빠지지 않고 있다.

비록 창립총회인 이날 나오지 않았으나 시를 쓰는 유옥순씨와 시조시인 정수자씨도 참여하기로 되어 있어 회원은 10명으로 늘어날 것이고 계속 문호를 열어 놓게 되면 더 많은 회원이 들어와 가장 활기찬 문학단체가 될 것으로 기대된다.

눈을 지그시 감고 꽃냄새 물씬한 1988년 5월 어느 날 오후, 수원의 관문이기도 한 서문 밖 장안공원에서 첫 만남을 가졌던 경기여류 문학 동인들의 얼굴을 떠올려 보니 감개가 무량하다.

'등나무' 라는 모임으로 시작한 경기여류 문학단체가 현재는 20여 명의 회원으로 가족처럼 따스한 분위기로 그리고 회원들의 활발한 문학활동은 물론 좋은 작품을 쓰고 있어 매우 자랑스럽다. 다만 창립 당시의 회원들이 많이 빠져 있어 아쉽다.

앞으로 가능하면 다시 그들을 끌어안고 회원으로 꼭 영입하고 싶다. 그래서 더 폭 넓은 장르에서 좋은 작품을 쓰는 작가로 우뚝 서기를 바란다. 경기문단 뿐 아니라 대한민국 중앙문단을 이끌어 가는 작가들이 많이 배출하도록 더욱 문학수업에 정진하는 문학 단체가 되기를 진심으로 바란다.

'작가는 작품으로 말한다.' 는 말을 명심하여 회원 모두 열심히 공부하면서 부지런히 좋은 작품을 발표하여 시대를 이끌어 가는 문인이기를 바라는 마음 간절하다.

인생의 멋을 아는 사람

김 교육장님을 가까이 알기 시작한 것은 그렇게 오래된 일이 아니다. 올 3월 1일 우리 교육청으로 부임하신 뒤 교장회의 때였다. 빙그레 웃으시면서 말씀에 큰 변화도 없이 평범한 부임 인사를 하신 것이 오히려 마음에 와 닿았다고나 할까?

염색도 하지 않으셨는지 머리칼이 유난히 희끗희끗하여 살아온 삶의 모습을 꾸밈없이 드러내 보이는 것 같아 매우 호감이 갔다.

학자타입이라고나 할까?

고달픈 삶을 승화시킨 사람만이 갖출 수 있는 고매한 인품이 배인 그런 첫 인상을 주셨다.

화성오산교육을 거창하게 이끌어 가시겠다고 하셨으면 의례적인 인사를 하는가 보다 생각했을지도 모른다. 아니면 다음 임기 후에 교육위원을 입후보하시려고 미리 정치적인 발언을 하시는 것으로 치부했을 지도 모른다.

그런데 전임교육장님께서 해 오신 교육 사업을 그대로 맡아 운영하면서 화성오산교육이 한 발짝 앞으로 디딜 수 있도록 가교역할을 하시겠다는 그 평범한 말씀이 오히려 내겐 더 강한 인상을 남겼던 것 같았다.

천천히 엷은 미소를 머금으신 채 교육현장에서 40여 년간 지내오신 일을 되살려보듯이 말씀하시는 그 모습은 삶의 여유를 지니신 분만이 가질 수 있는 그런 분위기였다. 마치 염화시중의 미소를 머금고 후진들에게 담담한 모습으로 교육의 참뜻을 알려주시기라도 한 그런 인상을 주셨다. 아무튼 처음 대하는 교육장님이셨지만 교육에 대한 열정보다는 달관한 모습으로 바라보고 지켜보는 교육관을 가지신 분이 아니었을까 한동안 생각한 일이 있었다. 아마 서두르거나 무리하게 밀어붙이는 강한 인상이 아니어서 그렇게 생각을 했는지도 모르겠다.

매사에 여유와 풍류를 알고 살아온 분이라는 사실을 뒤늦게 깨닫기까지는 그렇게 오랜 시간이 걸리지 않았다.

부임 인사를 하실 때 대강당에 모여 앉은 초 · 중등교장선생님들을 천천히 바라보시면서 예화를 들어 교육에 대한 소신을 밝히신 것이 바로 엊그제 같은데 교육현장을 떠나실 날이 가까웠다는 사실이 믿어지지 않는다.

이제 그 분의 교육철학을 좀 알 것 같고, 화성오산교육을 위하여 무슨 일을 어떻게 하고 계시는지 가늠하기 시작하였는데 임기가 벌써 마무리되신다니 무척 서운하다.

김 교육장님을 가까이 만나 이런저런 말씀을 나누고 식사자리를 함께하기 시작한 것도 1학기가 끝날 무렵인 것 같다. 물론 여교장선생님들과 자리를 같이 할 때나 관내 초등 교장선생님들과 같이 식사를 할 때

사적인 이야기를 나눌 기회가 몇 번 있었다. 그러나 그때는 격식을 갖추는 자리여서 그 분의 단편적인 모습을 만날 수 있을 뿐이었다.

그런데 교육장님을 가까이 모실 기회가 왔다. 본교에 증축되는 특별실 공사 관계로 의논할 일이 생긴 것이다. 교감선생님과 같이 교육장님과 국장님을 뵙고 점심을 들면서 여러 가지를 의논하게 되었는데 뜻밖에도 식성이 까다롭지 않으셨다. 처음 맞은편에 앉아 식사를 하는 것인데 사람을 무척 편하게 대하여 주셨다. 이런 저런 이야기를 술술 풀어가시는 것이 달변에 가까웠다. 음식도 가리지 않고 맛있게 들면서 우리 학교에 관한 내용도 비교적 소상하게 알고 있었다.

용기를 내어 학부모 연수 때 특강을 부탁드렸는데 뜻밖에도 단번에 승낙을 하셨다.

아마 7월 둘째 주 수요일로 기억한다.

'우리 아이 이런 아이로 키워보고 싶어요.'

읍사무소가 있는 소재지에서 6키로 미터가 더 떨어진 본교는 18학급 규모의 학교인데 2백여 명의 학부모님들이 연수 장소에 모인 것은 대단한 일이었다. 그것도 학년 초가 아닌 더운 한여름에 교육장님의 특강을 들으려고 모인 것은 학교로서는 큰 행사였다.

교육장님은 어릴 때의 경험과 요즘 아이들의 교육환경을 비교하시면서 인성교육의 가장 지름길은 '효'의 실천에 있다고 말씀하셨다.

학력향상도 중요하지만 먼저 사람이 되어야 한다면서 가정에서 어머니의 역할이 아이들에게 얼마나 중요한지 강조를 하였다. 요즘 어머니들은 너무 아이들을 다그치면서 사교육의 노예가 되고 있다는 것이었다.

부모에게 뭐든지 의존하면서 아이들이 어떻게 자기주도적인 학습을 할 수 있느냐고 되물으면서 진지하게 구체적인 방법을 제시하셨다. 그러면서도 모여 앉은 학부모님들이 공감할 수 있도록 아주 쉽게 강의를 이끌었다. 어려운 학문적인 용어를 곁들이지 않고도 학부모들의 가려운 곳을 살살 긁어 주면서 내 아이를 이렇게 키워보고 싶다는 생각을 저절로 할 수 있도록 친근한 목소리로, 다가서는 어조로 청중을 사로잡았다. 물론 공감되는 부분에서 몇 차례 박수를 이끌어내시면서 성공적으로 특강을 마무리하셨다.

처음부터 끝까지 교육장님의 강의를 경청하던 나는 자신도 모르게 박수를 몇 번씩 치면서 고개를 끄덕거렸다. 그만큼 강의 내용에 심취한 때문인 것 같았다.

구수한 예화를 곁들이고 때로는 주변 이야기를 진솔하게 펼치시면서 쉽고 재미있게 말씀하시는 것을 처음 가까이서 들은 때문인지 그 뒤부터는 교육장님을 뵈면 이웃 아저씨처럼 가깝게 느껴진 것 같았다. 짧은 기간에 교육장님에 대한 것을 많이 알게 되었다는 생각을 하게 된 것이다.

가까이 하기엔 너무 멀고 어려운 학자 타입이나 양반타입이라고 가끔 느꼈는데 교육장님의 강의를 들으면서 그 분의 소탈한 성품 때문에 주변에 좋은 사람이 많다는 것을 알게 되었다. 개성이 강하거나 주변 사람을 불편하게 하는 사람이 주위에는 많은 데 교육장님은 상대방을 비교적 편안하게 하면서 소리 없이 소신을 펴나가는 분 같다.

교육장님께서 연구원에 근무하시면서 여러 일을 하셨다는 것도, 평택교육장님으로 계시는 동안 큰 무리 없이 초·중등교육을 이끌어 오셨다는 것도 모두 다른 사람으로부터 들은 것이어서 그렇게 큰 감동으로 다가선 것은 아니었다. 그런데 가까이서 교육장님을 뵐 일이 몇 번 생기면서 내가 본 그 분의 성품이 결코 틀리지 않다는 것을 알게 되었다.

우리 교육청에서 일 년 근무하신 것이 전부이며 내가 교육장님을 직접 알게 된 것도 일 년이지만 그동안 이런 저런 일로 자주 자리를 마주하게 되면서 교육계의 큰 선배님이라는 사실이 무척 자랑스럽다.

교육장님께서 우리 교육청에 오시면서 사이버가정학습에 특히 큰 관심을 가지시고 일선현장에 뿌리를 내리시는 것을 보았다. 각 학교 선생님들과 학부모들이 아이들의 학력향상을 위하여 온라인상에서 함께 학습을 조력해 나가고 관심을 갖도록 다양한 프로그램을 통하여 이끌고 계신 것을 알면서 많은 시사점을 얻고 있다.

교육장님은 정말 교육계의 큰 자리매김한 분이시며 인생의 멋을 알고 삶을 멋있게 살아온 분이 아닐까?

실천 위주의 진솔한 교육철학을 40여 년간 교육현장에서 보여주신 큰 선배님이라고 생각한다. 그래서 그분의 임기를 마치는 시점에서 더 서운하고 앞으로도 변함없이 후진들의 교육활동을 이끌어 주셔야 할 분이라고 생각하는지도 모르겠다.

교육계의 귀감이 되신 교육장님의 삶을 존경하며 부끄럽지 않은 후진이 되겠다고 다짐해본다.

주고 싶고, 받고 싶은 선물

남에게 축하나 고마움의 뜻을 담아 어떤 물건 따위를 선사함, 또는 그 물건을 가리킨다는 사전적 의미를 갖고 있는 낱말이 선물이라고 한다.

이제까지 육십 평생 살아오면서 가족끼리, 혹은 친구, 동료, 직장생활을 통해서 크고 작은 선물을 주고받으며 아직도 마음에 남는 선물에 얽힌 이야기가 비교적 많은 편이다.

초등학교 2학년 가을 소풍날에 있었던 기억이 새롭다. 몇 달 동안 모은 용돈으로 마련한 파고다 담배 한 갑을 예쁜 포장지에 싸서 담임선생님께 드렸을 때 놀라워하면서도 기뻐하시던 그 표정을 잊을 수 없다.

매년 성탄절이 돌아오면 전날 밤 잠자기 전에 머리맡에 긴 양말 한 켤레를 놓아두고 산타할아버지의 선물을 기다렸지만 한 번도 받지 못 하고, 교회 주일학교에 가서 과자봉지를 들고 겨우 아쉬움을 달래던 일이 있다. 그래서 어른이 되어 몇 몇 친구와 의논해서 부부끼리 성탄절이 다가오면 빨간 산타할아버지 복장을 빌려 입고 서로 다른 집에 산타할아버지, 할머니가 되어 어린 자녀들에게 선물을 한밤중에 전해 준 일이 있다. 그리고 부모의 손길이 닿지 못하는 불우한 이웃 아이를 찾아 산타할아버지의 뜻이 깊은 선물을 잠을 자고 있는 그 아이의 머리맡에 살며시 놓고 오던 기억이 생생하게 떠오른다.

어린 시절 한두 번쯤은 착한 일을 하면 산타할아버지가 성탄절 한 밤중에 찾아와 머리맡에 놓인 양말짝에 선물을 넣어두고 간다고 믿었던 것 같다. 그 어린 시절을 넘기고 세월이 많이 흐른 뒤에야 산타선물은 부모님이 대부분 자녀가 원하는 것을 슬쩍 알아본 뒤에 미리 사 두었다가 잠자고 있는 아이의 머리맡에 둔 것이라는 사실을 알게 된 것 같았다.

그래서 배고픔을 겪어야 했던 보릿고개와 함께 한 어린 시절, 산타선물을 꼭 한번이라도 받고 싶었던 기억 때문에 어른이 되어 내 아이들에게 착한 일을 했을 때 산타할아버지가 선물을 주신다는 것을 꼭 체험하게 해주고 싶었는지도 모른다.

아무튼 커 가면서 선물을 주고받을 일이 자주 생기면서 그 선물을 고르는 일이 쉽지 않아 요즘에도 고민을 할 때가 종종 있다. 그만큼 상황에 따라 혹은 대상에 따라 선물 내용이 바뀔 때가 많기 때문일 것이다.

선물은 입학과 졸업기념, 각종 시험을 통과하였을 경우에 주어야 할 것과, 생일과 명절, 결혼기념일, 직장 상사나 가까운 친구와 가족에게 주는 내용물이 다르겠지만 어느 것 하나 소홀히 할 수 없는 것 같다. 제일 쉬운 방법은 현금을 주거나 상품권을 건네는 것이라고 한다. 그러나 그것도 꼭 그런 것은 아닌 것 같다. 선물을 받는 대상에 따라 현금이나 상품권이 적절할 경우는 얼마든지 있지 않은가!

중요한 것은 그 선물을 주거나 받는 사람의 마음이 얼마나 소중하게 전달될 수 있을 지 그 여부에 있는 게 아닐까?

선물을 받고도 기쁘기보다는 부담스럽다면 그것은 진정한 선물이 아니라고 생각한다. 또한 내가 상대방에게 선물했을 때 진심으로 좋아하지 않는다면 얼마나 무한할까?

또한 주고받는 선물의 크기와 종류, 시기 등 대상에 따라 때로는 오해를 받기도 하고, 부담스럽기도 하고, 뇌물 취급을 받아 주는 이의 마음이 진솔하게 전달되지 못하여 서로 불편한 관계가 이루어진다면 즐겁지 않을 것이다.

크고 작은 선물에 관계없이 주고받는 사람의 진솔한 마음이 전달될 수 있는 것이라면 때로는 서로 소원해진 사이를 좁혀주기도 할 것이고, 따뜻한 정이 오고갈 수 있는 계기가 되지 않을까?

그런데 나는 진정한 선물이란, 진솔한 마음이 앞설 때 그 진가가 나타난다고 생각하는 사람이다. 진심으로 주고 싶은 마음이 가득하다는 것을 포장한 솜씨에서 혹은 선물 귀퉁이에 써 넣은 몇 줄의 글을 통해서 느낄 때가 많다.

그러나 사실 선물을 받을 때보다도 내가 직접 정성을 다하여 마련한 선물을 상대방에게 주고 그 상대가 좋아하는 모습을 볼 때가 더 행복하다는 사실을 알게 된 것 같다. 그만큼 살아가면서 철이 조금씩 나고 있다는 것일까?

얼마 전에 내가 근무하는 학교 전교생에게 오랜만에 쓴 장편동화집 《칠공주집 칠순이》를 출판하여 일일이 사인을 하고 도장을 찍어 나누어 주었을 때 그 아이들이 기뻐 뛰고, 다 읽은 뒤에 작가인 내게 직접 고마운 편지를 써서 보내주었을 때 온 세상을 다 얻은 것처럼 행복하였다. 나도 누군가를 위하여 글을 쓰고, 그 글을 책으로 엮어 선물할 수 있다는 것이 기쁘고, 좋았다.

진정한 선물이란 받는 기쁨보다는 내가 직접 따뜻하고 정성이 담긴 선물을 주었을 때 행복하고, 그 기쁨이 훨씬 크다는 것을 알게 되었다.

아무튼 선물이란 적절하게 사용했을 때 우리 생활을 보다 행복하고, 값지게 만들 뿐 아니라 인간관계가 좋아질 수 있는 매개체가 된다는 것을 살아가면서 종종 느끼고 있는 것 같다. 또한 선물을 남용하거나 악용하여 오히려 관계가 악화가 되기도 하고, 서로 불편해질 수 있다는 것을 생각해본다.

마음 깊은 곳에서 진심으로 마련한 선물일지라도 받는 이가 진심으로 받아들이지 않는다면 그 선물은 부담스러운 것이 되리라. 그래서 선물은 주는 사람의 마음도 중요하지만, 받는 사람의 마음을 더 생각하여 기쁨을 더 할 수 있도록 배려하는 자세로 준비해야 되지 않을까?

이제부터라도 누군가에게 어떤 선물을 주고 싶을 때 더 생각해보고, 상대방이 부담을 느끼지 않으면서도 즐겁게 받을 수 있도록 마음을 써야겠다. 어쩌면 지금까지 나는 가까운 친구에게 꼭 필요한 선물이 무엇인지 제대로 알지 못하여 그 사람에게 물어보고, 선물 사는 곳까지 같이 가자고 떼를 써서 골라야 하는 버릇이 있었는지도 모른다. 그만큼 선물을 준비하는 것이 어렵기 때문인지도 모르겠다.

주고 싶고, 받고 싶은 선물은 사람에 따라, 상황에 따라 다르기 때문에 뭐라고 단정을 지을 수는 없을 것 같다. 다만 선물의 내용에 진솔한 마음이 담겨 있을 때 그 선물을 주는 사람이나 받는 사람이 행복하고, 오래 기억에 남지 않을까?

오체 불만족

며칠 전 오후였다. 일이 있어서 학교 도서실을 찾아 사서교사와 이야기를 하는 중에 발견한 책 한 권이 낯이 익어 무심결에 손에 잡았다. 아이들이 반납한 책 더미 옆에 비스듬히 놓인 책은 어른들이 많이 읽을 만한 제목인 것 같아 유심히 들여다보게 된 것이다. 겉표지 사진 속 얼굴이 아주 친근감이 있었고, 오래전에 읽은 것 같아서 곰곰이 생각해 보니 십여 년 전에 비디오를 빌려다 감상했던 제목 같았다.

'오체 불만족!' 희귀한 제목이라 책 제목을 보는 순간 그 내용이 어렴풋이 떠올랐다. 비디오 내용은 자세히 기억이 나지 않았지만, 지체부자유아의 내용을 담은 글이라는 것쯤은 겉표지만 봐도 금방 알 수 있었다.

일 년 동안 전문상담연수를 공부하는 중에 어느 교수님의 과제로 시내 비디오방을 여러 곳에 들러 찾은 제목이라 아직도 생각이 나는 것 같았다. '오체 불만족' 이라는 제목의 비디오 내용을 시청하고 그 감상문을 적어서 제출하라고 했던 것 같았다. 그러나 지금은 그 내용이 어떤 것인지 잘 생각이 나지 않아서 직무실로 빌려 가지고 왔다. 그런데 나는 단숨에 그 책을 숨죽이며 읽게 되었다. 다 읽지 못한 뒷부분은 퇴근 후 그날 밤 끝까지 읽었다.

나이가 들기도 했지만 시력이 좋지 않아 안경을 수시로 갈아 끼우게 되면서 두툼한 책을 단숨에 읽는 일은 최근 들어서 거의 없었던 일이다. 재미있는 소설책도 아니고, 예술적인 문체로 구성한 글도 아니었다. 지은이가 자신의 이야기를 진솔하게 쓴 자전적인 소설이라고 봐야 할 것 같다.

아무튼 요즘 드물게 감동을 받은 책임에는 틀림이 없다. 자신을 진지하게 돌아보면서 긍정의 삶을 살고 있는 가까운 일본 청년, 오토다케 히로타다의 모습을 깊이 생각하게 되었다.

그는 태어날 때부터 팔다리가 없었고, 성장하면서 10센티미터 남짓 자라났다고 한다. 그런 팔다리로 달리기, 야구, 농구, 수영 등을 즐기며 초. 중. 고등학교를 마치고 지금은 일본의 명문학교인 와세다대학 정경학부 정치학과에 재학중이라고 한다.

이 책이 출판할 당시가 1999년 4월이니까, 아마 현재는 의젓한 삼십대로 더 많은 활동을 하면서 세계 장애인들은 물론 세상 모든 사람들에게 긍정의 힘을 갖고 현재에 감사하면서 도전 정신으로 삶을 개척하라는 메시지를 끊임없이 던지면서 열심히 살고 있을 것이다.

오토다케 히로타다는 자신의 장애를 단순한 '신체적 특징' 이라고 주장하고 있다. 자신이 세상에 태어난 것은 '팔다리가 없는 나만이 할 수 있는 그 무엇이 있기 때문' 이라 생각하고 '마음의 장벽 없애기' 운동에 매진하고 있다고 한다.

자신이 살아온 이야기를 이만큼 솔직하고도 위트 있으면서 감동 깊게 담은 《오체 불만족》은 현재 일본에서 최단기간에 수백만 부 읽혀지고 있을 뿐만 아니라, 사상 초유의 베스트셀러를 기록하면서 우리나라 독자들에게도 매우 폭발적인 사랑을 받고 있다고 한다. 왜 이 책이 세계인의 주목을 받으면서 지금까지 많은 독자의 사랑을 받고 있을까?

그 까닭을 깨닫는 데는 그렇게 오랜 시간이 필요하지 않았다. 정상적인 출산이 아니어서 병원에서 태어났는데 첫 모습을 보고 주위 사람들을 모두 놀라게 했는데 정작 어머니는 모자 상봉의 그 순간, '어머, 귀여운 우리 아기… .' 하고 기쁨의 첫 마디를 외쳤다.

나는 오토다케 히로타다가 팔다리 없이 태어난 그 놀란 첫 모습을 산모인 어머니가 의연하게 받아들인 그 기지에 깊은 감동을 받았다. 얼른 이해가 가지 않아 몇 번씩 그 내용을 다시 읽었다. 자식은 하늘이 주신 선물이라고 하지만 팔다리가 없이 태어났다면 나는 그녀처럼 놀람이 아닌 기쁨으로 받아들일 수 있었을까? 신앙이 깊은 나로서도 쉽게 받아들일 수 없었을 것이다.

오체 불만족인 이 아이가 유아기를 거쳐서 정상적인 교육을 받는 초·중·고등학교 생활을 거침없이 해 낼 수 있었던 것은 남다른 긍정의 힘을 가진 어머니의 역할이 제일 컸다고 생각한다. 팔다리가 정상적으로 있는 아이들과 모습이 다를 뿐이지, 생각과 감정은 일반 아이들과 다르지 않다는 생각 위에서 꿈을 키워가며 열심히 생활하고, 삶 자체를 즐길 줄 아는 긍정의 힘이 정말 어디서 온 것일까?

이 아이가 주변을 크게 의식하지 않고, 정상적인 아이들보다 더 많은 노력을 해서 얻어낸 값진 결과가 많았지만 정상적인 아이들도 해내기 어려운 다양한 운동을 익혀 시합에도 당당히 출전할 수 있었던 것은 부모 못지않게 스승님의 각별한 교육의 힘인 것 같았다. 몸이 자유스럽지 않다고 특별대우를 해 주거나 다른 아이들의 시중을 받도록 내버려두는 것이 아니었다. 냉정하게도 혹독한 훈련과 스스로 그 방법을 익히고 터득할 때까지 끈기 있게 지켜봐 주면서 자존심을 잃지 않고 당당하게 적응할 수 있는 힘을 길러 자존감을 강하게 세워준 담임선생님의 그 깊은 사랑을 여러 장면에서 느꼈다.

문득 삼십여 년 전 시골학교에서 근무할 때의 일이 생각나서 잠시 눈시울이 뜨거웠다. 그 당시 내가 담임했던 4학년 2반의 상준이는 뇌성마비를 앓아서 온몸이 흐느적거리고 목발 없이는 혼자서 잠시라도 일어설 수 없었다. 그 아이는 앉아서 활동하기 때문에 유난히 몸체가 크고, 무거워 그 당시 어른 혼자서 안을 수 조차 없었던 것으로 기억한다. 일반 아이보다 뭐든지 느려서 점심시간이면 엄마가 와서 밥을 먹여 주었고, 등하교 시간이면 고등학교 교사인 아버지께서 오토바이로 실어갔으며 형편이 안 될 때는 엄마가 양쪽 목발을 잡은 상준이를 부축하거나 우리 반 아이들이 돌아가면서 돌봐 주었다.

쉬는 시간에 소변을 보기 위하여 책상 밑에 둔 빈 우유깡통은 오줌이 넘치기도 전에 쓸어져 교실바닥은 오줌범벅이 되었다. 담임인 나와 자원봉사를 나선 짝꿍의 도움을 받아 상준이를 일으키다가 그만 깡통을 건드려 오줌이 쏟아지는 것이었다. 그 아이 때문에 수업이 중단될 때가 많았다. 물론 다른 아이들보다 더 큰 사랑과 정성을 쏟아 2학기에 글씨도 제법 쓰고, 일곱 시간에 걸쳐 글짓기를 쓰도록 끈질기게 지도해서 전국 글짓기대회에 공모하여 최고상을 받게 한 보람도 가져 보았다. 그러나 그 일을 날마다 즐겁게, 감사하게 감당한 것은 아니었던 것 같다. 내게 맡겨진 아이니까 최선을 다 해야겠다는 생각이 아니었을까?

오토다케 히로타다의 삶을 즐겁게 그리고 값지게 살 수 있도록 원동력이 되어 준 스승이신 오토의 교육적인 룰은 그 하나하나가 훌륭한 본보기였다는 생각이 든다. 오체가 없는 그 몸으로도 체육 시간을 기다리게 하고 신나게 자기가 처해진 모습으로 할 수 있는 역할을 부여받아 맹렬한 연습을 통해서 익힌 동작으로 자기 팀을 승리로 이끄는 장면은 손에 땀을 쥐게 하는 감동을 불러 일으켰다.

모두의 도움을 받기는 했지만 오토다케 히로타다가 가파른 산에 올랐을 때는 담임선생님과 학급 아이들 모두 자신의 승리인 양 기뻐하고 흥분했다. 물론 이 책을 읽고 있던 나도 속으로 힘찬 승리의 박수를 쳤다. 그리고 삼십여 년 전 뇌성마비를 앓아 활동이 자유스럽지 못해서 가르칠 때 애를 먹던 일까지 생생하게 기억하면서 좀 부끄러웠다. 좀 더 그 아이에게 사랑을 쏟아주지 못한 일이 부끄러워진다. 아마 이 책을 읽고 난 뒤에 내가 상준이를 담임했다면 더 냉정하게, 교육적으로 가르치고, 스스로 일어서서 세상을 감당할 만한 적응력을 키워 줄 수 있지 않았을까?

때로는 가엾어서 잘 해주기도 했고, 답답하고 짜증이 나서 가끔은 방치를 하지는 않았는지 곰곰이 오래 전의 기억을 더듬으면서 자신의 삶의 단편을 되돌아보기도 하였다. 유난히 병치레가 많아서 주변 사람들을 힘들게도 했고, 나 스스로 견디기 어려워 죽음까지 생각한 때도 몇 번씩 있지 않았는가? 일주일을 살기도 힘들다는 대학 병원의 진단을 받으면서 수술도 받지 못하고 퇴원을 당하여 집에서 지내는 며칠 동안 절망의 끝자락에서 헤어나지 못하고 유서까지 몇 통씩 쓰지 않았는가?

벌써 이십 년이 된 일이지만 이 책을 읽는 동안 엊그제 일처럼 떠오른 내 모습이 돌연 찡하게 다가온다.

영하 20도를 오르내리던 한겨울에 멀리 기도원을 찾아 기도 굴에서 모든 삶을 내려놓은 심정으로 자신을 정리하고 돌아보는 간절한 기도를 하였다. 잠도 자지 않고 생수만 마시면서 온몸으로 뜨겁게 기도를 한 일이 있다. 혼신을 다한 그 기도가 하늘에 닿았을까? 하늘의 은총으로 되찾은 건강과 덤으로 얻은 새 생명을 지금까지 연장 받아 이렇게 풍요로운 삶을 살고 있지 않은가?

이 글을 쓴 작가의 재수생활을 통해서 겪은 체험과 정상인도 입학하기 어려운 일본 최고의 와세다대학을 합격하기까지 그 생활 하나하나가 기적의 삶이 아닐까?

팔다리가 없는 불만족의 몸체를 지닌 오토다케 히로타다의 삶은 정말 생생한 삶의 도전이 아닌가? 그래서 이 책의 첫 장을 넘기면서 끝장을 덮을 때까지 지금까지 느껴보지 못한 인간 승리의 진한 감동을 받았나 보다.

긍정의 힘이 있기 때문에 팔다리가 없는 외부의 모습을 큰 장애로 본 것이 아니라 불편함으로 극복하기까지 피나는 노력과 훈련은 모두에게 귀감이 되는 일이라고 생각한다. 세상 곳곳에는 갖가지 외적인 장애와 내적인 장애를 지닌 사람들이 많이 있는데 그 사람들이 이 책을 꼭 읽어 보았으면 좋겠다는 생각이 든다. 또한 정상인일지라도 생각이 반듯하지 않다거나 좌절감에 빠져 있다면 꼭 이 책을 읽어 긍정의 힘을 찾고, 매사에 즐거움과 감사함으로 삶을 진지하게 살았으면 좋겠다.

3 첫걸음부터

한 해를 보내고 맞으며

창의지성교육의 실천

꿈을 먹고 사는 아이들에게

수업혁신은 이렇게

성공에 대하여

공모제 교장 이대로 좋은가?

나 자신부터

교육단상

첫걸음부터

얘들아, 어떻게 방학을 보낼 거니?

민중의 지팡이

한 해를 보내고 맞으며

임진년의 새해가 밝아왔다. 다사다난했던 2011년의 한 해를 접고 또 다시 새로운 한 해가 시작된 것이다. 늘 그래왔듯이 한 해를 뒤로 하고 새해를 맞을 때면 저마다 새로운 각오를 다지면서 스스로에게 최선의 삶을 살겠다는 의지를 내보이게 된다.

교육자의 길에 들어선지 수십 년, 이제 퇴직을 2년여 남겨둔 나로서도 남다른 다짐을 한다. 내가 태어난 고향, 화성에서 지금까지 교단에서 많은 보람과 감사할 일을 겪은 만큼 이젠 내 고향 후진들을 위해 더 많이 섬기고 나누는 모습으로 아름다운 마무리를 하고 싶다. 그것이 오늘의 나를 있게 한 내 고향 화성 땅과 화성 시민에 대한 고마움의 표현이 아니겠는가.

돌이켜 보면 숨 막히게 급변하는 세계정세 속에서 정치, 경제, 사회, 교육, 문화 어느 것 하나 안정된 것이 없이 가파르게 요동치고 있다. 더구나 오십여 년이 넘도록 남북분단의 위기 속에서 그 어느 때보다도 언론의 올바른 지팡이는 우리의 행복과 앞날의 향배를 가르고 있지 않을까?

그래 급변하는 세계정세 속에서도 오늘의 삶을 포기하지 않고, 서해안 시대를 열어가기 위하여, 경기도와 대한민국 어느 곳에 있는 사람들보다 열심히 뛰고, 연구하고, 노력하는 화성 시민을 존경하고 사랑한다. 나 역시 묵묵히 내가 설 땅에서 새로운 마음으로, 스스로를 혁신해 나가는 교육 전선에서 불평하지 않고 더불어 섬기고 나누는 모습으로 학교교육을 발전시키려고 노력하는 나와 내 고장 교육가족 모두 자랑스럽다. 그래서 어려움을 극복하며 교육 현실을 슬기롭게, 창의 지성 교육으로 혁신해 나가는 모습을 아낌없이 칭찬해 주고 싶다.

임진년 용띠 해를 맞이하여 누구나 땀 흘려 일하고, 행복하게 삶을 열어갈 수 있도록 그 어느 때보다도 언론과 방송 매체의 역할이 크다고 생각한다. 아니 세계 속의 대한민국으로 앞서 나가려면 민중을 이끌어 갈 막중한 책무가 있지 않나 싶다.

곳곳에서 일하는 산업 전선에 속한 사람들과 오늘도 묵묵히 맡은 일에 성실한 이웃들에게 힘이 되어야 할 것이다. 사심 없이 공정한 눈과 언론의 지팡이를 바르게 사용할 때, 칭찬과 꾸중을 적절하게 사용할 때, 우리가 살고 있는 고장과 이웃을 서로 아우르며 국가와 세계정세를 바르게 알려줄 때, 보다 빠르고, 정확한 정보를 안내하며, 갈등을 화합의 장으로 이끌어 갈 때 우리의 행복은 가파르게 상승하지 않겠는가.

언론과 방송 매체가 편견 없이 그늘진 곳을 비춰주고, 힘이 없는 자의 편에서 용기와 응원의 메시지를 쉬지 않고 보내주는 정의사회 구현의 지팡이가 되어 준다면 틀림없이 우리의 삶은 윤택해지지 않을까 싶다.

물질의 어려움이 다소 있다 해도 긍정적인 눈으로 바라보는 언론 매체와 방송 보도의 격려 속에서 우리는 다시 움츠렸던 가슴을 펴고 서로의 삶을 들여다 볼 수 있는 마음의 여유를 갖게 될 것이다.

혼자가 아닌 함께 하는 삶은 덜 외롭고, 현재의 어려움을 헤쳐 갈 수 있는 용기를 갖게 할 수 있기 때문이리라.

새해를 맞이할 때마다 지난 해 못다 한 아쉬운 일을 다시 끝까지 이루어 보고 싶은 작은 소망이 내겐 있다.

학교교육의 바른 경영으로 아이들에게 세계로, 미래로 뻗어갈 수 있는 큰 꿈을 갖고 키워 갈 수 있도록 희망을 불어 넣어 주고 싶다. 또한 좋은 문학 작품을 써서 많은 사람에게 감동을 주고 싶다.

이젠 거창한 계획보다는 가족의 건강을 챙기며 가까운 사람들을 자주 만나 따뜻한 삶을 더 배우고 싶은 게 솔직한 마음인 것 같다. 좀 더 시간과 여유가 생긴다면 자주 여행을 하면서 자신을 돌아보고, 또 다른 삶의 준비를 위해 많은 생각과 계획을 세워보고 싶다.

올해는 총선과 대선이 있고, 분단의 위기가 그 어느 때보다도 높아졌으며, 세계경제의 가파른 변화 속에서 대처해 나갈 일이 더 많은 것 같다. 하지만 새해를 맞이하여 각자의 위치에서 할 일을 미루지 않고, 최선을 다 하다보면 좋은 일도 따르지 않겠는가?

이 땅에 사는 우리가 혼자가 아닌 함께 하는 삶으로 노력하고, 서로 어려운 문제를 풀어 가다보면 살기 좋은 행복한 곳으로 발전하리라 믿는다. 그것이 내 자신의 보람찬 삶의 지름길이 되리라. 임진년 새해 아침 또 다시 힘차게 용틀임해야겠다는 다짐을 해 본다.

창의지성교육의 실천

계사년의 새해가 밝아왔다. 한 해를 보내고 맞을 때마다 늘 그래왔듯이 저마다 새로운 각오를 다지면서 스스로에게 최선의 삶을 살겠다는 의지를 다지게 된다.

교육자의 길에 들어선 지 수십 년, 학교자율경영체제 구축을 통한 학교교육 경쟁력 강화에 힘쓰고 있다. 그중에서도 가장 좋은 교육환경은 우수교사 확보에 있다고 믿는다. 그래서 새해에도 학생들에게 질 높은 수업을 가르칠 수 있도록 다양한 교육활동을 자유롭게 펴 나가는 연구풍토를 조성하고자 한다. 물론 전교원이 교육과정 재구성과 예산편성에 참여하여 학급운영을 소신 있게 창의적으로 실천해 나가도록 뒷받침해야겠다.

언제부터인지 학생들의 인권과 선생님들의 교권 사이에서 학교 분위기가 예전 같지 않은 게 사실이다. 그래서 세계로, 미래로 뻗어가는 창의지성교육 실천이 그 어느 때보다 쉽지 않다는 것을 느낀다. 학부형과 선생님, 학생이 서로 믿고 존중하지 않으면서 교실수업의 혁신은 크게 기대할 수 없지 아니한가!

그런 까닭으로 우리 교육계도 학교와 지역사회 나가서 학부모와 학생들 그리고 선생님들이 새해부터는 사랑과 지성으로 가르치고, 배우며 존중하는 풍토가 조성이 되었으면 좋겠다. 더불어 살아가는 창의지성교육은 이러한 교육환경 속에서 교사의 실천 의지에 따라 이루어지는 것이라고 믿기 때문이다. 미래사회를 이끌어 갈 꿈나무들의 창의지성의 역량이 강화되는 것은 우리 선생님들의 전문성과 열정에서 비롯되는 것이 아닐까?

그래서 사심 없이 공정한 눈과 언론의 지팡이를 휘두르는 화성신문에 기대한다. 지역사회와 교육현장에서 선생님들이 존중받도록 새바람을 불어넣어 준다면 선생님들의 사기가 올라가 학생들의 창의력과 미래형 학력신장은 더욱 신장되지 않을까?

꿈을 먹고 사는 아이들에게

새 학년이 되어 여러분 각자 이루고 싶은 꿈을 적어 개인 사진과 같이 교장실에 게시한 것이 엊그제 같은데 어느 틈에 11월이 다 가고 있고, 달력이 아주 얇아졌습니다. 그동안 열심히 독서를 하고, 자신의 소질을 계발하면서 스스로 공부하는 효도생활을 지켜보면서 매우 자랑스러웠습니다. 그래서 여러분과 학년 초에 약속대로 13년 만에 다시 쓴 여덟 번째 동화집 《칠공주집 칠순이》를 출판하여 일일이 사인을 해서 여러분에게 선물하였습니다. 그 책은 며칠 뒤에 한국아동문학 102년 기념식에서 세계동화문학상 수상집으로 선정되어 큰 상을 받게 됩니다.

여러분이 태어나기 훨씬 전인 50여 년 전에 산등성이를 넘어 오솔길을 오고 가는 아이들이 뒹굴던 이야기, 학교 안팎에서 일어날 수 있는 아이들의 세계를 그림을 그리듯이 설렘을 가지고 쓴 학교장의 동화책을 끝까지 읽은 것이 고맙습니다. 그리고 책 내용이 궁금한 것을 작가에게 편지로 혹은 주인공에게, 등장인물에 쓴 여러분의 글을 두툼한 공책 세

권에 담아 선물로 받았을 때 어린아이처럼 기뻤답니다. 지금도 여러분이 교실에서 공부할 모습을 떠올리면서 그 글을 또 읽어봅니다. 아마 내가 할머니가 되고, 숨을 거둘 때까지도 그 선물은 간직할 것입니다.

그것은 여러분의 때가 묻지 않은 고운 마음을 담아 글로 표현해 준 귀하고도 소중한 선물이기 때문입니다.

50여 년 전의 어린이들이 지금의 아이들의 생활상을 구체적으로 상상할 수 없듯이 지금의 여러분은 50여 년 전의 어린이들의 생활상을 이해하기는 어려울 것입니다. 그래서 마치 교장선생님이 직접 겪은 이야기처럼 실감나게 꾸며서 장편동화로 쓴 것입니다. 그것은 세월이 흘러도 꾸밈없이 자라나는 여러분의 세계는 큰 변화가 없다고 생각하였기 때문입니다. 작품 속에서 작가는 독자에게 어떤 어려운 일이 있어도 포기하지 않고, 꿈과 사랑과 용기를 먹고 사는 아이처럼 현실을 이겨내어 앞으로 다가올 아름다운 미래를 위하여 큰 꿈을 꼭 이루었으면 하는 마음으로 쓴 것입니다.

그리고 교장선생님이 실제로 겪은 이야기인지 많은 아이들이 질문을 하여 그 대답을 지면을 통해서 해야겠습니다. 동화란 어린이들이 일어날 수 있는 이야기를 재미있게 꾸며서, 환상적으로 표현한 문학작품입니다. 그 내용이 사실처럼 너무 실감이 나서 실제 이야기처럼 느끼기도 하지만 그 부분은 책을 읽는 독자의 상상에 맡기는 것입니다. 마치 교장선생님의 이야기로 느꼈다면 그만큼 글을 쓴 작가의 입장에서는 성공한 작품이라고 생각한답니다.

갈담초등학교 꿈나무 여러분!

이제 여러분이 꿈의 날개를 힘껏 펼쳐 보일 때입니다. 끝까지 포기하지 않고, 각자의 소질을 찾아 더욱 노력하는 모습을 보여주시리라 믿어요. 교장선생님도 더 재미있는 동화를 써서 내년에도 또 여러분에게 읽을 수 있는 기회를 주겠습니다.

여러분, 진심으로 사랑합니다. 그래서 또 여러분이 재미있게 읽을 수 있도록 좋은 동화를 쓸 것입니다.

수업혁신은 이렇게

퇴근 무렵이었다. 이번 3월에 수원에서 전입해 온 선생님이 헐레벌떡 결재서류를 들고 들어왔다. 전자문서로 탑재하기 전에 출력물을 들고 온 것이다.

"교장선생님, 17명이 신청한 수업 인증제 계획서를 정리하느라고 시간이 많이 걸렸어요."

학교장의 퇴근 시간을 막는 것은 아닌가 걱정스런 모습으로 설명을 하며 결재 서류를 폈다. 계획서를 제출하는 마지막 날이었기 때문에 나는 내용을 서둘러 검토한 후에 결재를 해 주었다. 담당자는 그 계획서를 모두 탑재하고 퇴근하려면 아마 반시간쯤은 늦을 것이다.

"선생님, 부임하자마자 연수 담당을 맡아 계속 바쁘시죠?"

"예, 요즘 각종 연구 관련 개인 계획서 제출과 수업연구에 대한 업무 추진으로 대목을 맞이한 것 같아요."

"경력도 짧은 데 수고가 많아요. 그런데 수원에서 근무할 때와 본교 근무가 어떤 차이점이 있나요?"

"교장선생님, 대충 얘기는 듣고 일부러 본교 근무를 희망해서 찾아 왔지만 17학급의 선생님 모두 수업 실기대회에 참가하는 학교는 처음 봤어요. 개인 연구도 십여 명이 서로 다른 분야에서 신청하고, 각종 공모대회에 이렇게 많이 응모하는 학교는 처음 봤어요."

"맞아요. 우리 화성시에 속한 초등학교 선생님들의 교육 열기는 경기도에서 가장 뜨거워요. 그 중에서도 본교는 최근 몇 년 동안 교실 수업을 개선하고자 학교 차원에서 전문적인 외래 강사를 초빙하여 다양한 연수를 한 덕분에 연구하는 분위기로 완전히 바뀌어졌어요. 좀 부담스럽죠?"

나는 빙그레 웃으며 선생님을 바라보았다.

"아녜요. 긴장은 되지만 저도 열심히 연구하는 교사가 되겠다고 다짐했는걸요. 선생님들이 아주 활기차게 움직이고, 서로 배우려는 모습이 정말 보기 좋아요."

정말 본교는 20명의 교사 중에서 아기 키우는 교사, 서울에서 통근하여 건강이 따라 주지 않는 교사 3명을 제외하면 지난해처럼 모두 수업실기대회에 참가하고 있다.

그 선생님이 교장실을 나간 뒤에도 나는 한동안 창가에 서서 따스한 봄바람의 숨결을 느끼느라고 움직이지 않았다.

운동장에서는 2개 학급의 돌봄 아이들과 1개 학급의 보육교실 아이들이 다채로운 체육활동을 하고 있었다. 아마 밤늦도록 이 아이들은 학교에서 공부를 할 것이다. 거의 다 맞벌이 가정과 생활이 어려운 가정의 아이들이 방과 후 계획된 교육활동을 하다가 학교에서 마련한 저녁 식사를 하고, 준비된 차량으로 집에 돌아가고 있다. 물론 담당선생님들도 늦게 귀가를 한다. 그러나 누구 하나 불평을 늘어놓는 경우는 없다. 왜냐하면 가산점을 받기 때문인지 몇 사람의 경쟁을 뚫고, 담당교사가 되었기 때문이다.

수원이나 인근 학교에서는 본교의 학교장이 너무 선생님들을 들볶아서 수업실기대회에 모두 참여를 하는 게 아니냐고 가끔 간접적으로 들려온다. 그런데 그런 일은 절대로 없다는 것을 누구든지 하루만 본교에서 근무하다보면 금방 확인할 수 있을 것이다. 다만 선생님 개개인과 자주 만나는 시간에 뭐든지 관심을 가지고 격려하거나 교육성과에 대하여 칭찬을 아끼지 않는 일은 일상화되어 있다는 게 다른 학교보다 더 차별화가 되었다고 자부할 뿐이다.

또한 개인 업무 성과가 혹시 부족하더라도 격려와 함께 좋은 생각을 같이 찾아보는 동안 선생님들은 자신감을 되찾아 가르치는 일에 최선을 다 하고 있는 게 사실이다.

필자는 본교에 부임한 지 올해가 4년차가 된다. 그동안 61년이 넘는 오랜 역사를 지닌 본교의 열악한 교육환경 개선에 노력했지만 제일 중점을 둔 것은 선생님들의 수업혁신을 위하여 좋은 생각과 이론들을 같이 공유하는 분위기를 만들고, 학년은 물론 전교사들이 서로 배려하고, 수시로 같이 수업 분석을 하며 도움을 주고받는 동안 교실 수업이 활기차게 움직인 것 같다. 아울러 직원협의회 시간에는 업무 전달보다 수업과 관련된 정보를 교환하고, 수시로 좋은 수업을 보고 배우는 연수활동을 강조하고 있다.

학교장은 선생님들의 좋은 교육활동 모습을 찾아 칭찬에 힘쓰고, 교감선생님은 언제든지 선생님들의 상담 역할을 마다하지 않을 때, 그리고 학부모님들이 따스하게 담임을 지켜보고, 격려할 때 학교의 모습은 발전하게 마련이고, 그곳에서 공부하는 아이들은 큰 꿈을 키워갈 수 있는 것이 아닐까?

창의적 교육과정을 운영하고, 배움 중심의 수업혁신이 이루어지려면 제일 중요한 것은 우리 선생님들의 생각이 긍정적으로 바뀌고, 아이들에게 다양한 체험활동을 시켜 주기 위한 프로그램을 개발해서 적극적으로 교실수업에 반영하는 것이라고 생각한다. 그러려면 학교장은 좀 더 유연한 리더십을 발휘해야 하며, 우리 선생님들이 아이들의 가장 중요한 교육환경이라고 믿고, 이에 맞는 예우를 해 줄 때, 인정해 줄 때 그 학교는 저절로 수업혁신이 이루어져 바람직한 변화를 가져온다고 생각한다.

그래서 앞으로 더욱 본교 선생님들을 아끼고, 칭찬에 힘쓰면서 그들의 고충을 자주 듣고, 해결해주도록 노력해야겠다는 다짐이 앞선다. 선생님들이 행복하게 교실에서 가르칠 수 있을 때 그 학급의 아이들이 즐거운 학교생활을 할 수 있으며, 창의적인 사고와 소질계발로 세계로, 미래로 큰 꿈을 펼쳐나갈 수 있으리라.

성공成功에 대하여

40년 만에 세계 최고에 오른 원전原電 기술력으로 400억 달러 규모의 아랍에미리트 사업수주를 막판 정상외교의 역할로 성공한 새 소식의 기쁨이 아직 가시지 않고 있다. 세계적인 경제 불황이 불어 닥쳐 지난 한 해를 온 국민과 함께 가슴 조렸는데 서서히 희망의 새해가 시작되었으니 가슴 뿌듯한 일이 아닐 수 없다.

다른 어느 해보다 어려운 일도 많았지만 또 다시 국가의 큰 희망의 수레바퀴 앞에서 우리 모두는 자신감을 찾아 노력하고, 창의력을 발휘하여 땀 흘리는 수고를 아껴서는 안 될 것이다.

돌아보면 성공은 먼 데 있는 것이 아니라 가까이 있고, 거창하고 큰일을 성취하는 것만이 아니라 보다 작은 일부터 진솔하게 이루어 나갈 때 그것이 바로 성공하는 삶이요, 성공이 아닐까?

성공이란 무엇인가?

기업가는 기업에서, 정치가는 정치에서, 교육자는 교육에서 각자의 위치에서 진정한 성공을 이루는 것이 무엇일까 곰곰이 생각해 본다. 분명한 것은 성공을 이루었다면 그것은 사람들과 좋은 관계를 맺는 능력 때문이 아닐까? 사람들과 잘 지내는 능력, 즉 자신의 생각을 잘 표현하고 다른 사람의 생각을 잘 받아들이고, 협력을 얻어내는 리더십을 가지고 있기 때문에 인생에서 성공한 것이 아닐까?

리더는 일을 잘 하는 것은 물론이고, 여러 사람의 자발적인 협력을 얻어 성과를 창출하는 사람을 가리킨다고 생각한다. 따라서 리더십을 발휘하기 위해서는 일을 잘 해야 되고, 사람에 대해서도 잘 알아야 할 것이다.

인간관계에서 상대를 인정하고, 존중하고, 사랑하면 신뢰가 쌓이고 그렇지 못 할 때 일이 꼬이게 되지 않을까?

국가끼리, 기관끼리, 그 어떤 조직 사회에서도 인간관계가 바탕이 되어 소통이 잘 이루어진다면 뜻한 일이 반드시 이루어질 것이고, 그것이 바로 진정한 성공이 아닐까? 왜냐하면 사람을 리드해서 신뢰를 쌓으면, 일은 저절로 된다고 생각하기 때문이다.

얼마 전 연말에 연수를 며칠 받을 기회가 있었는데 카네기연구소에 근무하는 사람을 통해서 감명 깊은 강의를 들은 일이 있다. '미인대칭 비비불' 이 무엇인지 자세히 설명 듣고 공감을 한 일이 있다.

미소, 인사, 대화, 칭찬 감사하기, 비난, 비판, 불평하지 않기 운동에 동참하는 일이야말로 성공적인 삶을 살 수 있다는 믿음이 생긴 것이다. 나도 한 가지씩 실천해야겠다. 그래서 웃음과 사랑이 넘치는 행복한 가정, 신뢰와 열정이 넘치는 즐거운 일터를 가꾸어 나가고 싶다.

이것이 우리 사회에 만연된 부정적인 기운을 일소하고, 행복과 기쁨으로 넘치는 삶의 지름길이요, 모든 것을 이루어 낼 수 있는 진정한 성공이 아닐까?

공모제 교장 이대로 좋은가?

학년말이나 학기말이 되면 교육현장에서는 한동안 분위기가 술렁거리곤 한다. 특히 학년말에는 교사, 관리자의 인사가 한 번에 단행되기 때문에 그 현상이 더 하지 않나 생각한다. 근무 여건이나 개인 사정에 의해 일정기간 근무를 한 뒤엔 인사규정에 의해서 학교를 옮기는 것이 이젠 보편화되고 있다. 간혹 문제점이 발견되었을 때는 교육현장의 의견을 수렴하여 해마다 일부분, 혹은 새 규정을 신설하여 인사제도를 보완해 나가고 있음을 본다.

그런데 2학기를 앞두고 관리자 이동을 위한 준비 작업을 하는 시점에서 교육 현장의 몇 가지 문제점을 제시하고 싶다.

이미 학교에서 어느 정도 정착이 되고 있는 공모제 교장에 대한 생각을 이야기하고 싶은 것이다. 학부모의 요구와 사회적인 흐름, 그리고 교육현장의 승진 제도의 문제점을 폭 넓게 해결해 나가기 위한 방편으로 교장공모제의 필요성은 재론할 여지가 없다고 본다.

교육의 백년대계百年大計를 위해서도 학교장의 선택을 교사나 학부모가 선택할 필요가 있기 때문에 국가적인 차원에서 교장공모제가 입안되어 그 정책이 실현되고 있는 것이라고 생각하기 때문이다. 그래서 아직도 교육현장의 반대 소리가 큰 가운데서도 퇴직하는 학교장이 있는 학교를 중심으로 우선 공모 대상 학교로 보고, 해당 학교 학부모와 교원들의 의견을 모아 희망 여부를 가려 추진하고 있는 것이리라.

그런 까닭으로 교장 공모제에 뜻을 둔 사람들은 새로운 비전을 치밀하게 세우고, 1 · 2차 발표와 질의응답에 막힘없이 대답하려고 몇 달 전부터 혹은 그 이상 준비하는 게 현실이 아닐까?

4년 이상 근무가 남아 있는 현직 교장들과 승진을 앞둔 교장들이 저마다 현재 학교의 업무를 수행하면서 바쁘게 준비하는 모습을 가까이 바라보고 있는 요즘 착잡하기만 하다.

'공모제 교장 이대로 좋은가?'

이런 생각을 하고 있는 것은 현직 교장인 나 한 사람의 걱정만은 아닐 것이다.

바쁘게, 열심히 무엇이든지 소신 있게 학교 경영을 하는 현직 교장을 바라보는 요즘 선생님들의 시선은 곱지만은 않은 듯하다. 대도시로 갈수록, 아니 승진에 뜻을 두지 않은 구성원이 많을수록 아직도 편안함에 안주하려는 분위기가 대부분의 추세라고 한다. 어느 교장이 오면 선생님들을 편안하게 해 주고, 학교 일을 새롭게 만들지 않을까 모이면 궁리를 한다는 것도 바람직하지 않은 모습이 아닐까?

그 틈을 타서 공모에 응하는 사람들은 교육철학에 바탕을 둔 소신 있는 생각보다는 선생님들에게 좋은 인상을 줄 수 있는 공약이 난무하는 것도 현실이 아닌가!

마치 선거 공약처럼 인기 있는 전략을 세워 교장공모제 선정위원회에서 발표를 하고, 대대적인 홍보전략, 서로 상대방을 헐뜯기 등 불미스러운 소문이 결과가 나올 때까지 떠도는 것은 교육 발전에 도움이 되지 않는다고 생각한다.

특히 공모제 학교로 선정되기까지 여러 모양으로 역기능에 속한 터무니없는 소문이 떠돌다가 본인의 귀에 들어갔을 때는 진위 여부와 상관없이 많은 상처를 받는 것 또한 가만히 볼 일이 아니지 않는가!

공모제로 갈지 말지 선택하는 것은 교사들의 입장과 학부모들의 입장이 같지 않은 데서 문제는 발단이 되는 것 같다. 그렇다면 기왕 우리 교육에서 시행할 수밖에 없는 교장 공모제의 합리적인 정착을 위해 각계각층의 개선책을 강구해야 하지 않을까?

무엇보다도 교육 현장에서 선생님들이 마음 놓고 교육하고, 학교장이 인기 영합에 흔들리지 않은 채, 소신과 진정성을 가지고 우리의 미래를 책임 질 제2세 교육에 매진해야 할 것이다. 그러려면 더욱 학교장의 선택 과정이 투명하고, 그 학교를 위해 꼭 필요한 최선의 사람으로 선정이 되도록 교장 공모제 규정을 수시로 점검하고, 다듬어 가야 하지 않을까?

학부모와 선생님들의 입맛에 맞는 교장을 선택하는 것만이 최선의 길이 아닌 것은 누구나 공감하고 있는 일이 아닌가!

교장 공모제의 정착은 현직 교장들에겐 나태하면 안 된다는 교훈과 승진교장에겐 치열한 승진세계의 관문으로 자리 잡는 것 같아 아직도 기대 반 우려 반이 앞선다.

시간을 쪼개 써도 모자랄 형편인데 학교장을 선택하는 교장 공모제는 또 하나의 승진과정으로 교육현장에서 갈등을 가져오는 현실 문제임에 틀림없다.

그동안 승진 문제에 따른 여러 부작용으로 해서 수십 년간 교육관련 연구자들의 노고에 의해 현재 승진의 기회를 더욱 확대시킨 점은 매우 괄목할만한 성과일 것이다.

필자가 우려하는 것은 어린이들의 신성한 교육을 책임지고 있는 교육현장에서만은 다툼과 암투가 있어서는 안 된다는 것이다. 서로 비방하는 것도 바람직하지 않다고 본다. 적어도 학교장은 교사들의 속마음을 읽어주고, 학교생활이 행복하도록 뒷받침해주고, 꿈나무들의 미래를 위하여 창의, 인성교육에 매진하는 것이 가장 우선해야 할 일이 아닐까?

서로의 인격을 존중할 뿐 아니라, 가르치는 직업의식이 앞서는 것이 아닌 더 나아가 꿈을 심어주는 교육자로서의 작은 소명의식을 가지고 교육현장에서 노력한다면 우리 교육의 미래는 아주 밝을 것이다.

아직도 교장 공모제의 순기능과 역기능이 거의 반반씩이라면 우리 모두 다시 한 번 공모제 학교 운영에 대하여 진지하게 살펴보아야 하지 않을까?

학년 학기가 바뀔 때마다 우리 학교 교장은 그대로 근무하는 것인지, 아니면 어떤 교장이 부임할지 교원들과 학부모들은 궁금하고 걱정이 된다는 것쯤은 충분히 이해가 간다.

한 나라의 대통령이 누가 되는가에 따라 그 나라 장래가 많이 달라질 수 있다는 것은 우리나라 풍토에 비추어 이해가 가는 일이기 때문이다.

학교 발전과 어린이들의 보다 나은 교육을 받기 위하여 교장 공모제가 시행된 것이라면 그 시행 과정에서 문제가 되는 역기능 또한 면밀히 살펴서 보완해 나가는 것이 맞지 않을까?

나 자신부터

요즘은 자고나면 놀랄 만한 소식이 늘 기다리고 있는 것 같아 이른 새벽 잠 자리에서 눈을 뜨면 나도 모르게 중얼중얼 입 속으로 기도부터 나온다.

'오늘도 새로운 날을 주셔서 감사합니다. 내가 속한 학교의 아이들과 교직원들과 학부모님들의 안전과 행복이 넘치는 즐거운 하루가 되게 도와주시옵소서. 또한 이웃과 나라와 세계, 그리고 가정의 평화가 있게 하옵소서!'

거의 똑같은 기도내용이지만 새해가 시작된 지 한 달이 지나는 요즘에도 신문을 펼치기가 두려워진다. 아니, 텔레비전의 새 소식을 선뜻 시청하는 것이 망설여질 때가 많다. 그만큼 우리 이웃의 변화는 자고새면 우리를 불안하게 만드는 것 같다.

지난 해 말부터 극성을 부린 우리나라 곳곳의 구제역의 공포는 설 명절에도 그칠 줄 몰라 급기야는 정부가 앞장서서 내 고향을 지키기 위한 방편으로 소와 돼지, 닭 등을 보호하고 가축을 기르는 농민의 생업을 더 이상 방관할 수 없어 고향 방문을 자제시키는 홍보에 앞장을 서고 있지 않은가!

아울러 인간의 무차별 개발과 지구의 생태변화로 찾아왔다는, 백년 만에 겪는 한 달 이상의 겨울 한파로 물가 폭등이 지속되어 서민들의 겨우살이가 더욱 춥고 가슴을 움츠리게 하고 있다.

어디 그뿐인가?

지난 해 봄 북한 공산당의 기습 포격으로 우리 해병함대가 침몰되고, 많은 해군의 목숨을 앗아간 슬픔이 가시기도 전에 연평도를 습격하여 주민들의 죽음을 불러와 온 국민의 분노와 대응태세로 애국심을 재무장하게 된 사건은 지금도 생생한 기억으로 되살아나고 있다.

그러나 숨 가쁘게 변화하는 세계정세 속에서도 역사 이래 우리의 수출액은 사상 초유의 성과를 얻어 세계 7위를 차지하여 우리 국민의 자긍심을 찾았다고 한다. 1인당 소득액도 4년전 처음 돌파하였다가 다시 추락한 2만 달러를 넘었다고 한다.

이와 같이 우리의 현실은 자고 나면 빠르게 변화하는 시점에 살고 있다.

그런데 변화하는 물결 속에서 가장 큰 역할을 하고 있는 사람은 예나 지금이나 제 2세 교육을 담당한 교육자 자신임을 알고 있는가!

우리 모든 교육자들은 스스로 자신을 혁신하는 자세만이 이 어려운 난국을 헤치고 나갈 뿐 아니라 어른들의 세상을 바라보며, 우리나라를 세계무대에서 앞장서는 국가로, 선진국 대열로 끌어올리고, 지속시켜 나갈 수 있는 글로벌인재로, 꿈나무로 성장시킬 있다는 사실을 알아야겠다.

그러나 우리 교육자들은 요즘 스스로의 자긍심을 찾는 일에 아쉬움이 있는 게 아닐까?

교육이 정파 싸움의 도구가 된 것은 어제 오늘의 문제가 아니지 않은가?

그런데 각종 지침과 학교혁신의 방향이 자신이 아닌 또 다른 정파의 이익단체에 밀려 제 목소리조차 낼 생각은커녕 주변 변화에 외면한 채 교단 붕괴와 무너져 가는 교권에 탄식만 해서 우리의 진정한 학교혁신이 이루어질 수 있단 말인가!

상급 교육청에서 공모하는 혁신학교에 채택이 되지 않았다고 해서 그 학교는 학교혁신을 외면할 것인가?

진정한 학교혁신은 교육자인 나 자신이 스스로 변화하고, 발전적인 생각과 긍정의 힘으로 아이들을 가르치고, 잘못된 부분을 바로잡아 나갈 때만이 제대로 이루어진다고 생각한다.

아이들에게 나라사랑하는 마음과 실천의지를 갖게 하고, 삐뚤어진 생각을 바로 잡아 우리의 역사의식을 제대로 심어줄 때, 변화하는 세계 속에서 우리 대한민국이 으뜸으로 살아날 수 있으리라고 본다. 또한 호시탐탐이 우리의 안전을 위협하는 북한 공산당을 이 땅에서 몰아내고 평화통일의 꿈을 실현하여 배고픔과 속박으로부터 북한 동포를 구출하는 길이라고 생각한다.

이제 긴 겨울방학이 끝나고, 개학을 한다. 졸업과 동시에 상급학교의 진학을 하는 아이들이 있는가 하면 한 학년씩 진급하는 꿈나무들에게 우리 교육자 자신이 스스로 혁신하는 자세로 다가선다면 세계로, 미래로 큰 꿈을 키워 갈 수 있으리라.

지난 해 가을, G20국가의 회장 나라가 된 경험을 살려 새 학년부터는 각자 처한 생활 속에서 올바른 리더가 되고, 우리 교육자의 현실이 상처투성이일지라도 아이들을 포기하지 않고, 스스로 혁신하는 자세를 가지고 학교 현장의 잘못된 부분을 바로잡아 나가는데 적극 나서지 않겠는가!

교육자 모두 제2세 교육의 바른 길을 실천하는 한 진정한 학교혁신은 머지않아 실현될 것이며, 붕괴된 교단이 참 모습을 찾고, 학생과 교사가 함께 인권과 교권을 찾아 행복한 학교생활을 누릴 수 있을 것이라고 생각한다.

그래서 학교혁신은 시설을 확충하고, 교육환경을 쾌적하게 마련하는 것이 급선무가 아님을 증명할 것이다.

우리 교육자들은 누가 알아주든 알아주지 않든지 스스로를 돌아보며 냉철하게 자신을 혁신해나가는 데 게으름을 떨어서는 안 될 것이다. 주변 상황을 원망하고, 제도를 탓하고, 다른 사람들에게 책임을 떠넘기는 자세는 스스로를 소중하게 여길 줄 모르는 처사가 아닐까?

교육단상

2008년 2월 29일 금요일

아침 9시에 장 부장의 전화가 걸려 왔다. 오전 열시에 교장실에서 전임 백 교장님과 회계 인수인계가 있다고 하여 온 모양이다. 고심 끝에 전임 교장이 만들어 놓은 학급 담임이나 보직교사 등 업무분장을 그대로 결재하기로 했다. 그래서 이번에 근평 때문에 교감 승진 차출이 안 된 장 부장을 교무로 임명한다고 하니 직접 모시러 온 것 같았다.

학교에 오니 열 시가 안 되었다. 너무 일찍 온 것 같았다. 교문 앞에는 제17대 임 옥 순 교장선생님을 환영한다는 현수막이 크게 걸려 있었다. 정말 교장으로 부임하게 된 것을 실감하였다.

교장실에는 벌써 배달된 화분이 여러 개 있었다. 전 직원은 열시 반에 출근하기로 되었다고 한다. 행정 업무 때문에 열 한 시에 인수인계가 이루어졌다. 전임 교장선생님의 이런 저런 말씀을 듣는 동안 공연히 마음이 무거워졌다. 왕초보 교장노릇을 하게 된 것이다.

실장의 설명을 들으면서 인계가 이루어지고 곧 배웅을 해드리니 열두 시가 넘었다. 김 교감선생님이 준비해 놓은 서류에 결재를 하고 곧장 교무실로 갔다. 모두 출근하여 오랫동안 기다린 모양이었다. 서로 긴장된 표정이어서 첫 인사를 준비한 내용을 잠시 잊었다. 하지만 숨을 고른 뒤에 따뜻한 만남을 감사하게 생각한다면서 선생님들에게 환한 표정으로 다가설 수 있었다. 하나님의 은혜가 아닐 수 없다.

정말 이곳 ○○초등학교에서 최선을 다하여 학교를 멋지게 경영하고 싶다.

선생님들의 호기심과 불안이 교차되는 모습을 보면서 그들을 사랑하는 마음으로 소중하게 아껴주고 이끌어야겠다는 다짐을 하였다. 새로 온 김 교감도 2년간의 교감 경력이 있는데다가 인상도 좋은 후배였다. 그리고 같이 근무한 교사도 두 명이나 있었고, 18학급의 규모여서 한 눈에 교사들이 들어온다. 빨리 이름과 학년 반을 외워야겠다.

전임 교무, 신임 교무 그리고 김 교감과 같이 점심을 들고 집으로 돌아와 편한 복장으로 다시 차를 몰아 동학초등학교로 갔다. 부장들의 송별회가 있기 때문이다.

전날 전 직원의 송별회기 늦게 있어서인지 주로 오늘은 이야기하면서 일찍 끝이 났다. 참 다행이었다. 너무 피곤한 날이 계속 되었기 때문에 일찍 쉬고 싶었다.

'새 학교에서 정말 교장 노릇을 잘 할 수 있을까?'

오늘은 잠이 잘 올 것 같지 않다. 이런 저런 생각이 끊임없이 이어진다.

2008년 3월 1일 토요일

늦잠을 잤다. 그런데도 피곤은 풀리지 않는다. 그이와 같이 학교와 교육청을 오가는 답사를 하다.

돌아오는 길에 백화점과 여기 저기 들려 마음에 드는 실내화를 고르고 밑반찬을 샀다. 목욕도 하고 자질구레한 집안일을 했다. 저녁이 되니 또 피곤하다. 신경을 많이 쓴 때문일까?

교감 승진이 되었을 때의 기쁨에 견줄 것이 아니라고 하였지만 자꾸 떨리고 조금은 불안하다.

많이 기도해야겠다.

하나님이 함께 하신다는 것이 얼마나 큰 위로가 되는지 모른다.

2008년 3월 3일 월요일

잠을 설쳤지만 이른 새벽부터 일찍 일어나 준비를 하였다. 개량 한복을 입는데 전화가 걸려 왔다. 장 부장이 벌써 밖에 온 것이다.

서둘러 현관을 나오니 아침 일곱 시 십 분이 조금 지났다. 월요일은 차량이 많아 찻길이 복잡하다고 하여 서두른 것인데 생각보다 너무 시간이 지체되었다.

교장 교감이 모두 바뀌는데다가 새 학년 첫 날이라 이름표를 달고 교문에서 아이들을 만나려던 계획이 어긋나는 게 아닌 가 좀 불안하였다. 고속화도로에서 차량이 멈추더니 봉담읍 도로에서 또 30분 정도 그대로 거북이걸음으로 움직였다.

여덟 시 반쯤에 교문을 들어서니 이미 선생님들 모두 현관 앞에 줄 지어 계셨다. 간단히 목례만을 하고 김 교감과 같이 교문으로 갔다. 해병대사령 쪽에서 차량을 이용하여 오는 아이들이 아직 도착되지 않았다는 것이다.

잠시 뒤에 교문으로 들어서는 아이들과 악수를 건네면서 웃음으로 맞이하였다.

교장실에 들어서니 꽃집 같았다. 간단히 앉아 눈을 감았다.

'하나님, 감사합니다. 덤으로 주신 생명, 감사하면서 이곳 학교에서 교장의 책임을 다 하고 따뜻한 사람으로 주님의 나팔수가 되게 하옵소서! 솔로몬의 지혜를 주시고, 다윗의 믿음으로 어려운 일 헤쳐 가게 하옵소서!'

잠깐 동안의 묵상 기도가 끝나자 업무가 빠르게 진행되었다.

업무 중에도 계속 축하 화분을 들고 오는 사람들로 교장실이 부산하였다. 일일이 고마운 편지를 빨리 보내드리도록 해야겠다.

아침부터 황사가 심하여 방송을 이용한 시업식과 새로 온 선생님들 소개를 마치고 처음으로 교장 첫 인사와 훈화를 하였다.

열 한 시에 입학식을 하였다. 며칠 전에 부탁하여 풍선아치를 준비시켰더니 시청각 실에서 치룬 입학식이 생각보다 반응이 좋았다. 시골에서 보기 드문 입학식이라고 학부모와 아이들의 표정이 좋은 것 같아 흐뭇하였다.

역사 깊은 학교에서 규모는 크지 않지만 안정된 학교 근무를 할 수 있게 된 것이 고맙고 기쁘다. 모두 하나님의 은혜가 아닐 수 없다.

열두 시가 좀 넘어서 전 직원들과 같이 학교 앞 음식점에서 식사를 하였다. 처음으로 교장 업무추진비를 사용한 것이다. 기분이 이상하였다. 좀 떨리고 잘 할 수 있을 지 두렵기도 하고 설레기도 한 하루였다.

첫날의 업무가 생각보다 많고 복잡하였다. 회계업무와 채용에 관한 일이 몇 가지 있었다.

침착하게 공부하면서 학교 운영을 해야겠다고 다짐하였다.

퇴근 후에는 정남쪽에 있는 음식점에서 전 직원들이 베풀어주는 환영회에 참석하였다. 그리고 다시 학교 근처로 와 노래방에서 다 같이 화기애애한 모습으로 한바탕 노래와 춤으로 분위기가 고조 되었다.

이 선생님이 수원 집까지 태워다 주었다. 차도 한 잔 마셨다. 옛날 송산초등학교 근무 시절 같이 근무한 일이 있고, 친구의 조카가 되어 알고 있는 처지인지라 한결 부드럽게 근무할 것 같다.

풀솜처럼 지치고 긴장된 하루였지만 하루 종일 감사 기도를 드리면서 생활하였다.

2008년 3월 4일 화요일

각종 채용 건을 결정하는 일이 쉽지 않았다. 이미 책정된 예산을 가지고 없어진 교무보조를 그대로 써야 할 입장이었다.

과학조교가 다행이 퇴직한 상태라 할 수 없이 채용을 못 하고 추경을 통해서 세워진 과학조교 예산을 돌려 쓸 수밖에 없을 것 같다.

사서교사 기간제 교사 채용도 서둘러야겠다. 교감시절 근무하던 학교에 비하면 장난감 같은 도서실이지만 교육청 지원이 있다고 하니 다행이다.

경기도교육청 ○○○ 기획관리실장님과 통화를 하였다. 예쁜 난을 보내 주셔서 감사하다는 인사를 하니 언제 한 번 오겠다고 한다. 초·중·고등학교 동기 동창이라는 사실이 뿌듯한 일이 아닐 수 없다.

학교 발전을 위하여 한두 번 큰 도움을 준다는 약속을 오래전에 했는데 좀 더 생각해 봐야겠다. 퇴근 후 오전 간부협의회를 마치고 처음으로 컴퓨터 문자를 통해서 전 직원에게 아침 인사를 날렸다. 따스한 격려와 새 학년의 희망찬 이야기를 아주 소박하게 띄워 본 것이다. 정말 욕심 없이 뒤에서 선생님들을 격려하면서 밀고 때로는 앞에서 이끌면서 웃고 생활하도록 즐거운 학교 분위기를 만들고 싶다. 그들에게 꿈과 용기를 안겨 줄 수 있는 교장이 되겠다.

새로운 다짐으로 매일을 기도하면서 그들 가까이서 마음을 읽어주고 들어주는 어머니 같은 따스한 품으로 그들을 안고 뒤에서 조용히 지켜보는 교장이 되리라.

오후에 뜻밖에도 제2청 김○○ 교육국장님의 축하 전화가 걸려 왔다. 잊지 않고 가끔 힘들 때도 좋은 일이 있을 때도 이렇게 격려 전화와 축하 인사를 해 주시니 고마울 뿐이다.

경기도 교육청 이○○장학관님께서도 축하 전화를 주셨다.

2008년 3월 5일 수요일

오전에 지역 내에 있는 기관을 방문하기로 했다. 김 교감과 같이 출발하려고 하는데 화성지역 교장단 임원 되시는 수기교장선생님께서 전화를 주셨다. 잠시 후에 구봉초교, 동학초교 교장선생님께서 방문해 주셨다. 몹시 반가웠다. 수영초교 장○○교장 선생님을 뵙고 교육장님과 점심 약속이 있다고 곧 일어나셨다.

동학에서 모시던 백 교장 선생님은 다음 주 수요일에 다시 직원들과 오신다고 하셨다.

김 교감과 같이 봉담읍 기관장님 몇 분을 뵙고 부임 인사를 드렸다.

선후배가 모두 되는 봉담 초교 교장·교감선생님을 방문하고 나와서 점심 식사 대접을 하였다.

오후 일정이 바빴다. 퇴근 무렵엔 심신이 피곤하였다. 퇴근 시간이 기다려졌다. 잠을 푹 자고 나면 정신이 맑아지겠지........

하나님, 감사합니다.

2008년 3월 6일 목요일

유치원 입학식과 3월 12일 있을 교장, 신규 교사 취임식 준비를 점검하였다.

오후 시간에 뜻밖에도 제2청 김○○교육국장님의 축하 전화를 받았다. 변함없이 잊지 않고 기억해주시는 것이 고맙고 감사하다. 언제 자리 잡히면 인사 한 번 해야겠다.

경기도교육청 학교정책과 이○○장학관님이 전화를 해 주셨다. 바쁘신 가운데 축하 전화까지 주시니 정말 이젠 교장이 되었다는 것을 실감한다.

각종 채용의 마무리가 되어 다행스럽다. 처음으로 쓴다는 기간제 사서교사도 퇴근 무렵 해결 되었다.

평온한 학교 분위기에 그저 감사할 뿐이다.

오늘도 화분이 계속 들어온다. 빠른 시일에 감사 편지를 보내야 할 터인데…….

학교 안팎을 세심하게 돌아보았다.

2008년 3월 7일 금요일

유치원 입학식을 시청각실에서 제법 알차게 하였다. 초등 입학식 때 풍선 아트를 설치한 것을 이용하여 원생들의 얼굴에 웃음꽃을 선물한 것 같았다.

학부모님들도 좋아하셨다.

호젓한 시골 학교 풍경이 정겨워 보인다.

준비 과정이 좀 번거로웠지만 부임 전에 당부한 것이 다행이다.

학교 안의 시설물과 교재교구를 점검하다.

작은 학교에 내빈용 실내화가 210켤레나 된다고 한다. 그 동안 행사가 많았던 덕분인가보다.

퇴근 무렵에 화성시 청소년단 두레단 회장님과 강사가 다녀갔다.

오래전부터 본교 어린이들로 구성된 두레단에 대한 계속 지원과 격려를 바라는 내용이었다.

강사비나 기구 모두를 지원한다니 얼마나 특혜를 받는 학교인가?

한국예총화성지부 차○○ 지회장님과 여러 가지 운영 방법을 의논하다.

2008년 3월 10일 월요일

두레 조직, 각 특성화반 조직을 서두르다.

본교 현안사업을 실장과 교감 그리고 선생님들과 협의하다.

본교에서 실시하는 청소년단체, 컵스카우트단과 우주소년단 외에 걸스카우트도 가능하면 조직하도록 하다. 교사들이 원하고 어린이들에 원하면 조직을 하여 지도하는 것이 옳다고 본다. 교사들의 점수 때문에 전임교장선생님께서 조직의 제한을 둔 것 같다. 교장이 바뀌니까 몇 선생님들이 걸 스카우트를 조직하고 싶어 한다. 물론 점수 때문에 조직하려고 하는 것을 알지만 개방하는 것이 오히려 문제의 소지를 없애는 것이 아닐까?

화장실 점검과 쓰레기 처리 문제를 기사들과 의논하다.

컴퓨터 강사를 만나보았다. 이번 과학실 현대화로 본교에서 40대의 최신형 컴퓨터가 마련된 덕택에 방과 후 컴퓨터부서가 활성화 되려는 것 같다.

종례시간에 몇 가지 강조를 하다.

본교에서 실시해 온 각종 특성화반, 영어특성화반, 심화반 그리고 두

레반, 보육교실 등의 지속적인 활동을 요구하였다.

그리고 금년은 연구학교 운영이 없는 관계로 교재연구와 전체 교원 수업실기대회 참가로 교실수업 개선을 강조하였다.

학년 초인만큼 여러 운영위원회 조직과 실질적인 계획이 치밀하게 이루어지기를 당부하였다. 물론 교직원들의 건강관리를 최우선으로 삼고 교육에 매진해야 한다는 생각에 변함이 없다.

2008년 3월 11일 화요일

교문 앞에 버리는 쓰레기봉투 수거 일을 확인시키다. 매주 화요일과 금요일에 수거하는데 아무 때나 학급 쓰레기봉투가 교문 앞에 나오지 않도록 각 학급에 협조를 구하였다. 미관상 좋지 않기 때문이다.

입간판 위치를 다시 정해 주었다. 평소엔 교문을 들어서면 차량 번호 쪽을 볼 수 있도록 하고, 손님이 온다는 사실을 미리 알았을 때는 본교 방문을 환영한다는 글이 보이도록 위치를 가끔 바꾸도록 하였다. 본교는 차량 번호를 바꾸는 입간판과 본교 방문을 환영한다는 입간판을 삼각 입간판으로 같이 사용하고 있기 때문에 앞으로 고려해 봐야겠다.

오늘 2–6학년 진단평가를 실시하다.

2008년 3월 12일 수요일

사서교사 채용자료를 교육청에 제출하도록 하다.

수업실기대회에 참가하는 교사가 11명이다. 오늘 계획서를 낸 것을 살펴보니 매우 의욕적이다.

오후 2시에 시청각 실에서 신규교사 서○○선생님(종일반교사)과 함께 교장 취임식을 가졌다. 며느리와 안사돈께서 떡과 과일, 오렌지 쥬스를 아주 넉넉하게 준비해 왔다. 남편과 사촌 시아주버님께서 참석하셨다. 본교 운영위원장님과 운영위원님들, 지역사회어머니회장님, 체육진흥회장님께서 참석하셨다. 또 대구에서 ○○선생님 부모님이 참석하셨다.

6학년과 유치원 대표들이 참석하고 전제 직원이 모여서 축가와 축시를 준비해 주셨다. 축하 케익을 자르고 순서에 따라 취임사를 말할 때 가슴이 두근거렸다. 정말 내가 교장이 된 것이 실감났다. 앞으로 본교의 교육발전을 위하여 최선을 다 하는 교장이 되리라.

정성껏 준비한 교직원들의 취임식 모습을 평생 잊지 못할 것이다. 매우 감동적인 취임식이었다. 신규교사 취임식을 같이 갖게 되어 더 의미가 있었던 것 같다.

취임식이 끝나고 한 시간도 채 안 되어 동학초등학교에서 전체 직원들이 방문해 주었다. 버스를 대절하여 온 것이다. 내가 5년간 몸 담았던 친정학교에서 버스로 승용차로 대거 몰려 온 것이다. 너무 고맙고 눈시울이 뜨거워졌다.

많은 떡과 딸기 그리고 책상 위에 놓는 교장 패를 다시 고쳐서 받침대와 같이 가지고 왔다. 임명장 패도 옥으로 만들어 와서 교장실에서 전달식을 가졌다.

40여 명이 훨씬 넘는 선생님들이 찾아와 축하를 해 주고 같이 저녁식사를 하였다. 내가 저녁을 대접한 것이다. 돌아갈 때는 같이 따라가고 싶은 마음이 순간적으로 들었다. 바쁘고 힘든 일도 많았지만 동학초등학교 근무 시절을 잊을 수는 없을 것이다. 보람도 컸고, 좋은 일과 어려운 일 모두 겪은 곳이기 때문이다.

백 교장선생님께 너무 고마웠다. 세심하게 챙겨 주시는 모습이 감동적이었다.

2008년 3월 14일 금요일

수학여행과 현장학습에 대하여 점검을 하다. 5월에 수학여행을 진행하려면 장소와 답사를 서두르도록 6학년부장에게 일러두었다. 차량 계약이 시급하기 때문이다. 성수기인데다가 원하는 날짜를 선택하려면 미리 계획을 세워야 한다.

도서관 정비를 위해서 사서교사와 담당교사를 동학초교로 출장 조치를 하였다. 전교생의 도서 대출증과 개방 후에 이루어지는 모든 계획을 학교 실정에 맞게 계획하도록 당부를 하였다.

3월 19일 있을 학부모 총회에 관한 내용을 점검하고 보충할 내용을 일러 주다.

전교어린이회장단의 당선 소감을 홈페이지와 플로트로 인쇄하여 본관과 후관 벽에 게시하도록 권장하였다. 어린이회 의사봉 여부를 확인하고 사도록 하다. 어린이들에게 의사진행의 중요성을 인식시키고, 민주시민의 자질을 길러주기 위해서 더 많은 관심을 가지고 지도해야겠다. 애국조회와 방송조회 진행도 어린이회장단을 훈련해서 이끌어보려고 한다.

사서교사에게 교육청에 DLS프로그램을 쓸 수 있게 하기 위하여 아이디와 비밀번호를 신청하도록 일러주었다. 본교는 올해 처음으로 계약제 사서교사 지원을 받게 되어 뭐든지 시작이다. 동학초등학교의 도서관 수준으로 끌러 올리려면 몇 년이 더 필요할 것 같다.

2008년 3월 17일 월요일

도 단위 교과연구위원회 조직을 정비하였다. 1학년 3반 정○○교사와 2학년 2반 이○○교사를 총무와 간사로 일을 맡겼다. 열심히 일하려고 하니 고맙다. 걸 스카우트를 조직하여 점수를 따려는 정 선생과 현재 장학사 시험 준비를 하고 있는 이○○선생의 건투를 빈다. 약간 모가 나는 성격인 것 같지만 여러 모로 다독거려서 성취의욕을 가지고 근무할 수 있도록 기를 살려 주려고 한다. 마음만 먹으면 누구나 가능한 일이 아닌가?

전체 학년 교실을 선생님들과 같이 살펴보았다. 학년 초가 되면 한 번씩 있는 일이라고 한다. 아직도 선생님들의 긴장이 풀리지 않은 것 같다. 물론 나도 아직은 긴장되는 근무를 하니까…….

직원종례시간에 몇 가지 이야기를 하였다. 불법 찬조금 관련에 관한 행정사항과 본교에서 이루어지는 각종 특성화반 진행 상태 등…….

주 1회 직원 종례는 앞으로도 실시해야겠다. 각 부서별 사업추진 내용을 같이 정보교환 하는 모습이 보기 괜찮고 의미가 있기 때문이다.

2008년 3월 18일 화요일

교육과정 인쇄 건을 마무리하다. 관리과 시설 담당 직원이 다녀갔다. 유치원 종일반 증축을 추진해야겠다.

바쁜 하루였다. 내일은 학부모님 총회가 있다. 교감선생님을 정점으로 며칠간 학교현황 등 동영상 자료와 파워 포인트 자료를 준비한 것 같다.

2008년 3월 19일 수요일

오후 2시에 학부모 총회를 가졌다. 생각보다 많이 출석하였다. 동학초등학교 행사가 자꾸 떠오른다. 규모가 작았지만 그런대로 질서 있게 이루어진 것 같아 다행이다. 선생님들의 협조가 잘 이루어져서 고맙다.

오후 3시경에 안○○장학사님이 일반장학 지도를 위하여 본교에 방문하였다.

큰 행사를 치루고 나니 한결 마음이 안정된다. 앞으로 학교 일을 체계적으로 하도록 노력하겠다.

한 달쯤 지나면 정말 내 학교처럼 정이 들까?

하루에 몇 번씩은 동학초등학교 근무 기억이 떠오른다. 보고 싶은 얼굴도 많다. 아직은 긴장되는 하루 생활이다.

2008년 3월 20일 목요일

이○○선생님이 안심하고 장학사 시험을 볼 수 있도록 수업이 끝나면 퇴근하여 도서관에서 집중적으로 공부할 수 있도록 방법을 알아보도록 하다.

과학실 화재 예방에 관한 설비를 점검하다. 엊그제 충청도 어느 초등학교에서 과학 실험 중에 화재가 났다고 한다. 평소에 조심 또 조심해야겠다. 작은 소화기는 발견했으나 조별 실험 중에 준비하는 모래상자가 눈에 띄지 않는다. 수업이 끝난 후 확인해서 없으면 운동장에 나가서 모래를 담아 두도록 했다.

선생님들에게 교재 연구를 철저히 할 수 있는 여건을 마련해 보라고 교감선생님께 당부를 하다.

5, 6학년 어린이들에게 수학여행 장소를 설문한 결과 설악권이 다수 희망지로 결정이 되었다고 한다. 다음 주 수요일에는 교감선생님과 학부모 대표 등 5, 6학년 부장의 답사를 실시하도록 지시하다.

2008년 3월 21일 금요일

오전 11시에 봉담 읍사무소에 들렀다. 기관장회의가 있기 때문이다. 그러나 수기초교 이○○교장님, 수영초교 장○○교장님과 같이 오산 웨

딩의 전당으로 장소를 옮겼다. 화성 · 오산 초등 교장협의회와 환영식이 있었다. 승진 교장들의 개별 인사와 교육장님의 격려가 끝나고 식사가 있었다. 화성교육청 전문직 장학사와 관리과 가족 모두 참석하였다.

떨렸지만 간단하게, 소신 있게 승진 인사를 하였다. 모두 선배님들이다. 앞으로 좋은 경영자가 되도록 최선을 다 해야겠다.

2008년 3월 24일 월요일

오전 11시부터 화성 · 오산 초등여교장장학협의회가 진안초등학교 교장실에서 간단히 있었다. 그리고 승진 여교장 환영식이 있다고 오산 쪽 이천 쌀밥집으로 자리를 옮겼다.

11명의 여교장 모두 모여 이야기를 나누었다.

내일은 오산 종합운동장에서 한마음체육대회가 있고, 오후 1시 30분부터 경기도교육청에서 전도 교장회의와 연수가 있다고 한다. 3월은 정신이 없다. 환영 모임과 찾아오는 손님치레, 그리고 출장의 연속 같다.

오후 2시부터 본교 종일반 자모들의 협의가 있어 급히 학교에 돌아오니 결재 서류가 밀려 있었다.

종일반 어머님들께 당부의 말씀을 전하고 좀 늦게까지 일처리를 하고 퇴근 준비를 하다.

메모 일기도 여러 날 밀려 있다. 앞으로 그날 쓰도록 노력해야겠다.

2008년 3월 28일 화요일

아침부터 전철을 타고 택시를 타고 오산 종합운동장으로 갔다. 본교 어린이들 10명이 참가하는 육상대회를 격려하고 개회식에 참석을 하기 위해서였다.

열 한 시가 좀 넘자 여교장 모두 수원으로 자리를 옮겼다. 차 한 잔 나누고 많은 정보 교환을 위해서 오늘도 같이 점심을 먹는다고 한다. 6개월분 회비를 내고 다음 달 계획을 의논했는데 우리 학교 방문이 4월 첫 번째로 잡혔다. 승진자인데다가 가나다로 보면 본교가 첫 번째 학교란다.

경기도 교육청 연수가 끝나고 장○○ 교장과 같이 이○○ 기획관리실장을 방문하여 차 한 잔 나누고 학교 경영에 관한 이야기를 나누었다.

본교의 냉·난방 공사를 도와준다고 하다. 화성 시장님께 전화를 꼭 걸어준다고 한다. 12년간의 동기 동창 친구의 도움을 받을 수 있을 것 같아 고맙다.

날씨가 을씨년스럽다. 비가 종일 오는데다가 꽃샘바람까지 불어서 감기 기운이 가시지 않는다.

몸살이 난 것 같다. 올 봄도 잘 보내야하는데…….

2008년 3월 26일 수요일

김 교감, 5·6학년 부장 그리고 학부모 대표를 설악산권역 수학여행 답사를 보냈다. 아이들의 숙소를 돌아보고, 여행 코스를 자세히 알아보도록 하였다.

영양사와 조리종사원 그리고 기사 2명의 급식비 면제에 대한 법적 근거를 알아보도록 하다. 지난달 2월 운영위원회에서 심의를 하여 처리하였다고 하는데 아무래도 그건 아닌 것 같기 때문이다.

또, 화성 교장단에서 올해는 유난히 문제를 삼고 협의를 재차 하고 있다. 관내 절반 학교에서 현재 급식비를 면제해준다는데 지난 해 비정규직이 정규직화 되어 연봉제로 되면서 그 근거가 없다는 것이다. 인정상 받지 않아도 되겠지만 수익자 부담으로 처리되는 것인 만큼 확실히 해야겠다. 적어도 기사들의 급식비 면제는 4월부터 받아야 할 것 같다.

부임하자 생기는 문제라 좀 고민이 된다. 본교 기사들은 너무 근무를 성실히 하여 없는 피복비를 만들어서라도 작업복을 사 주려고 벌써부터 실장과 의논하고 있는데 갑자기 급식비 납부 문제가 터져서 난감하다. 좀 더 생각해 봐야겠다. 적당한 시기를 골라서 급식비 납부에 대한 이해를 시키고 대신 다른 방법으로 사기를 키워드리는 방안을 연구해 봐야겠다.

오후에 교장실 환경판 고치는 문제를 의논하다.

종일반 서○○교사가 당돌한 이야기를 하여 타이르고 지도하다. 유치원 박○○교사도 불러서 지도하다. 종일반 운영비가 삭감되어 나온다는데 청소 용역에 관한 건의를 해서 한참 설득하고 근무 자세에 관하여 설명하다.

현재 본교의 종일반 시설은 아무 것도 없기 때문이다. 시골 아이들이 늦게까지 남아서 있으려면 보육 차원의 시설이 좀 있어야 하는데…….

쉬고 싶어도 침대도 없고, 소파도 없고, 전기장판도 없는 실정이다.

시간을 두고 해결해 보자고 하다. 그리고 교실 배식의 급식을 급식실로 옮기는 것으로 고려해 보겠다고 해결 방법의 하나를 제시하니까 얼굴색이 환해진다. 나중에 내게 죄송하다는 이야기를 해 주어서 화가 좀 풀렸다.

요즘 교사들은 학급을 위해서 헌신해 보려는 생각을 가진 사람을 찾아보기 힘들다. 선생님들이 조금만 아이들을 아끼고 사랑하는 정신이 밑바닥에 깔려 있다면 생각 없이 주어진 예산을 인건비에 쓰겠다는 발상을 하지 못하리라.

요즘 학교와 학부모, 사회 정서가 자기 입장에서만 생각하는 것이 좀 씁쓸하다. 교사가 이들을 먼저 생각하고, 학부모는 교사를, 사회는 학교를 먼저 생각해주는 배려의 문화가 정착이 된다면 얼마나 행복할까?

2008년 3월 27일 목요일

아침 간부회의에서 몇 가지 이야기를 거론하다.

유치원 종일반 청소와 급식 배식 문제, 본관 역사관에 전임 교장선생님의 사진 게시 독려, 운동장 운동기구 도색, 위계질서, 각종 인증제 업무 추진, 체벌 금지 및 생활지도, 학습훈련 등 복도 환경 정비를 독려하다.

내일 방문하시는 교육장님 맞을 준비를 확인하다.

학교 현황 동영상 자료를 보니 노력한 점이 보여서 애를 썼다고 격려하다. 제대로 하려면 앞으로 다양한 편집과 시나리오가 필요한 것 같다. 그래도 며칠에 독려하여 김 교감과 몇 교사가 초과근무까지 하여 얻은 결과이다.

2008년 3월 28일 금요일

점심시간이 막 지난 오후 한 시에 교육장님과 관리과장님이 교장실 앞에 서 계셨다. 준비를 위해서 이것저것 살펴보고 있다가 깜짝 놀랐다.

교육장님은 준비된 학교 현황을 보시지 않고 직접 실장과 교감에게 질문을 하셨다. 그리고 현안 사업에 관하여 학교장의 의견을 듣고 교육장님의 소신을 오래도록 설명하셨다.

고등학교와 대학 선배님인데다가 이곳 교육장님으로 오시기까지 내용을 알고 있는 나는 각별한 사이지만 더 어렵게 느껴진다. 폐가 되지 않도록 앞으로 학교장의 역할을 잘 해야겠다.

관리과장님까지 나오신 것을 보면 본교 종일반 증축 문제가 잘 풀릴 것 같은 예감이 든다.

특히 절약과 학교 특성화 사업에 관하여 당부를 하셨다.

2008년 3월 31일 월요일

종례 시간에 1학년 2반 김○○ 교사, 교과전담 박○○ 교사, 그리고 이○○ 영양사를 칭찬해 주었다.

김 선생님은 이제 10년차 경력인데 보건업무와 도서관 업무를 아주 성실하게 추진하면서도 늘 상냥하게 근무하고 있다. 고마운 일이다.

박 선생님은 지난 해 6학년을 담임하면서 여러 문제가 있어 학부모님들과 무리를 빚어 사실 올해 담임을 줄 수 없었다고 한다. 그런데 학년 초에 만나서 상담을 하고 김 교감과 같이 몇 번 격려를 해 주고 관심을 가지고 지켜 본 때문이지 요즘 활기차게 근무를 하는 것이다. 3, 4학년 아이들의 과학 수업을 아주 잘 한다고 해서 눈 여겨 보았는데 아이들에게 사전에 준비물도 안내하면서 가깝게 지내고 있어 반응이 좋아진 것이다.

앞으로도 선입관을 갖지 않고 지켜봐야겠다.

누군가에게 인정을 받고 산다는 것은 삶의 활기를 찾는 일인 것 같다.

본교에 부임한 지 꼭 한 달이 된 날이다. 그 동안 근무하면서 느낀 점을 직원들에게 들려주고 격려도 잊지 않았다. 표정이 밝은 선생님들에게 꿈과 도전 의식을 심어주고 싶다.

3v, 즉 Vision, Venture, Victory 정신으로 글로벌 경쟁력 강화를 위해서 노력하는 학교 경영자가 되도록 나도 꾸준히 공부해야겠다. 창의적인 경영으로 교직원들과 아이들이 모두 행복한 학교생활을 할 수 있도록 최선을 다 해야겠다는 생각을 오늘도 다짐하였다.

2008년 4월 1일 화요일

연구부장에게 내일 방문할 동학초등학교에 가져 갈 떡을 주문해 줄 것을 당부하다. 친정 같은 학교, 한 달 전까지 그곳에서 5년간 근무한 곳이라 정이 많이 든 학교가 아닌가!

내 평생에 그만한 학교에서 근무하기는 또 어려울 것 같다. 힘도 들었지만 보람과 애정이 가득 들었던 학교를 방문하게 된 것이다. 이곳 선생님들과 같이 선진 학교 방문지로 동학초등학교를 택한 것이다. 물론 동학초교에 들른 뒤에 광교산 등산까지 계획이 되어 있다.

영양사, 조리종사원들과 같이 저녁 식사를 하다. 내일부터 유치원 원아들이 급식실에서 배식을 하기로 의논이 되어 감사의 마음을 전하고 싶어 교장이 밥을 사기로 한 것이다. 가까이서 그들의 애로 사항을 듣고, 학교장의 생각도 들려줌으로써 인간적인 배려와 좋은 관계를 가지고 싶어서 자리를 만든 것이다. 영양사와 조리종사원들의 표정이 아주 밝아져서 고맙다.

2008년 4월 2일 수요일

오늘부터 유치원 원아들이 급식실에서 식사를 하게 되어 김 교감과 같이 지도 현장을 보았다. 초등학교 아이들보다 일찍 식사를 하도록 한 것이다. 유치원 선생님들의 수고를 좀 덜어 줄 수 있었으면 좋겠다.

각 학급의 우산꽂이 교체 건에 대해서 의논하다.

태안 · 봉담지구 학교장 연수차 구봉초등학교에 가다. 협의가 끝나고 교육장님과 같이 식사를 하다. 20명의 초등교장들이 모인 자리에서 신입회원 교장인 나와 장 교장의 인사가 있었다.

이ㅇㅇ교육장님의 인사가 있었는데 특히 학교 현장에서 예산을 절감

할 수 있도록 당부를 하셨다. 정부는 물론 교육청 사정이 어려운 것은 사실인 것 같다. 나부터 아끼고 절약하는 습관을 갖도록 해야겠다. 공문 한 장도 살펴보고 출력하며, 종이 한 장도 함부로 버리지 않고 이면지 활용에 최선을 다하고, 전교생들이 절약생활을 실천할 수 있도록 꾸준히 교육을 강화해야겠다.

식사 후에 서둘러 동학초등학교로 갔다. 도착하여 백 교장 선생님을 뵙고 있는데 교무부장의 전화가 있었다. 잠시 후에 직원 모두 뒤따라 왔다. 내가 주문한 떡은 이미 교무실에 배달이 된 모양이다. 모두 반갑게 인사를 나누고 도서관을 한 시간쯤 둘러 본 뒤에 광교산으로 향했다.

시간이 많이 지나서 종점에 차를 세운 뒤에 약수터를 다녀왔다. 남자 선생님들은 같이 등산을 했는데 여 선생님들은 춥다고 미리 야외 음식점에서 몸을 녹이고 기다렸다.

술 한 잔씩 따라주고 건배를 하면서 모두 활기찬 시간을 가졌다. 출장 연수처리를 하고 모처럼 밖으로 나온 것이라 기분이 좋았다. 사적인 이야기를 하면서 서로 가까워질 수 있는 시간을 가질 수 있다는 것은 얼마나 좋은 일인가!

일곱 시가 좀 지나서 일어났다. 남교사들은 아쉽다고 술 한 잔씩 더 하고 당구를 친 뒤에 헤어진다고 한다. 식구가 많지 않으니까 빠짐없이 참석하는 모습도 좋다. 계속되는 출장과 식사자리로 고단하지만 이젠 교장 자리에 있다는 것을 조금씩 실감하고 있다. 이곳 갈담초교에서 행복한 생활을 할 수 있도록 쉬지 않고 기도하면서 노력을 해야겠다.

4월 3일 목요일

이○○ 선생님이 득남을 했다고 연락이 왔다. 늦게 결혼을 해서 얻은 아기라 여간 경사스러운 일이 아니다. 진심으로 축하를 해 주었다.

전교생의 현장학습 장소를 해병대사령부 안으로 결정을 하였다. 부대 방문이 가능한 모양이다.

본교에서 100대 교육과정 공모에 참여하도록 최선을 다 하자고 간부 회의에서 당부를 하다.

내일 오후에 청소년 3개 단체 자모회의가 있다고 한다.

2008년 4월 4일 금요일

공문서 줄이기 실천에 관하여 강조하다.

당분간 특기적성 활동을 위해 아이들이 방과 후 해당 교실까지 꼭 갈 수 있도록 지시하다. 저학년 아이들이 교실을 찾지 못해서 이리저리 방황을 한다는 것이다. 선생님들이 좀 더 아이들에게 친절하였으면 좋겠다.

내년도에 있을 극기 훈련 예약을 하도록 하다.

본교에서 지난 해 받은 교육감 이상의 표창장과 인증서를 스캔해서 액자에 넣어 해당 교실 입구 벽에 게시하도록 하였다. 아이들과 외부에 홍보 효과를 갖기 위한 것이다.

2008년 4월 5일 토요일

오랜만에 시댁 한식차림에 참석하다. 한 시간쯤 일찍 퇴근하여 처음 직접 운전하여 마도면 백곡리 시댁마을을 찾았다. 96세의 시어머님이 무척 반가워 하셨다. 옛날 매운 시집살이를 시키신 시어머님의 늙으신 모습에 가슴이 뭉클하였다. 세월의 흐름은 아무도 막지 못하는 것 같다.

안방에 누워 계신 큰아주버님께 인사하고 집안 어른들이 모여 계시는 산소를 향했다. 교장 승진을 조상님께 아뢰고 집안 어른들께도 인사를 드리는 것이 도리라고 생각했기 때문이다.

20분쯤 걸어 도착하니 이미 한식 차림을 마치고 점심을 들고 계셨다. 남편도 반가워하였다. 인천 둘째 아주버님 내외분도 아주 반가워 하셨다. 장조카 내외가 준비한 음식을 먹고 이런저런 이야기를 나누었다.

그동안 아프거나 직장 일에 쫓겨 한식 차림에는 오랜만에 참석한 것 같다. 맏동서가 돌아가신 그 빈 자리는 누구도 대신하지 못하는 것 같다. 집안 행사 때마다 안주인이 없어 허전한 심정이 아직도 가시지 않는 걸 보니 살아생전 큰 덕을 베푸신 분도 아닌데 자리를 크게 차지하는 형님임에는 틀림없다. 시댁 음식 맛도 예전 같지 않다.

인천 동서와 많은 얘기를 나누다. 시어머님이 인천 동서를 따라 나들이를 나섰다. 늙으셔도 어디론가 외출을 하고 싶으신 모양이시다. 장수하시는 것은 좋은 일이나 맏동서를 앞세우시고 또 큰아주버님의 건강이 많이 좋지 않아 마음에 걸린다. 조카들이 모시는 것도 불편해 하시니 더욱 걱정이다.

수원 우리 집에서 살자고 하시면 단숨에 따라 나서실 어머님의 마음을 나는 잘 안다. 우리 집이 제일 편하다는 것을 늘 입버릇처럼 말씀하시니 말이다. 하지만 직장을 아직 6년은 더 다녀야 되고 아파트 생활에 적응이 쉽지는 않으실 것이다.

어머님은 딸처럼 투정부리고 많은 이야기를 나누는 나를 좋아하신다. 그러나 너무 연로하셔서 선뜻 모시겠다고 이야기를 할 수 없다. 자주 찾아뵙는 것으로 마지막 효도를 해야겠다.

2008년 4월 7일 월요일

애국조회 시간에 훈화를 하다. 절약생활에 관한 예를 들면서 어린이들에게 실천 의지를 심어 주었다.

운동기구와 놀이기구에 페인트칠을 하도록 지시하다.

오후 세시부터 19개 안건을 가지고 학교운영위원회를 실시하다. 오후 다섯 시가 지나서 겨우 끝나다. 운영위원들과 같이 저녁식사를 하다. 여러 가지 이야기를 나누다.

오전에 기사들 작업복을 전달하다. 학교 일을 열심히 하여 고마움을 표한 것이다.

2008년 4월 8일 화요일

태안초등학교 학부모 연수 강의 제의를 받았다. 독서와 논술교육에 대한 강의 내용으로 4월 16일 아침 열시부터 두 시간 특강을 부탁 받았다. 원고 준비를 하다.

수학여행 계약 건에 대하여 행정실장과 의논하다.

낮에 구봉초등학교를 방문하다. 정○○ 교감 축하 떡을 한 말 반하고, 음료를 준비하여 방문하다. 평소에 내게 너무 잘 하는 정 교감에게 진심으로 승진 축하를 해 주고 싶었다.

솔가에서 구봉 양○○교장선생님과 정 교감, 그리고 김○○교육장님과 점심을 하다. 정교감이 고마움을 표하는 자리였다. 내게 비싼 화장품도 준비를 하였다. 정 교감이 통이 큰 사람인 것 같다.

오후에 남교사들이 기사들과 같이 운동기구 페인트를 칠하다. 고마운 일이다. 단결심이 돋보인다.

2008년 4월 9일 수요일

아침 일찍부터 선거를 서둘러 하고 북문 농협까지 나가다. 여덟시 30

분에 그리메 회원 모두 모여서 민속촌에 가기로 연락을 받은 것이다. 30년 가까이 영화초등학교에 근무하던 20여 명의 모임이다. 나는 그 동안 회원이 아니었으나 오늘 교장 승진 턱(?)을 내고 회원으로 처음 가입이 되는 날이다.

보고 싶고, 궁금하던 이○○ 교장선생님, 김○○, 조○○, 허○○, 이○○, 임○○, 애○○ 선생님들이 반갑게 맞아 주다. 이난○ 선생님과 김영○ 선생님은 사정으로 참석하지 않았다. 나까지 열 명의 회원으로 정리가 된다고 한다. 나이 드신 분들과 있으니 마음이 편하다. 고향에 돌아온 것처럼 편한 모임인 것 같다. 그동안 세상 풍파를 겪고 난 사람들인 때문인지 옛날 모습보다 훨신 편안해 보인다.

민속촌을 다녀서 맛있는 점심을 먹고 양지에 있는 온천까지 다녀오다. 삼십대, 사십대에 엉켜 있던 우리들의 감정이 그 동안 많이 승화된 탓일까?

모두 소중한 사람으로 다가선다. 특히 김○○씨를 바라보니 잠시 말문이 막혔다. 그 옛날 까칠했던 성격이 많이 무디어진 것 같다. 그러나 여전히 자존심 강한 분위기는 그대로인 것 같다.

6월 21일 내가 근무하는 학교를 방문하고, 이곳 근처에서 온천도 한다고 한다.

12월 중순경에 우리 회원 모두의 특기를 따라 준비한 갖가지 작품 전시회를 대대적으로 할 계획이다. 이○○ 교장선생님과 김○○ 씨의 생각이긴 하지만 뜻 깊은 전시회가 될 것 같다. 퇴직교사와 현직교사들이 함께 하는 전시회가 아닌가?

서로 격려하고 삶의 활기를 찾는 계기를 만들고 싶은 것이다. 퇴직을 하면 사람이 힘이 없어지고 모두에게서 잊혀가는 것을 절실하게 느낀다고 한다. 이런 생각은 바로 현직 교사들에게도 머지않은 감정이 아닐까?

시를 열심히 써서 시화전 작품을 마련해야겠다.

오랜 만남에서 느낄 수 있는 소중한 감정을 안고 더 행복한 생활이 되도록 노력해야겠다.

2008년 4월 10일 목요일

퇴근 후에 화성 · 오산 교감단들의 송별회 겸 환영회 자리가 있었다. 교장 승진 감사패를 받았다.

교육장님과 교육청 장학사님들, 관리과 직원들이 모두 모였다. 단상 앞에 앉아 승진 교장 기념 축하를 받았다. 80여 명의 교감들이 모두 모인 것 같다. 전에 늘 부러움의 대상인 승진 교장이 내가 되고 보니 기분이 이상하다. 원하는 자리에 앉고 보니 감회가 새롭다. 보람 있게 학교장의 책무를 다 하리라!

2008년 4월 12일 토요일

아침 일찍 집안 청소를 하고 느긋하게 식사를 하다. 매일 쉬라고 하면 안 되겠지만 오늘 같은 날이 가끔씩 온다는 것은 퍽 고마운 일이다.

낮에 그이와 같이 광교산에 오르다. 땀을 흠씬 쏟고, 산행을 마치니 기분이 가벼워진다. 광교산 종점에서 먹는 보리밥 맛이 한결 좋다.

돌아오는 길에 사우나까지 거치니 몸 상태가 좋아졌다. 요즘은 모두에게 감사하고 싶어진다.

'하나님, 감사합니다. 부족한 사람에게 기쁨 주시고 건강을 되찾게 해주시니 감사합니다.'

첫걸음부터

3월이 되면 한 학년씩 진급하는 시업식과 학교생활을 처음 시작하는 입학식이 있다. 재학생이나 신입생 모두에게 새로운 각오를 가지고 새로운 다짐을 하면서 시작하는 학교생활이기에 첫걸음부터 아주 중요하다고 생각한다.

재학생에겐 지난 해 학교생활을 거울 삼아 새로운 계획을 세워보고 잘 실천할 수 있도록 스스로에게 다짐하는 날이기도 하다. 또한 학교생활을 처음 시작하는 신입생들에겐 부푼 꿈을 가지고 설레는 마음으로 첫걸음을 내딛는 날이기도 하다. 그래서 선생님들은 새 학년의 설계를 섬세하게, 체계적으로, 창의적으로 계획하고, 바른 인성을 길러주기 위하여 다양한 교육프로그램을 찾아 학급에서 실천할 수 있는 방안을 잘 찾아야 하는 첫날이기도 하다. 물론 학부모님들은 약간은 불안한 마음과 기대하는 마음으로 자녀를 학교에 보내면서도 집으로 아이가 돌아올 때까지 궁금증을 감추기 어려워진다.

자녀에 대한 기대감이 크든 작든 올 한 해 학교생활을 잘 적응해 주고 학력이 향상되어 상급 학교 진학의 토대를 굳건히 닦기를 바라는 마음이 간절할 것이다.

그런데 학교경영을 하고 있는 나는 선생님들과 총론, 각론을 통한 토의 끝에 입학식과 시업식이 있는 첫날에 '효동이 이름표'를 달아 주고 있다.

학년말을 마칠 무렵 각 학급에서 아이들의 꿈을 발표하는 시간을 갖거나 적게 하여 반 편성을 할 때 장래 희망을 기록하고 있다. 신입생들은 예비소집일에 장래 이루고 싶은 꿈을 인터뷰해서 기록한다. 혹시 부모와 같이 오지 않은 아이에게는 전화를 걸어서 장래희망을 알아낸다. 그 기록사항은 종업식이 끝나고, 봄방학기간에 새 담임이 발표 되는대로 학교에서 만들어주는 이름표에 일일이 예쁘게 적어서 학교생활이 시작되는 첫날에 학급 아이들 가슴에 달아주고 있다.

그리고 첫날 전교생들과 같이 인사말을 연습하고 훈화를 통해서 학교장의 마음을 이야기한다.

"효도하겠습니다."

이 인사말은 본교 어린이들과 교직원들이 만날 때마다 혹은 가정과 마을에서 웃어른을 만나면 주고받는 인사말이다.

공부를 하기에 앞서 먼저 바른 사람이 되어야 한다고 굳게 믿기 때문에 학교에서 아이들과 교직원 모두 협의 끝에 실천하고 있는 것이다. 처음엔 인사말이 어색하여 쑥스러울 때도 있었으나 한 달이 되기 전에 익숙하게 사용하고 있다. 어쩌다가 깜박 잊고 꾸뻑 인사를 하고 그냥 지나버린 아이는 일부러 쫓아와 "효도하겠습니다."를 큰 소리로, 혹은 공손한 말씨로 외치고 다시 인사를 하고 있다.

이번 2010학년도에도 물론 본교 아이들과 교직원들의 인사말은, '효도하겠습니다.' 로 첫날을 시작하려고 한다. 학교생활의 첫걸음은 바른 사람, 효도를 실천하는 사람부터 되어야 학력도 높일 수 있다고 믿기 때문이다.

최근 인터넷 중독에 빠진 초등학교 아이가 엄마를 죽였다는 끔직한 보도를 접한 일이 있다. 컴퓨터 앞에서 떠나지 못하는 아이를 꾸짖었다고 엄마를 죽인 일은 어른들 모두 각성해야 할 일이라고 생각한다. 그런 까닭으로 공부에 앞서 바른 사람이 되는 것이 먼저라는 사실을 아이들에게 인식시켜 줘야 할 것이다. 따라서 부모님은 물론 학교에서는 바른 인성교육에 더욱 힘써야 한다.

그런데 요즘 학부모님들은 지나치게 아이교육에 편견을 가지고 있는 것 같다. 취학 전 학원이나 과외공부를 통해서, 혹은 해외 어학연수나 유학을 통하여 선수학습을 마치거나 그보다 앞지른 조기교육 열풍에 휩싸여 있다는 것은 누구든지 인정할 것이다. 아이가 태어나기 전에는 엄마가 태교에 힘쓰고, 발짝을 내딛을 때부터는 남보다 뒤질세라 여러 가지 공부를 시키는데 온 열정을 쏟고 있다는 생각을 하게 된다.

그것은 생존경쟁이 그 어느 때보다 치열하고, 취업하기조차 쉽지 않은데다가 우리 아이를 최고로 만들고 싶은 욕심이 앞선 때문이 아닐까?

또 학교교육에 만족하지 못하여 사교육에 의지하는 세태를 보면서 교육에 종사하는 우리 모두 큰 반성을 하는 것은 물론 공교육을 신뢰받도록 피나는 노력을 끝까지 해야 할 것이다.

최근 우리 아이들은 잘 노는 방법을 익히기도 전에 공부에 시달리고 있다. 그래서 기본생활 습관을 바르게 익히고 배우는 기회도 충분하지 못 한 것 같다. 그렇다면 학교생활이 시작되어 크고 작은 문제를 일으키는 것은 당연한 결과가 아닐까?

학력을 중요시해야 하는 것은 우리 모두에게 큰 과제일 뿐만 아니라 국가적인 관심사임엔 틀림이 없다.

그러나 학력을 지나치게 중요시 여기는 나머지 교육의 순기능보다 역기능이 앞선다면 우리의 미래는 어두워질 것이다.

지금 동계올림픽을 마치고 세계 선수들과 겨루어 당당하게 금메달을 안겨 준 우리의 꿈나무들 덕분에 그 어느 때보다 온 국민이 고무되어 있다. 이러한 때에 교원평가를 통해서 보다 질 높은 교육을 아이들에게 해야 하는 것이 학교와 선생님들의 당면한 큰 과제라면, 학부모님들과 전 국민이 학교교육을 믿고, 뒷받침해 주면서 따뜻한 성원과 협조를 아끼지 않아야 하는 것은 당연한 책무라고 생각한다.

왜냐하면 아이들은 세계로, 미래로, 큰 꿈을 펼쳐나가는 꿈나무요, 3월은 입학식과 시업식을 통하여 학교생활을 바르게 시작하는 첫걸음을 내딛는 첫날이 들어 있기 때문이다.

첫단추를 잘 끼워야 새 학년의 학교생활이 행복하고 즐거워지는 것이 아닐까?

애들아, 어떻게 방학을 보낼 거니?

애들아, 오늘부터 36일간 시작되는 여름방학을 맞이한 너희들을 진심으로 축하한단다.

오늘부터 집에 가면 하루하루 부모님의 당부 말씀도 있을 것이고, 뒤떨어진 공부를 보충하거나 학원공부, 학교에서 이루어지는 방과 후 교육활동 때문에 더 바빠질지도 모르겠구나.

하지만 애들아, 36일 동안 긴 방학을 통해서 너희가 꼭 하고 싶은 일이 무엇인지, 어떻게 방학을 보내는 것이 보다 더 즐겁고, 보람 있는 일인지 한번쯤 깊이 생각해 보고 스스로 계획한 것을 실천해 보지 않겠니?

그동안 담임선생님과 혹은 부모님과 충분히 의논해 보고, 어떻게 방학을 보낼 것인지 벌써 계획을 잘 세워 놓은 친구들이 상당히 많을 것이라고 생각한단다.

애들아, 교장선생님은 너희가 스스로 공부 계획을 어떻게 세우고, 읽고 싶은 책을 어떻게 읽을 것인지, 가족들과 여행은 어떻게 보낼 것인지 매우 궁금하단다.

오십 년이 훨씬 지난 내 어릴 때 여름방학 추억을 요즘 가끔 생각하면서 혼자 웃음을 지을 때가 있단다.

그 당시엔 학원 공부나 과외 공부가 거의 없을 때였어. 그리고 농사 일이 바쁘신 부모님의 도움을 받아 방학 계획을 세워 본 기억도 없단다. 방학 전에 담임선생님의 지도를 받아 커다란 도화지에 하루 일과표를 만들어 보거나 하고 싶은 일을 순서대로 적어보는 것이 고작이었단다. 물론 부모님과 같이 가족 여행을 떠나거나 피서를 간다는 것은 상상도 하지 못했지. 부모님과 같이 논밭에 나가 잡초를 뽑고, 저녁나절이면 큰 누렁소를 끌고 뒷동산에 올라 소꼴을 뜯기는 것이 하루 일과 중의 큰 부분을 차지했어. 그리고 틈틈이 원두막에 올라가 방학 숙제를 하고, 언니 오빠가 읽는 두툼한 책을 몰래 읽었어. 그리고 심심하면 십리를 걸어 학교 도서실에 나가 읽고 싶은 책을 몇 권씩 읽었단다. 돌아올 때는 헝겊가방에 다섯 권쯤 책을 빌려 가지고 와서 등잔불 켜고 밤중까지 읽다가 부모님께 꾸중도 들었단다. 석유 값이 비싼데 대낮에나 책을 읽으라고 하신 거야.

애들아, 너희는 이번 여름 방학을 어떻게 보낼 생각이니?

지금 와서 생각해보니 너무 많은 계획을 세웠을 때는 개학 후에 자신에게 큰 실망을 했단다. 꼭 하고 싶은 일 몇 가지를 구체적으로 계획을 세워 놓고, 그날그날 점검하지 않으면 일주일도 지나지 않아 계획이 수포로 돌아가는 일이 많았음을 지금 너희에게 고백한단다.

그래서 방학을 아주 멋지게, 행복하게 보내도록 너희에게 살짝 들려주고 싶은 교장선생님의 생각 몇 가지가 있단다.

첫째, 학교 다닐 때처럼 일찍 자고 일찍 일어난다.

둘째, 방학 전체 계획, 일주일 계획, 일일계획을 세우도록 한다.

셋째, 방학 중에 꼭 하고 싶은 일을 적어 본 뒤에 우선순위를 매겨 놓고 실천해 간다.

얘들아, 너희 표정을 보니 교장선생님의 생각이 너무 간단하고, 시시하다는 생각을 하고 있구나. 난 이 방학 중에 여행을 할 거야. 그리고 장편동화책 한 권을 쓰기로 했어. 물론 20권쯤 책을 읽어 보려고 해. 개학 후에 우리 건강한 모습으로 즐겁게 만나 방학 중에 있었던 즐거운 이야기 꼭 나눠보지 않겠니?

민중의 지팡이

내 고향 화성시민의 귀와 눈이 되고 발이 되며 때로는 손이 되어 희로애락을 함께 하기 시작한 지 어느 틈에 9주년을 맞이하는 화성신문의 생일을 먼저 진심으로 축하드린다. 지역발전의 모태가 되는 민중의 지팡이요, 지역정론지로써 자리매김한 지 아홉 해!

그동안 화성지역의 다양한 소식지가 있음에도 불철주야 바르고, 빠른 새 소식과 갖가지 정보를 수집하여 언론의 지팡이 노릇을 제대로 한 화성신문의 괄목 할 만한 발전상을 지켜보면서 여간 기쁘지 않다. 2005년 2월 13일 창간호가 나온 이후 지역신문의 가장 큰 경제난을 무릅쓰고 한 번도 거르지 않은 채 주간지로 323호까지 발행할 수 있었던 것은 헌신적으로 일 해온 화성신문 경영진과 집필진 모두의 노고가 아닐까!

필자는 우리 고장 송산에서 태어나 교편을 잡아 십수 년 수원에서 근무를 한 것 외에는 모두 고향 땅 화성에서 근무를 하였다. 특히 최근 십여 년 전부터 우리 고장에서 관리직을 하고 있기 때문에 화성신문의 태동기부터 관심을 가지고 구독해 왔다. 지방신문이 우뚝 서려면 지역주민이 다소 서투른 지면의 편집 솜씨나 기사를 접해도 비난에 앞서 많이 읽어주고, 때로는 아낌없는 비평과 따뜻한 관심을 가지고 끝까지 지켜보며, 지지해주는 일이 아닐까 생각한다.

몇 해 전부터 본지의 논설위원으로 졸필이나마 가끔 필자의 글을 기고하면서 그 어느 때보다 애정이 깊은 눈길로 본지를 바라보게 되었다. 발행 홋수가 거듭되면서 지면의 모습도 새롭게 단장되어 가는 모습을 발견한다. 화성신문을 꼼꼼히 읽다보면 우리 고장의 어둡고, 밝은 구석구석의 생활모습과 발전해 나가는 신도시의 역동적인 꿈틀거림이 그 어느 지역보다 활기찬 생동감으로 느껴진다. 그래서 꿈이 있고, 미래가 밝아오는 화성시민의 긍지가 저절로 생기는 것 같다.

본지는 창간호 이후 오늘에 이르기까지 정치, 문화, 사회, 교육, 과학, 환경 등 발전하는 우리 고장의 여러 모습을 한 번도 거르지 않고 지면 구석구석에 날카로운 비평의식을 가지고 매주 언론의 지팡이로써, 민중을 선도해온 지역 정론지로 우뚝 섰기에 아홉 살 생일을 맞이한 기쁨이 더욱 큰 것 같다. 앞으로 이에 만족하지 말고, 전국 각지의 주간지는 물론 그 어느 일간지보다 더 날카롭고, 정확하고, 빠른 소식지로써 그 어느 쪽에도 치중하지 않는 민중의 지팡이노릇을 잘 감당해 나가기를 기원한다.

그래서 우리 화성시민의 사랑을 끝까지 받았으면 좋겠다. 물론 필자는 앞으로도 예리한 눈길로 본지가 우리 고장의 빛과 소금의 역할을 다 하는 모습을 지켜 볼 것이다. 어느 한 쪽에 편향된 기사를 발견하면 지체하지 않고 날카로운 필력으로 지적하여 끝까지 화성시민의 사랑을 받는 지역정론지로 앞서가는 소식지가 되도록 더욱 노력하기를 바란다.

4

내려놓기 연습

나는 누구인가?
자유인이 되어
오월이 오면
공원의 아침
가족편지
기다림
내려놓기 연습
나의 가족
운동화
하늘 저 멀리엔
내가 존경하는 사람
아버지
돌아보면 흔적

나는 누구인가?

지난 8월 하순경, 개학날 퇴근해서 볼 일 보러 급히 큰 길을 걷다가 횡단보도 앞에서 넘어져 왼손목이 골절되고, 팔목까지 분쇄되어 7개월이 다 되어가는 지금까지 불편하다. 녹색불이 바뀌기 전에 빨리 건너야겠다는 급한 마음이 앞서서 일어난 순식간의 일이었다. 입원과 물리치료는 물론 출퇴근 운전까지 가족과 직원의 도움을 받아야 했고, 집안일은 남편의 몫이 되면서 한동안 의기소침했다. 옷을 입고, 목욕을 하는 일뿐 아니라 여러 가지 활동에 남의 도움이 없이는 제대로 해내지 못했다.

골다공증이 심해서 어딘가에 부딪히기만 해도 뼈가 으스러지고, 부서진다는 진단을 받으면서 황급히 장기치료에 들어가게 되었다. 다른 지병이 몇 가지 있어서 늘 운동에 신경을 쓰면서 약을 복용했기 때문에 어쩌면 그동안 내 나이를 잊고 살아온 것은 아니었을까?

육십 중반에 가까웠는데도 골다공증을 염려하지 않은 내 탓 같아서 저절로 어깨가 쳐져 한동안 우울했다. 그래서 불편한 모습을 드러내기 싫어 퇴근 후엔 밖으로 나가지 않게 되었고 걷기 운동마저 6개월 이상 포기했다.

그런 까닭일까?

이번 겨울에 독감이 오랫동안 떠나지 않으면서 기관지확장에서 오는 지병이 도져 몹시 고생하였다. 이런 와중에 나는 40여 년의 교직생활을 마무리하기 위한 정리에 골몰하게 되었다. 그동안 잊고 지낸 사람도 만나게 되었고, 마음을 다스리는 데 필요한 여러 책도 찾아 읽게 되었다.

겨울방학이 끝나고, 개학이 되면서 2월 한 달은 퇴직일이 얼마나 남았는지 달력 한 장에 동그라미를 쳐 가면서 교장실에 있는 내 짐을 정리하였다. 책장 속에서 여러 가지 책을 꺼내 확인하며 버릴 것과 남겨 둘 것을 구분한 뒤 끈으로 묶어 놓으면 함께 근무하는 주무관이 일일이 내 차에 옮겨 주었다. 퇴직일을 일주일 남겨 놓고 교무수첩과 손때 묻은 문구류까지 모두 집으로 옮겼다. 내가 근무하던 집무실을 살펴보면서 이제 얼마 있으면 나도 평생 매여 살던 공직에서 벗어나 '자유인' 이 된다는 설렘과 한편으로 스며오는 불안감, 허전함에 그만 숨이 일순간 멈춰버리는 것 같았다. 그래서 텅 빈 책장과 서랍을 열어보면서 직원들이 드나들지 않는 시간이면 밖이 훤히 보이는 창문 가까이에 우두커니 서버렸다.

'나는 누구인가?'

아름다운 마무리는 처음의 마음으로 돌아가는 것이라고 했던가?

일의 과정에서, 길의 도중에서 잃어버린 초심을 회복하는 것이 아닐까?

아름다운 마무리는 근원적인 물음 '나는 누구인가?' 하고 묻는 것이다.

삶의 순간순간마다 '나는 어디로 가고 있는가?' 하는 물음에서 그때 그때 마무리가 이루어지지 않을까?

아름다운 마무리는 내려놓음이라고 한 법정 스님의 글이 생각난다. 내려놓음은 일의 결과, 세상에서의 성공과 실패를 뛰어넘어 자신의 순수 존재에 이르는 내면의 연금술일 것이다. 그래서 아름다운 마무리는 비움이기도 하다는 말에 공감이 간다. 채움만을 위해 달려온 생각을 버리고 비움에 다가가는 것이다. 그러므로 아름다운 마무리는 비움이고 그 비움이 가져다주는 충만으로 자신을 채운다고 생각한다.

아름다운 마무리는 살아온 날들에 대해 찬사를 보내는 것, 타인의 상처를 치유하고 잃어버렸던 나를 찾는 것, 수많은 의존과 타성적인 관계에서 벗어나 홀로 서는 것이다. 아름다운 마무리는 용서이고, 이해이고, 자비이다.

손목 부상으로, 긴 독감으로, 퇴직을 앞둔 마음마저 심란했던 6, 7개월간 걷기 운동마저 잊고 지내면서 수십 권의 책을 읽게 되었다. 그런 중에 가장 가슴에 와 닿은 법정스님의 '아름다운 마무리' 라는 책이 많은 위로가 되었다. 그런 까닭에 퇴직에 따른 각종 송별회에 참석하면서도 담담하게 그 자리에 앉아 있을 수 있었는지 모르겠다.

'나는 누구인가?'

교직생활 40여 년이 있기까지 내게 끼친 여러 가지 일이 있었다. 내가 정말 누구인지 아직은 뭐라고 단정할 수는 없으리라. 그러나 크고 작은 일과 주변 상황을 통해서 나 자신이 다듬어져 가고 있는 것만은 확실하지 않을까?

2014년 2월 25일 오후 세시!

이날은 교직원들과 학부모 임원들, 그리고 가족과 가까운 친척, 지인들이 정성껏 마련해 준 나의 정년퇴임식이 있었다. 또 노래와 악기를 이용한 아이들의 공연이 있었다.

단상에 올라와 교감선생님과 교직원 대표 선생님이 기념품을 전하면서 내게 큰 절을 하였다. 고맙다는 뜻을 담은 큰 절을 받으면서 눈시울이 뜨거워졌다. 나도 퇴임사를 마치며 식장에 앉아 있는 교육가족 모두를 향하여 정중하게, 그리고 감사한 마음을 가득 담아 큰 절을 올렸다. 한동안 식장이 숙연해졌다. 자꾸 바보처럼 흐르는 눈물을 주체할 수 없어 팔소매 속에 넣어 둔 손수건을 꺼내 닦는 동안 식장 안의 사람들도 소리 없이 흐르는 눈물을 손끝으로 닦던 모습을 잊을 수 없다.

2014년 2월 27일, 경기도교육청에서 훈장을 받은 공식적인 퇴임식이 끝나고, 바로 자매들과 남편이 함께 한 며칠 간의 여행에서 돌아와 벌써부터 계획하였던 집안정리, 가구정리, 서재정리에 골몰하였다. 방학 때마다 대청소를 겸하여 정리를 한다고는 했지만 버릴 것과 다시 쓸 것을 간결하게 정리를 제대로 하지 못했다는 생각에서였다. 구석구석 쌓인 먼지와 정돈되지 못한 주방기구, 크고 작은 가구가 눈에 거슬리면서 열흘이 넘도록 집안정리에 몸살이 날 것 같다.

'나는 누구인가?'

그동안 직장 일과 집안 살림이 버겁다는 생각에 나 자신을 잊고 살았다는 생각을 요즘 부쩍 많이 하게 된다. 그래서 거추장스러운 형식의 옷을 훌훌 털어버리고 가끔은 여행을 하면서, 혹은 혼자 책상 앞에 앉아 읽고 싶은 책을 마음껏 읽고, 창작에 몰두하기도 하고, 아주 작은 일에 충성을 다하며 이웃에게 나누고 베풀고 섬기는 생활을 실천하고 싶다.

그러다 보면 내가 누구인지, 남은 제2의 여생을 어떻게 보내야 할지 구체적인 방법이 떠오르지 않겠는가?

이제 나는 '자유인' 이 되어 그동안 헤아리지 못했던 삶의 부분을 찾아 행동으로 실천하며, 그 가운데서 진정한 나 자신을 발견해 나가고 싶다. 영혼이 맑아지고, 가슴이 뜨거워지는 그런 삶을 꿈꾸면서 주변 사람들에게 더 가까이 다가가리라. 어쩌면 이 길이 나 자신을 더 빨리 찾을 수 있는 길이라고 믿기 때문이다.

자유인이 되어

이른 새벽 기도회에 다녀와 곧장 운동화 끈을 조여 신고 집에서 가까운 서호 공원으로 나섰다. 바람이 벌써 서늘하게 불어 옷소매 사이로 스며든다. 어느 새 가을이 성큼 다가서는 모양이다. 입추가 지나 구월 첫날이 아닌가!

오늘은 조반 준비를 하지 않아도 된다. 매월 첫날엔 교회에서 기도회가 끝이 나면 모두 식사를 할 수 있기 때문이다. 어쨌든 남편은 잠시 집에서 쉬었다가 출근한다고 방으로 들어갔다.

출근하지 않아도 되는 나는 마음만 먹으면 언제든지 운동을 할 수 있게 된 '자유인' 이다. 그래서 한동안 빼먹은 운동을 이제라도 다시 규칙적으로 해보려고 자신에게 다짐을 하면서 집을 나선 것이다. 사십여 년 동안 머물렀던 공직에서 퇴직을 하고 집안 살림이 주무가 된 지 어느덧 6개월이 지난 첫날이다. 이제 제2의 인생을 두려움에서 벗어나 짜임새 있게 그리고 뜻 깊게 살아가야 하지 않을까?

지친 영혼을 돌보고, 건강을 돌보고, 그리웠던 사람들을 만나면서 꿈꿔왔던 여행을 마음껏 해 보고 싶어 퇴직 후에 할 일을 구체적으로 생각하지 않았던 것이다. 그래서 그동안 아무런 생각이 없는 사람처럼 편히 쉬고, 보고 싶은 사람들을 만나면서 세상 사람들이 살아가는 진솔한 이야기에 귀를 기울이지 않았던가!

혼자 해외여행도 해 보고, 가까운 친지들과 크루즈여행도 다녀왔다.

남편과 여름휴가를 해외에서 보내기도 했다.

또 삼 사 십 년 만나보지 못했던 고등학교 선배 언니도 연락처를 찾아 반갑게 만났다. 맛있는 음식과 지내 온 삶의 밑바닥 이야기도 나누면서 주름살로 깊게 패여 가는 서로의 얼굴을 감회에 서려 바라보았다. 물론 두 손을 꼭 잡고 다시는 연락을 끊지 않고, 보고 싶을 때 주저함 없이 만나면서 살자고 다짐하였다.

몇 년에 한 번씩 얼굴을 겨우 내밀어 친한 친구 모임에서 탈락의 위기를 맞았던 고등학교 친구 몇 명과 시골에서 하룻밤 새워가며 살아 온 날을 도란도란 이야기하기도 하였다.

지금은 서울 여의도 부잣집 마님이 된 한 친구의 고향집에서 늦은 봄날, 남편마저 외출시키고 우리를 맞이한 덕분에 밤새워 학창시절의 끈끈했던 정을 되새겨보기도 했다.

이젠 너무 바쁘게 살지 말고, 건강 돌보며 남아 있는 앞으로의 삶에서 같은 방향을 보고, 깊은 우정을 나누자고 내 손을 꼭 잡아준 그 친구들을 잊을 수 없다. 변함없이 나를 생각해 주고 있는 그 애들 때문에 한동안 눈시울을 적시기도 하였다.

아직도 남의 손을 빌려 짓는 농사이긴 하지만, 넓은 뜰과 텃밭에는 여러 가지 채소와 두릅나무에 쑥쑥 돋아난 새순이 많았다. 그 친구들과 편한 복장으로 갈아입고, 두릅을 뜯고, 연한 빛깔의 참쑥과 질경이를 뜯어 나물도 무치고, 쌈장도 만들어 입 안이 터질 만큼 먹으면서 깔깔거렸다.

오래 된 기와집과 반질반질해지도록 손때 묻은 대감항아리들이 즐비한 장독대 앞에서 서로 손잡고 추억의 사진을 찍기도 하였다. 돌아오는 길에 수원 팔달산에 올랐다. 화성 성곽을 한 바퀴 돌면서 역사 깊은 이야기를 나누는 동안 숨 가쁘게 달려온 인생을 돌아보기도 하였다.

2월말에 퇴직을 하고, 3월 한 달 동안엔 새로 입주한 지 십수 년이 지나 오래된 집안 정리를 하면서 업자를 불러 쓸모 있게 고쳐나갔다.

아이들이 커 분가를 하고, 일터 가까이 나가 살면서 방 네 개짜리 집에서 부부가 살기엔 너무 휑하게 크지만 아직은 집을 줄이기가 망설여지기 때문이었다. 몇 차례 헌 책을 꾸려 버리고, 가까운 개척교회와 우리 교회에 수천 권 기증을 하였는데도 서재엔 아직도 오천 권이 훨씬 넘는 책이 꽂혀있다. 그리고 손때 묻은 그릇과 가구들이 너무 많아 이사 갈 엄두가 나지도 않는다. 그래서 방마다 수납장과 붙박이장을 만들었다. 베란다와 발코니 쪽에도 낡은 것을 뜯어내고, 산뜻하게 수납공간을 만들어 먼지가 들어가지 않도록 손잡이 문을 달아 칸마다 분류하여 찾기 쉽게, 사용하기 좋게 여기저기 쌓아 둔 가구를 정리해 나갔다. 베란다 창가에 앵글을 짜서 계단식으로 3층 화분꽂이 대를 길게 설치하였다. 삼십여 개의 난 화분을 키우기 위해서였다. 화분꽂이 바로 옆엔 원목으로 만든 바퀴 달린 대형 화분 두 개를 남편이 구해 와서 같이 고추모종을 심었다. 거름흙을 사고, 아파트 꽃밭에 있는 흙을 파서 골고루 배합하여 그 큰 원목화분에 담고, 꽃집에서 모종을 사 와 심고, 물을 주던 4월 어느 봄날엔 마치 농부가 된 기분이었다. 땀도 흘리면서 낑낑거려 집

안으로, 베란다로 옮긴 그날은 정말 새 일을 찾아 시작한 그런 들뜬 기분을 맛보기도 하였다.

거실과 주방에도 수납장과 붙박이장을 만들었다. 주방과 현관 신발장까지 모두 뜯어내고 새롭게 단장을 하는 동안 버릴 것과 남겨 둘 것을 분류하여 하루 종일 업자만큼이나 바쁘게 지냈다.

가끔은 주방이 가까운 창가에 섰다. 아파트 제일 높은 20층 꼭대기에 살기 때문에 창가에 서면 집에서 걸어 십분 거리도 안 되는 가까운 화서역이 훤히 내다보이기 때문이다. 그 철로로 기차와 전철이 쉴 새 없이 칙칙거리며 어디론가 달려간다. 물론 목적지를 향해 달리는 게 분명하다.

뿐만이 아니었다. 잠시 눈을 돌려 밖을 내다보면 찻길 바로 건너에 위치한 초 · 중 · 고등학교 건물 전체가 한눈에 들어온다. 학생들에 비하여 턱없이 좁은 운동장이긴 하지만 왁자지껄 떠들썩하게 뛰고, 움직여 체육활동을 하는 교복 입은 학생들을 쉽게 볼 수 있다. 그래서 한적한 집안 분위기 속에서 잠시라도 헤어날 수 있게 활기를 불어넣어 주기도 한다.

쉬는 시간과 수업시간을 알리는 차임벨 소리가 지척에서 들리는 것처럼 요란할 때면 갑자기 마음이 바빠져 그만 창가에서 서성대곤 하였다.

내가 있을 곳은 집 안이 아니라 얼마 전까지 근무했던 학교가 아닌가 불안해서였다.

학생들이 교실에서 안전하게 공부를 하고 있는지, 학부모 민원은 없는지, 선생님들은 즐겁게 학교생활을 하고 있는지, 가정에 어려움은 없는 것인지 두루두루 걱정을 하고 지낸 일이 엊그제 같은데 어느 틈에 내게서 떠나버린 일이 되었다.

이젠 뭐든지 마음만 먹으면 할 수 있고, 갈 수 있고, 공무에서 놓임을 받았다는 것이 아직도 실감이 나지 않을 때면 집 안 여기저기 다니며 서성거리는 것이다.

그러나 하루 종일 집안에서 가만히 있어도 누구 하나 간섭하거나 신경을 쓰게 하지 않는 그런 날이 계속되는 동안 조금씩 적응되어 가는 자신을 발견하기 시작하였다.

마음 놓고 아침 운동을 하고, 엘리베이터 앞에서 출근하는 남편을 배웅한 뒤에 소파에 앉아 느긋하게 아침 드라마를 시청하게 되었다. 그리고 화장하는 시간도 혼자 커피를 마시는 일도 천천히, 여유 있게 보내는 동안 어느 새 몸과 마음이 편안해져 행복하다는 생각이 들기 시작한 것이다.

'이렇게 느긋하게 살아도 되는 걸까? 내게도 이런 자유를 누릴 수 있게 된 걸까?'

그러는 사이에 한 달이 훌쩍 지나가 집안 공사도 끝이 났다. 가구와 책이 정리가 되어 누가 봐도 새 집에 이사 온 게 아닌가 착각할 만큼 깨끗하게 단장이 되었다.

냉장고, 김치냉장고, 세탁기, 텔레비전 등 십수 년이 지난 가전제품을 버리고, 새로 구입하여 제 자리에 놓으니 몸도 마음도 새로워졌다. 제법 살림꾼이 되어가는 게 아닌가 배시시 혼자 웃었다.

평생 아이들을 가르치고, 바르게 이끌려고 노력하면서 꿈과 희망과 용기를 심어주는 일을 보람으로 삼았던 지금까지의 삶은 무엇과도 바꿀 수 없을 만큼 가치 있는 일이라고 생각한다. 그러나 찌들고, 지치고, 반복되는 일상에 매인 그동안의 생활에서 벗어나 충분히 쉬고 자신을 돌보는 일에 시간을 보내는 일 또한 얼마나 내게 소중한 삶인지 비로소 깨닫기 시작하게 되었다. 이러한 현실을 발견하게 되면서 차츰 안도감을 찾았다. 이제까지 느껴보지 못한 작은 기쁨이 일상 속에 너무 많다는 것도 알게 되었다.

'자유인' 이 되어 살아가는 일이 때로는 불안하고, 두렵기조차 하겠지만 내게도 이렇게 편안하고, 행복한 삶을 누릴 수 있다니 얼마나 감사한 일인가!

더구나 사십여 년 공직에서 근무한 덕분에 안정적인 삶을 꾸려 갈 수 있도록 연금을 받게 된 것도 큰 축복을 받은 일이 아닌가?

나이를 먹고, 직장에서 놓임을 받은 정년이 되어 가끔은 쓸쓸할 때도 있고, 무료할 때도 있을 것이다. 그러나 이젠 내 시간을 마음대로 가질 수 있어서 좋다. 힘들고 피곤할 때면 잠시 쉴 수 있고, 읽고 싶은 책을 찾아 마음껏 읽을 수 있는 자유로운 시간을 가질 수 있게 된 것이 무엇보다도 좋다. 또 만나고 싶은 사람이 있으면 만날 수 있고, 가보고 싶은 곳이 생기면 마음을 먹은 대로 떠날 수 있어 좋다. 얼마나 꿈꿔 왔던 삶인가?

우선 자신을 돌보고, 지친 영혼을 쉬게 하고, 아무런 계획을 세우지 않고 가벼운 일상생활을 그저 즐겁게 받아들이는 일이야말로 제2의 인생을 알차고 행복하게 하는 지름길이 아닐까?

새로운 생활리듬에 익숙해지면서, 행복은 아주 작은 일에서 비롯된다는 것을 깨닫게 되자 잠시 침체의 늪에 머물렀던 자신에서 훌쩍 벗어나 활기를 찾게 되었다.

이제부터는 닥쳐올 미래에 대하여 두려워하거나 불안 때문에 망설이지 않아도 될 것 같다. 교회에서 만나는 아이들에게, 학교에서 틈날 때마다 전교생에게 세계로, 미래로 큰 꿈을 갖고 활기차게 가꾸어 가라고 훈화를 들려주었던 그 아이들에게 창작동화 집필을 통해서 꿈과 희망과 용기를 계속 들려주면 될 것이 아니겠는가!

물론 건강한 몸과 마음을 만들어 최소한 80세까지는 주일학교 아이들을 가르치는 일도 계속해 나가고 싶다.

마음에 맞는 몇 권사님들과 목사님을 따라 가까운 구치소에 가서 예배를 드리는 일과 소외된 사람들을 위해 교회에서, 기도원에서, 이웃 일터에서 할 수 있는 작은 봉사일도 계속 하고 싶다.

이런 생각은 그동안 푹 쉬면서 마음 속 깊이 다짐하게 되었다. 그러려면 건강을 챙기기 위해 오늘처럼 걷기와 산행도 열심히 해야 하지 않을까?

어둠이 아직 가시지 않은 시간인데 수십 명의 사람들이 공원 입구 공터에서 온 몸을 흔들고 있다. 음악에 맞춰 리듬을 타는 그들의 율동을 흘깃 바라보니 저절로 걸음이 빨라진다. 함께 어울려 같은 동작을 하고 싶을 만큼 어깨가 저절로 들썩거렸지만 마음뿐이었다. 평생 그런 격렬한 운동과 거리가 먼 나는 빠른 걸음으로 공원 가장자리 잔디밭 쪽으로 향하였다. 두세 바퀴 걷기 위해서였다.

기관지가 좋지 않아 심한 운동을 하면 혈관이 터져 각혈까지 나오기 때문에 그리 높지 않은 산행을 하거나 걷기 좋은 평지를 찾았던 내겐 이곳 서호공원을 걷는 일이 가장 안성맞춤이 아닌가!

한 바퀴 돌면 2키로미터가 좀 넘으니까 두세 바퀴 걷는 것이 아침 운동으로는 충분한 것 같다. 더구나 골다공증이 심한 나에게 걷기운동만큼 좋은 건강관리가 없을 것 같지 않은가?

무더위가 계속된 팔월엔 여행을 다녀오고, 모임에 다니느라 아침 운동을 여러 날 빼먹은 탓일까?

두 바퀴를 돌자 숨이 가빠진다.

공원 입구에서 그리 멀지 않은 잔디밭을 지나 오이와 수세미, 그리고 조롱박 줄기로 덮여 있을 긴 터널 쪽으로 향하였다. 한동안 보지 않은 사이에 줄기마다 크고 실한 열매들이 주렁주렁 머리 위로 떨어질듯 매달린 모습을 볼 수 있었다. 생명력이 강한 식물이 살아 있음을 발견한 순간 잔잔한 감동이 가슴 어디선가 밀려온다.

이젠 서두르지 않고 천천히 앞뒤를 살피면서 내 삶이 다할 때까지 묵묵히, 겸허한 마음으로 매순간 살아 있음에 감사하면서 아주 작은 일일지라도 소중히 여기면서 활기차게 살고 싶어진다. 따뜻한 마음을 나누면서 행복을 만들어가고 싶다. 그러다보면 제2의 인생의 막이 열린 세상에서도 뜻이 깊고, 보람찬 일이 많이 있지 않을까?

'자유인' 을 만끽하면서도 그전보다 더 많이 주변 사람들과 어울려 살고 싶어진다. 그리고 보다 많은 이웃에게 기쁨을 선물할 수 있도록 부지런히 배우고, 좋은 생각을 행동으로 실천하는 일에 힘을 기울이고 싶다.

누구에게나 꼭 필요한 사람으로 살아가고 싶은 작은 소망이 현실로 이루어지도록 숨을 깊이 들이 쉰다. 작은 일에도 감동을 줄 수 있는 그런 생활을 꿈꾸고, 구체적인 목표를 세워 차근차근 실천해 간다는 것은 아직 내게 활기찬 삶의 의욕이 넘치고 있음이 아닌가?

힘들고, 지칠 때면 편히 쉬면서 걸음을 멈추기도 하고, 누구에겐가 기대면서 가까운 지인들과 손잡고 따뜻하게 삶을 살아가노라면 제2의 인생이 그보다 더 좋을 수 있겠는가?

오월이 오면

오월 둘째 주 수요일 아침, 양평, 황순원 문학관으로 떠나는 경기여류문학회원들의 문학 기행 일정에 약간의 차질이 생겼다. 버스 기사에게 갑작스러운 사정이 생긴 때문이었다.

문학관을 거쳐 중간 지점인 간이역에서 맛있는 점심을 먹고 그곳에서 가까운 들꽃 수목원으로 이동해서 잠시 구경하고 좋은 시간을 보내려고 했다. 그러나 다행스럽게도 한 시간 정도 늦게 출발하는 대신에 돌아오는 시간을 조금 늦추기로 의견을 모으면서 한숨 돌렸다.

우리 모임엔 회원들의 연령대가 비교적 높다. 50대가 두세 명 있고, 60대와 70대의 회원이 대부분이며, 80세를 넘긴 회원도 있다.

1988년 5월에 창단되었지만 초창기 회원이 손꼽을 만큼 남아 있고, 중간에 입회한 회원들이다. 하지만 처음부터 가족 같은 분위기로 출발한 문학 정신은 그대로 남아 있어 어떤 문학단체보다 결속력이 탄탄하다고 본다. 건강상의 이유로 그동안 나는 10여 년 이 모임에 소홀했다.

그런데도 창립 멤버인 나로서는 어떤 문학 단체보다 애착이 간다. 더욱이 올해 초부터 얼결에 새로 회장을 맡게 되면서 남다른 책임감을 갖게 된 것 같다.

얼마 전에 첫 문학기행 행사를 잘 진행하기 위하여 임원 몇 사람과 답사를 해 보니 황순원 문학관을 가는 길이 생각보다 멀었다. 그래서 S고문님이 살고 있는 권선동 현대아파트 주차장에서 일찍 만나 늦어도 아침 9시엔 출발하려고 했다. 그런데 난데없이 버스 기사한테서 연락이 왔다. 강원도 쪽에서 오는 길인데 찻길이 막혀 10시가 가까워야 도착이 된다고 한다. 그러면서 뜻밖에도 대형버스를 이용하게 되었다고 알려주는 게 아닌가!

회원 중에 한 지인의 협찬으로 25인승 봉고차를 값이 싸게 계약한 것만으로도 고마운 일인데 버스 회사 측의 사정으로 45인승의 버스를 이용하게 되다니…….

대형버스를 이용하여 문학기행을 하게 된 일이 무척 기쁘지만 마음이 좀 불편하다. 참가자가 너무 적었기 때문이다. 아직 직장에 근무하는 이도 있고, 갑자기 개인 사정이 생겨 고작 열두 명이 그 큰 버스를 타게 된 일 때문이었다. 회원의 꼭 반수가 참가하게 되었으니 맥빠진 일이 아닌가?

토요일엔 교통이 더 복잡하다고 모두 궁리 끝에 일부러 평일을 잡은 것인데 대형버스를 타게 되다니 마냥 기뻐할 수 없지 않은가!

애국자를 자처하지는 않지만, 그 넓은 버스 안에서 뒹굴며 달린다 해도 누가 뭐랄 사람도 없겠지만 그냥 누구에겐가 송구스럽고 겸연쩍어지는 것은 어찌된 일일까?

아무튼 기다리는 한 시간이 또 문제였다. 그런데 곧 해결이 되었다. 누가 먼저랄 것도 없이 서로 연락을 하여 S고문님이 살고 있는 아파트

문을 두드렸다. 현관문을 열고 들어가니 벌써 와 있는 회원들은 커피를 마시며 차 안에서 먹으려던 간식을 꺼내들었다. 알록달록 새로 사 입은 등산 차림에 곱게 단장한 모습으로 모두 함박웃음을 띄고 맞아 준다.

벌써 오래전부터 모임이 있거나 어디로 떠날 때면 미리 이곳 S고문 댁에서 모였다고 한다. 우리 회원들의 '사랑방' 으로 널리 알려져 아무 때나 모여도 늘 웃음과 따스한 분위기로 맞아 주는 S고문님이 그저 고맙고 존경스러울 뿐이다.

드디어 10시가 좀 지나서 참가 회원들은 들뜬 모습으로 출발하였다. 45인승 버스 안에 앉아 한동안 차창 밖으로 눈길을 떼지 못하였다. 버스는 우뚝우뚝 서 있는 빌딩과 빼곡한 아파트를 사이에 두고 숨 가쁘게 달려 어느 틈에 도심지를 벗어난다. 그러더니 초록 빛깔의 가로수 길을 휙휙 달리고 있다. 이런 저런 생각을 하며 잠시 현실을 떠나 추억 속으로 달리고 있을 무렵 버스는 고속도로에 진입하고 있다. 멀리 보이는 초록빛 들판을 한아름 안고 싶다는 생각에 젖어 있을 때 드디어 한 회원의 목소리가 낭랑하게 마이크를 타고 들려온다. 매주 토요일 아침이면 시니어 토크 방송을 타는 우리의 인기 스타(?) H 여사님이었다.

기억에 남는 여행이 되려면 모두 가슴을 활짝 열고 속에 담아 둔 얘기보따리를 풀든가, 웃음보따리를 풀어 놓으라고 한다. 사회자가 끼가 있어서 모임의 분위기를 잘 살리는 특기를 지닌 때문인지 버스 안은 곧 사람들이 꽉 차 있는 것처럼 금방 떠들썩했고, 활기가 찼다. 웃고, 떠들고, 마치 학창 시절에 아주 먼 곳으로 여행을 떠나는 문학소녀로 돌아 간 것처럼 들뜬 표정이다.

한동안 분위기가 무르익자 사회자는 돌아가며 노래를 시킨다. 회원마다 최신 가요와 가곡을 부른다. 나이는 들어 벌써 할머니가 되고, 어르

신들이 되었지만 목소리는 20대의 아가씨처럼 아직도 곱고 낭랑하다.

드디어 내 차례까지 왔다. 마이크를 받아 들고 자리에서 일어나 꾸벅 인사를 한 뒤 다시 자리에 앉았다. 차 안에서 일어나 춤추고 노래하는 것은 법으로도 금지된 일이 아닌가?

잠시 나는 마이크를 잡은 채 창밖을 내다보며 생각에 잠겼다.

'무슨 노래를 부를까?'

고민이 된다. 회장의 직책을 갖고 있으니 무슨 노래든지 불러야 하지 않나?

노래를 부르지 않고 다음 사람에게 마이크를 돌린다면 이 좋은 분위기를 망치는 일이 될 것 같다.

하지만 흥겨운 노래 가락을 끝까지 부를 자신이 없다. 십여 년 훨씬 전에 기관지 수술과 갑상선 수술을 한 이후부터 높은 소리가 나지 않는 나로서는 노래 부르는 차례가 오면 가장 긴장이 된다.

직장에서 관리직으로 근무하면서 꼭 노래를 불러야 할 경우엔 할 수 없이 한 두곡 부르고 그 대신 신나게 춤을 춘다. 분위기를 살짝 띄워 놓아야 하기 때문이다. 그런 다음에 슬며시 뒤로 빼면 아무도 더 이상 잡아끌지는 않았다. 하지만 퇴직을 한 후부터는 어떤 모임에서도 노래 부르기를 사양하고 있다. 내가 부르는 노래를 듣다 보면 오히려 좋은 분위기가 가라앉아버릴 것 같다는 생각에서이다.

그리고 애당초에 노는 장소에서 신나게 노래 부르고 흥겹게 분위기를 띄우는 일에 정말 소질이 전혀 없다는 걸 잘 알고 있다. 어려서부터 형성된 조용한 성격 때문인지, 지금도 즐겁게 노는 방법을 잘 모른다. 아니 노는 방법을 익히지 못한 것 같다. 그저 방구석에 혼자 앉아 하루 종일 책을 읽고 있는 게 편하고 심심하지 않다. 어릴 때부터 잔병치레를 많이 한 탓인지 혼자 있는 일에 익숙하여 여럿이 재미있게 농담을 하면서 지내는 시간이 아직도 내게는 낯설기만 하다.

드디어 나는 마이크를 살짝 두드려 본 후에 목청을 다듬어 노래를 부르기 시작했다.

갑자기 초록 빛깔 들판에서 하얀 고무신을 신고, 옥색 저고리와 치마를 곱게 차려 입은 모습으로 나풀나풀 날아와 휙휙 달리는 버스 차창 밖까지 다가 온 여인을 발견한 때문이었다. 뜻밖에도 돌아가신 지 25년이 지나버린 어머니의 얼굴이 아닌가!

환한 모습으로 웃음이 가득한 채 손짓하는 어머니의 얼굴을 보는 순간 차창을 뚫고 마주 달려가 안기고 싶은 마음에 한 쪽 팔을 내밀었다. 그러나 어머니의 모습은 온 데 간 데 없다.

'나실 제 괴로움 다 잊으시고,/기를 제 밤낮으로 애쓰는 마음'

나도 모르게 〈어머님 은혜〉를 애절하게 부르고 있다.

그런데 버스 안에 있던 회원 모두는 이 노래를 같이 부르고 있다. 1절이 끝날 무렵 이미 내 목소리는 잠겨버리고 말았다. 자꾸 손이 눈가로 간다. 흐르는 눈물을 가눌 수 없어 간신히 1절을 마치고 마이크를 돌리자 J선생님이 받아 들고 2절 3절까지 감정을 살려 부른다.

한참 분위기가 달뜨다가 내 노래 때문에 그만 가라앉았다.

모두 어머니가 되고, 할머니가 되어버린 세월 때문일까?

다른 어느 해보다 어머니가 그립고, 가슴 아프게 다가서는 것은 정말 나이 탓일까?

다시 버스 안의 분위기가 모처럼 떠나는 여행이라 생각한 때문이지 활기찼다. 그러나 나는 그 옛날 보릿고개를 겪으며 배고파하던 그 시절에 10남매를 키워낸 어머니의 얼굴이 떠올라 자꾸 눈길은 차창 밖으로 향한다.

내가 어릴 때는 두 오빠가 먼저 저 세상으로 가버리고 8남매가 자랐다. 결혼한 언니들이 넷 있고, 나머지 형제들 넷이 한 집에서 부모님과 지낸 기억이 생생하다.

6 · 25전쟁 중에 태어난 나는 허약체질이어서 어머니를 애태웠다고 한다. 초등학교 4학년부터 위경련, 학질이 끊이지 않다가 중 · 고등학교와 대학시절엔 감기와 천식을 심하게 앓아 약을 달고 살았다. 그러다가 결혼 후엔 종가집 매운 시집살이와 고단한 생활 때문에 각종 부인병과 병치레를 겪으며 죽음 직전까지 가기도 했다.

돌아가시기 전까지 새벽기도를 거르지 않았던 어머니의 새벽기도 제목 중에서 가장 큰 기도내용은 늘 여섯째 딸인 나의 건강 회복이라고 한다. 그런 어머니의 기도 때문에 지금 이렇게 건강한 모습으로 살고 있는 것 같다.

그래서 해마다 어버이날이 돌아오는 오월이 오면 제일 먼저 어머니 생각이 난다. 어머니를 모시고 제대로 나들이 한 번 못 시켜 드린 것이 한이 된다. 어쩌다가 친정에 가 뵐 때도 어머니는 늘 안방 아랫목에 자리를 펴주며 잠시라도 쉬라고 어린 조카들을 데리고 밖으로 나가셨다. 직장 일에, 종가집 시집살이에 지친 딸의 건강을 염려하며 새벽마다 눈물로 기도하던 어머니의 모습이 더 생생하게 떠오르는 것은 제대로 효도 한 번 못 한 일 때문이리라.

이렇게 초록 들판이 보이고, 탁 트인 오월에 양평 황순원 문학관과 들꽃 수목원으로 가는 길을 나서니 생전에 이런 좋은 곳을 찾아 구경 한 번 못 시켜드린 일이 정말 죄송하고 후회가 된다. 또 어머니의 모습이 더 그리워진다.

공원의 아침

손가락마다 끝이 나온 얇은 장갑을 끼고 흰 체육복에 알록달록 큰 손수건으로 목덜미를 휘감고 집을 나선 것은 이른 아침 다섯 시를 조금 지난 시간이었다. 아파트를 벗어나면서 나도 모르게 옷깃을 여몄다. 바람이 제법 서늘한 걸 보니 계절이 어느 새 바뀐 게 틀림없다.

지난 달 이때쯤이면 밖이 훤하였을 터인데 길 건너 바로 보이는 화서역 쪽엔 가로등 불빛만 훤할 뿐 거리엔 오가는 사람들이 눈에 띄지 않는다. 지나는 차들도 드문드문 소리 없이 달리고 있을 뿐이다.

추석이 지나면서 다시 본격적으로 이른 아침 걷기 운동을 시작한 때문인지 몸은 훨씬 가벼워진 것 같다. 하루 중에 어떤 시간을 빼내어 걷기 운동을 해도 좋겠지만 이렇게 일찍 움직이다보면 게으름에서 벗어날 수 있고, 하루 독서량도 늘 수 있어 좋다. 또 혼자 자유 시간을 보내면서도 계획성 있는 생활리듬에서 크게 벗어나지 않아 뿌듯하다. 그래서 퇴직 후에도 십수 년째 이곳 서호공원에서 걷고, 뛰던 아침 운동을 가능하면 거르지 않는 것인지도 모른다.

내가 살고 있는 현대아파트를 벗어나면 바로 건너편 육교를 지나면서 서호저수지가 한눈에 보인다. 그 저수지를 끼고 둘레길에 조성된 잘 다듬어진 서호 공원을 걷다보면 모든 시름이 사라질 만큼 아름다운 풍경에 마음이 사로잡힌다.

이곳 화서역 부근에 위치한 현대아파트로 이사 올 무렵인 17년 전만 해도 서호공원은 보잘 것이 없어보였다. 저수지 둘레길을 걸을 때는 포장이 되지 않아 빨리 걷다보면 돌부리에 채어 넘어지거나 여름철 장마엔 진흙더미에 운동화가 빠지곤 하였다. 그러나 울퉁불퉁한 길을 걷다보면 땀방울이 얼굴에 맺히기도 하고, 아침마다 만나는 낯익은 모습을 보는 재미도 적지 않았다.

하지만 화서동 현대아파트로 이사 오기 훨씬 전인 1970~1980년대만 해도 이곳 서호 저수지 주변 환경은 매우 좋지 않았다고 한다. 시에서 제대로 가꾸지 못하여 시민들이 사용한 폐수가 휩쓸려 와 저수지 안에 살던 민물고기들이 떼죽음을 하였단다. 그래서 썩은 냄새가 주변에 진동하였다고 한다. 이 지역에 관심을 갖고 있던 시민들이 매스컴을 통해 그 사실을 제보한 뒤에야 오랫동안 방치했던 서호 저수지에 대한 관심을 갖게 되었다고 한다.

주변 사람들의 말에 의하면, 저수지에 물을 모두 빼고, 그 안에 쌓여 있던 모래와 흙을 소독하였다고 했다. 또한 정화조를 몇 곳에 설치하여 여름이면 지독했던 냄새가 많이 없어졌다고 한다. 그 덕분에 내가 이곳 화서동 현대아파트로 이사 온 1998년도 초엔 서호 저수지의 환경 여건이 전보다 훨씬 깨끗해진 것이라고 한다.

하지만 이사 온 뒤에도 저수지 안에 있던 고여 있는 썩은 물을 모두 빼고, 바닥에 깔려 있는 모래와 흙을 깨끗이 소독하는 큰 공사를 지켜보았다. 그리고 시에서는 저수지의 수질 개선을 위하여 깨끗한 물을 하루에도 몇 만 톤씩 저수지로 흘려보내는 일을 지금까지 지속적으로 해 오고 있어서 몰라볼 만큼 수질이 좋아졌다. 그런 때문이지 그 옛날에 떠나버린 야생 철새가 다시 계절이 바뀌면 몰려와 둥지를 틀기도 하고, 청둥오리가 물 위를 한가롭게 헤엄쳐 다니게 되었다고 한다.

이름 모를 하얀 물새가 수십 마리씩 날고, 저수지 물 위를 수백 수천 마리의 오리 떼가 헤엄쳐 다니며 먹이를 찾는 모습을 바라보는 즐거움이 더해가면서 나는 서호공원을 자주 찾게 되었다. 혼자 산책을 하면서 저수지와 공원 주변을 돌아보는 동안 사색이 깊어가기도 하고, 자연과 더불어 많은 이야기를 나눌 수 있었기 때문이다.

때로는 야생 철새 때문에 조류인플루엔자가 발생하여 공원 개방이 되지 않았다. 출입구 곳곳에 접근 금지의 빨간 줄이 띄워졌고, 출입금지의 큼직한 입간판이 세워 있어 몇 달씩 인근 육교에 올라가 공원 안을 살피다가 되돌아왔다.

하지만 커다란 서호 저수지 한복판에 자리한 섬같이 생긴 울창한 숲이 보고 싶어 몰래 빨간 줄을 건너뛰고, 금지구역을 알리는 표지판 사이로 살며시 들어가 저수지 둘레길을 걸었다.

그럴 때면 얼음이 녹아 있는 저수지 안쪽 물 위에 오리 떼가 몰려다니는 것을 볼 수 있어 좋았다. 가슴이 뛸 만큼 오리 떼가 반갑고 정겨워 보였다. 가끔 저수지 한가운데 우뚝 자리한 숲속으로 꼬리를 잇듯이 헤엄쳐 숨어버리거나 갑자기 날개를 휘저으며 하늘로 날아버리는 모습은 정말로 멋진 풍경이 아닐 수 없다.

나무들이 들쭉날쭉 솟아 있는 서호 저수지 한복판에 자리한 숲속엔 벌써부터 야생 철새들의 서식처로 유명하다. 날개가 있다면 아무도 모르게 혼자 훽 날아가 그 숲속을 자세히 보고 싶은 유혹을 떨칠 수 없다.

누구도 손닿지 않는 곳에 그들만의 둥지를 틀어 외부의 침입에서 자신을 보호하는 모습을 지켜보노라면 사색에 깊이 빠져든다.

'저 야생철새들은 어디서 와서 어디로 가는 것일까?'

'무슨 생각을 하면서 살고 있는 것일까? 아니 사람처럼 생각을 하면서 날고 있는 것은 아닐 거야.'

어느 날부터인지 알 수 없지만 바람이 쌀쌀해지고 가을이 깊어 가면 서호저수지엔 수천 마리의 청둥오리들이 무리지어 물 위를 헤엄치기도 하고, 먹이를 찾는 모습이 장관을 이룬다. 이름 모를 새떼도 날아와 산책하던 사람들의 발걸음을 멈추게 한다. 그러다가 늦은 봄이 되면 그 많던 오리들과 새들이 어느 순간 없어져버린다.

그래서 저수지 한복판에 있는 섬 같은 푸른 숲속으로 날아들어 숨기도 하고, 쉬기도 하며 둥지를 틀어가는 것은 아닌지 궁금증이 더해진다.

정말 신기한 일이 아닌가!

아무튼 서호저수지에 물이 깨끗해지고, 공원이 푸른 숲으로 아름답게 조성되면서 해마다 찾아오는 철새 떼가 더 많아진 것은 반가운 일이 아닐 수 없다. 시민들의 관심과 사랑에 떠돌던 야생철새가 되돌아와 둥지를 틀게 된 것이라고 생각하니 한결 마음이 가벼워진다.

서호저수지는 조선 정조 대왕 때 화성 축성과 더불어 농경지에 물을 대기 위해 만들었다고 한다. 오랫동안 시민들에게 방치된 곳이긴 하지만 오랜 역사를 가졌다고 생각하니 더욱 뜻 깊은 장소가 아닐 수 없다. 그래서 더 관심을 갖고 자주 찾게 되었는지도 모른다. 이제 이곳은 해가 거듭될수록 주변 시민들이 즐겨 찾게 된 명소가 된 것은 틀림없다.

봄, 여름, 가을, 겨울 어느 때나 자전거를 타거나 걷고, 뛰고, 저수지 둑에 심어 놓은 몇백 년 묵은 대여섯 그루의 늙은 소나무 밑에 둘러 앉아 이야기를 나누는 사람들이 많아진 것이다. 그런 때문인지 시에서 공원 조성에 박차를 가하였다.

저수지 둘레 공터를 밀고 다듬어 잔디를 입히는가 하면 전국 어디선가 잘 자란 나무들을 수백 그루 옮겨다 심었다. 또한 저수지를 끼고 한 바퀴 돌면 2킬로미터가 좀 더 된다는 둘레엔 운동기구가 몇 군데씩 설치되어 수십 명이 한꺼번에 운동기구를 사용할 수 있게 되었다. 특별히 돈을 내고 헬스장을 찾지 않아도 서호 공원에 나서면 얼마든지 여러 가지 운동을 할 수 있도록 모든 기구가 마련되었으니 얼마나 좋은 일인가!

그뿐인가?

군데군데 팔각정을 세워 대낮에도 그늘을 만들어 주다보니 화서동 사람들뿐 아니라 누구든지 아무 때나 삼삼오오 모여 와 담소를 나누고, 쉴 수 있는 쉼터가 되었다.

사계절, 이른 아침 여섯시쯤엔 오십 여 명의 아줌마들이 화장실 옆 공터에 모여 이동식 앰프에서 흘러나오는 에어로빅 음악에 맞춰 신나게 몸을 흔든다. 그곳에서 그렇게 아침이 활기차게 열리는 모습을 바라 본 날이면 하루 종일 몸동작이 빨라지고, 생활리듬조차 리듬을 타듯이 매끄러워지는 순간을 여러 차례 경험하게 되었다. 그런 까닭에 십여 년이 훨씬 넘게 이른 아침이면 서호공원을 즐겨 찾는지도 모른다.

아무튼 한여름날 저녁엔 시민들이 둘러앉아 열린 음악회도 열리고, 가을이 깊어갈 무렵엔 감나무동산 영화제도 열릴 만큼 시민들의 사랑을 받는 문화공간이 된 것도 자랑스럽다.

나는 아직 다른 곳으로 이사 갈 생각을 하지 않는다. 지금 살고 있는 아파트에 입주를 한 지 벌써 17년이 되어가지만 올 봄에 한 달 가까이 집수리를 하면서도 새 집으로 옮겨가는 일을 망설이고 있다.

사계절, 마음만 먹으면 아무 때나 잠시 집을 나서 이곳 서호 공원을 찾아 운동 삼아 걷고, 뛸 수 있으니 얼마나 좋은가?

다양한 운동기구가 설치되어 있고, 쉼터가 있고, 사철 푸른 아름드리 소나무들과 전나무 숲이 우거져 있지 아니한가?

바로 농촌진흥청 울타리와 접해 있는 담장엔 한여름 늦게까지 개나리, 장미덩굴이 덮여 있어 바라보기만 해도 가슴이 탁 트인다. 생각할 것이 있을 때도 혼자 몇 바퀴 공원을 걷다보면 몸에 배인 땀 속에서 해결의 실마리가 풀리기도 한다.

그리고 제방 둑 아래로 펼쳐진 수십 만 평의 논엔 어느 새 벼이삭이 누렇게 익어 바람이 불 때마다 출렁거리고, 추수만을 기다리고 있지 않는가?

서호 저수지에 인접해 있는 농촌진흥청 사람들이 수십 종류의 볍씨를 가려 심고, 재배하여 전국 농촌 지역에 보급하는 농작물이라고 한다. 몇 해 지나면 정부의 방침에 의하여 농촌진흥청이 아래 지방으로 옮겨진다고 한다. 그때까지 저수지 제방 둑 건너편에 있는 다양한 벼농사는 그대로 이루어질 것이다.

수도권에 위치한 수원 한복판에서 그리 멀지 않은 화서동과 서둔동 일대에 위치한 서호 저수지와 서호 공원은 이제 수원 시민의 사랑을 한 몸에 받게 된 안식처가 아닐까?

이른 아침, 내가 살고 있는 아파트 담장을 끼고 육교를 건너 5분쯤 걸으면 언제나 활기차게 새벽을 여는 서호공원이 정겹게 보인다.

어둠이 아직 가시지 않은 이른 아침인 까닭에 공원 여기저기엔 가로등 불빛이 길게 드리워져 있다. 주변을 살펴봐도 운동 나온 사람들이 보이지 않아 잠시 사방을 두리번거렸다.

오이와 조롱박 덩굴이 덮여 있는 둥글고 긴 터널모양의 산책로를 향하였다. 눈 앞에서 얼마 떨어지지 않은 곳에 여자 둘이서 그 터널 속으로 걸어가는 뒷모습이 보였기 때문이었다. 백 미터쯤 되는 조롱박 터널을 부지런히 걸어 나오니 벌써 십여 명의 어른들이 원탁 의자를 마주한 채 가지고 나온 보온병에서 이름 모를 차를 따라 마시며 두런두런 이야기를 나누고 있다. 아마 첫새벽에 나와 몇 바퀴 걸은 뒤에 땀을 식히고 있는지도 모르겠다.

봄, 여름이 지나고 가을이 성큼 다가오도록 이른 아침 이곳 서호공원에 나오면 수십 명의 사람들을 만난다. 서호저수지를 끼고 반 바퀴쯤 돌면 농촌진흥청 쪽에서 걸어오는 서둔동 사람들을 만난다. 또 어디선가 골목길을 걸어 나왔는지 모를 사람들이 간편한 옷차림을 하고 앞서거니 뒤서거니 걷는다. 그래서 기지개를 켜고 느릿느릿 걷던 걸음이 어느 새 빠른 걸음으로 앞을 다퉈 걷는다.

한 바퀴를 돌고, 두 바퀴 중간을 돌고 있을 무렵부터 가로등 불빛이 모두 꺼져버린다. 그리고 건너편 공원 입구 공터 쪽에서 힘차고 빠른 동작의 음악소리가 리듬을 타며 저수지 물살을 타고 건너온다.

사람들의 발길이 빨라진다. 숨이 찰 만큼 내 걸음도 앞사람의 뒤를 순식간에 따라잡는다.

공원 건너편 철길로 칙칙 거리며 바삐 달리는 기차가 눈에 들어온다. 잠시 뒤였다. 저 멀리 수원역 쪽에서 어둠을 헤치고 전철이 쉬지 않고 달려온다.

나도 새벽을 여는 공원의 아침처럼 활기차면서도 상쾌하게 하루를 시작해야겠다.

가족편지

1977년도에 당신과 결혼 이후 앞만 보고 달려오느라고 그동안 따뜻한 편지를 제대로 써 본 지가 꽤 오래된 것 같아요. 백곡리, 시댁에서 할머님과 어머님, 그리고 어린 두 아들과 같이 살면서 새벽에 일어나 젖을 짤 수 있도록 물을 끓이고, 일꾼들이 마실 술을 걸러 놓고, 조반을 지은 뒤에 바삐 출근하고, 돌아와 농사일까지 거들며 목장 일을 하는 당신을 돕는다고 밤중까지 부엌에서, 집 안에서 뛰어다니던 젊은 날에는 너무 고단하여 가끔 투정부리고 싶은 이야기를 편지로 몰래 써 봤지만 한 번도 그 편지를 당신에게 전하지 못하였습니다. 결국 건강이 좋지 않아 1983년도에 두 어린 아들과 수원으로 분가하면서 갖가지 병치레로 시댁 어른들과 친정어머님, 그리고 가족들에게 큰 걱정을 끼쳤던 일을 한시도 잊은 적이 없답니다.

여보, 1989년도 가을에 기관지확장에서 오는 심한 각혈로 여러 병원을 전전하다가 서울대학병원에서도 고치지 못한다고 시한부 인생을 살아야했을 때 시어른들의 말씀을 듣고, 곧 목장 일을 접은 채 나에게 달려와 이 병원, 저 병원을 업고 다니면서 병을 고쳐주려고 애썼던 당신의 그 사랑을 늘 간직하고 있답니다. 특히 포천 할렐루야기도원으로 가던 1990년 1월 15일 첫 새벽에, 나와 시누님을 실은 차를 서울대병원까지 달려가 수술을 해보자고 눈물 글썽이던 당신의 그 사랑을 어찌 잊을 수가 있어요?

긴 투병생활 중에 단 한 번도 얼굴을 찡그리지 않고, 늘 미안한 마음으로, 사랑하는 모습으로 내 간호를 해 주면서 어린 홍익이와 찬홍이를 돌보던 그 모습 때문에 우리 하나님께서 기적과 은혜로 다시 건강을 회복시켜 주셨습니다. 또한 때로는 하나님을 원망하고, 마음속으로 가족들을 원망하던 내 부족한 모습을 변화시켜 모두에게 감사하는 마음으로 살게 하셨습니다. 당신의 그 깊고 높은 사랑과 주님을 만나 영적으로 거듭난 신앙생활을 하게 된 당신 때문에 오늘 장성한 두 아들과 가까운 가족, 친족들과 소중한 시간을 갖게 된 것 같아 회갑을 맞이한 당신에게 이 자리를 빌려 고마운 마음을 꼭 전하고 싶어요.

늘 착하고, 선한 모습으로, 어떤 어려운 일을 만나도 하나님께 의지하면서 범사에 감사하는 당신이 우리 집의 기둥이요, 홍익이와 나영이, 그리고 찬홍이의 꿈이랍니다. 앞으로는 아내와 같이, 가족과 같이 고민도, 기쁨도 같이 나누면서 건강관리에 힘쓰고, 하나님께 칭찬 받을 수 있는 믿음생활을 더욱 은혜롭게 실천하면서 집안 친족들과 따뜻한 우애를 한층 더 실천하면서 살도록 노력해요.

늘 믿음직스럽고, 따뜻한 당신이 오래오래 우리집의 가장으로, 조카들의 멘토가 되기를 기도한답니다.

홍익이와 찬홍이에게 오늘 이 소중한 자리를 기억하도록 해서 앞으로 양씨 문중의 한 일가를 이루어 가는데 보탬이 되고, 마을에서, 사회에서 꼭 필요한 사람이 되도록 세상 끝날까지 우리 기도하면서 행복하게 살아요. 그 동안 남편노릇, 아버지노릇, 가장노릇 하시느라고 수고하셨어요. 회갑은 제2의 인생을 출발하는 새로운 다짐의 날이라는 것을 늘 생각하면서 젊고, 건강하게, 범사에 감사하면서 살기를 바랍니다. 앞으로 그동안 아파서 아내 노릇 소홀히 한 점을 만회하기 위해 더욱 좋은 아내, 현모양처가 되도록 노력할게요. 여보, 사랑해요.

2010년 12월에 아내 글

기다림

요즘도 나는 거실과 방마다 벽에 걸려 있는 달력 장에 매월 첫날이 되면 아라비아 큰 숫자에 동그라미를 눈에 띄도록 크고 진하게 표시하는 버릇이 있다. 그리고 그 숫자 옆 하얀 여백에 약속 내용을 써 놓는다. 누구랑 만난다든가, 모임 이름과 만나는 시간, 약속 장소 혹은 차편, 전철에서 내리면 몇 번 출구로 나가는 지 등 자질구레한 것까지 빼놓지 않고 쓴다. 그것도 눈에 잘 띄도록 빨강, 파랑 글씨로 적어 좀 떨어진 곳에서도 쉽게 알아볼 수 있도록 한다.

자고 나면 하루에도 몇 번씩 그 달력에 표시한 약속 날짜를 들여다보면서 손꼽아 기다리는 버릇도 어느 틈엔가 생겼다. 퇴직 후에 혼자만의 해외여행 날짜도 한 달 훨씬 전에 예약하고서 곧 달력마다 적어 놓은 뒤에 거의 매일 그 달력을 들여다보면서 손꼽아 기다렸다. 물론 그 이후 크루즈여행 날짜와 올 여름 남편의 휴가날짜에 맞춰 함께 간 동남아여행 기간도 어김없이 표시하였다.

집 안에서 서성거릴 때도 할 일 없이 혼자 호젓한 시간을 보낼 때도 눈길이 가는 곳은 달력 숫자에 표시한 울긋불긋 글씨 내용이었다.

손꼽아 기다리는 일만큼 지루하고, 한심한 일이 또 어디에 있을까?

때로 그런 자신을 들여다보면서 소리 없이 웃기도 하고, 멋쩍어 달력을 바라볼 때면 무심한 척 눈길을 돌리기도 하였다. 그런데 기다리는 일이 지루하고, 싫증 날 법한데 손을 꼽아 몇 번씩 넘기다보면 꽤 긴 날짜가 남아 있던 것이 어느 틈에 훌쩍 지나가버린다. 그리고 그 약속 날짜나 정해진 날이 가까워 오면 가슴이 설레기도 하고, 자신도 모르게 소풍가기 전날의 아이처럼 그날을 기다리고 있다는 것을 깨닫는다.

올봄, 여름에 세 번의 해외여행을 다녀오면서 유별나게 '기다림' 에 대한 생각을 많이 한 것 같다. 날마다 틈만 나면 계획하고, 구체적인 사항을 적어가며 한 달, 두 달을 남겨 놓은 날이 빨리 지나기만을 기다리던 일이 엊그제 같은 데 벌써 그 여행을 다녀와 과거의 일이 되어버렸다. 그 사실에 가끔 허탈감을 느낀다. 하지만 또 다른 '기다림' 에 활기찬 내일을 만들고 싶어지는 자신을 발견한다. 그래서 약속을 만들고, 일상에서 중요한 일을 찾아 꿈을 꾸며 그 일을 해결해 나가는 기간을 스스로 정해 놓고, 달력에 표시하고 있다. 그런 자신을 보면서 혼자 웃음을 짓기도 한다.

직장에 근무할 때에도 책상 앞에 놓인 일력과 주간 수첩 그리고 탁상달력에 일일이 약속 내용을 적어 놓았던 것 같다. 달력에 있는 숫자에 동그라미를 크게 두르고 깨알만큼 작은 글씨로 써 넣는 버릇은 깜빡 잊기 쉬운 일을 잊지 않고 기억하려는 생각에서였다.

그러나 틈틈이 그 달력에 표시한 내용을 읽어보면서 '기다림' 같은 것이 은연중에 내 마음에 더 크게 자리했던 것은 아닌지 모르겠다.

반복적인 일상에 젖어 살기보다는 아주 작은 일일지라도 의도적인 생각에서 이루어지는 만남이라든가 어떤 일을 의미 있게 보내고 싶고, 새로운 일을 만들어가는 생활이 더 기다려지는 것도 요즘 부쩍 늘어버렸다.

팔순이 넘은 언니, 칠순이 가까운 언니, 환갑이 지난 막내자매와 점심을 먹고, 담소를 나누기 위하여 한 달이 멀게 서울을 오가며 그 다음 약속 날짜를 제일 먼저 달력에 표시하는 버릇이 생겼다.

수십 년을 만나지 못하고, 최근 몇 년 동안 애경사로 다시 가끔 만나게 된 고등학교 몇 친구들과 갑자기 가까워진 느낌이 드는 것도 우연은 아닐 것이다. 자꾸 보고 싶어 만나고 돌아와, 다음 약속 날짜를 표시한 달력을 자주 확인하며 손꼽아 기다리게 되었다.

나이를 먹어가기 때문일까?

손 전화를 사용하면서 남들보다 늦게 사용하는 법을 배워 알게 되었지만 폰 안에 달력이나 메모란을 이용하여 쉽게 약속 날짜와 그 내용을 메모하기도 한다. 하지만 아직도 나는 달력 장에 직접 써 넣는 일을 좋아한다. 놀랄 만큼 새롭게 발전하는 문명과 거리가 먼 옛날 어른들처럼 혹시 그 약속 날짜를 잊을까 하여 노심초사하면서 여기저기 적어놓는 일에 더 익숙한 것 같다. 그래서 새 달력을 넘기는 연초가 되면 가족이나 가까운 친지의 생일과 기일을 어김없이 적어 놓는다. 또 수시로 생기는 약속이나 중요한 일을 달력장마다 숫자에 동그라미를 두르고 일일이 그 내용을 기록하고 있다. 그러다보면 어느 주엔 울긋불긋 숫자마다 볼펜 글씨가 가득하여 지저분한 것을 볼 수 있다.

병원에 정기 검진을 받으러 가는 일에서부터 가정사와 일상생활에서 이루어지는 만남의 날에 이르기까지 벽에 걸린 달력만 들쳐보면 실수

없이 지킬 수 있다. 그런 자신을 보며 때때로 혼자 멋쩍어 웃기도 한다. 아주 오래전 어릴 때부터 내 어머니께서 볼펜이나 연필로 가족의 생일과 조상님의 기일 혹은 집안 대소사를 달력장마다 삐뚤삐뚤 적어 놓고, 챙기시던 모습이 생시처럼 떠오르기 때문이다. 달력장이 지저분하다고 흉보면서 어머니께 투덜거린 일이 엊그제 같은데 어느 새 어머니의 그런 모습을 닮아가고 있는 자신을 발견한다.

늙어간다는 것은 나쁜 일만은 아닌 것 같다. 서로 보고 싶어 만남을 기다리게 되고, 그 기다림이 다음의 약속을 또 잡는 것이 아닐까?

너무 바빠서 늘 지쳐 쉬고만 싶었던 젊은 날엔 '기다림' 에 대한 간절함과 여유가 그렇게 많지 않았던 것 같다. 누군가를 기다리는 일에 인색하여 약속 시간이 좀 지나면 시계를 자주 들여다 본 것 같다. 자주 만나는 일에 부담을 갖거나 마음의 여유가 없어 무슨 일이든지 기다리는 데 조바심을 갖게 되는 경우가 많았던 것 같다.

어떤 목표를 세우면 빨리 그 일이 이루어지기를 바라는 마음이 앞설 때가 많아 자신을 다그치고, 자녀를 다그치고, 주변 사람들과 진솔한 마음으로 소통하기가 쉽지 않았던 것 같기도 하다.

좀 늦었지만 이제라도 삶을 단순하게 살아가는 법을 배우고 싶다.

느긋하게 기다리며, 아주 작은 일에도 정성을 다 할 수 있는 그런 삶을 배우고 싶은 것이다. 약삭빠르지는 않지만 결코 게으르지 않고, 조바심 내지 않은 채 끈기와 집념으로 삶의 깊은 맛을 더하는 '기다림' 속에서 풍요와 여유를 찾고 싶다.

'기다림' 속에는 끝까지 믿고, 지지해주시던 내 어머니의 사랑이 가득 들어 있다.

'기다림' 속에는 푸른 바람이 쉼 없이 불던 언덕에 올라 가슴을 활짝 펴고 지친 영혼을 달래며 큰 꿈을 키워가던 젊음의 피가 샘솟는다.

'기다림' 속에는 자녀들이 잘 살아 성공하기를 바라는 부모님의 간절한 기도가 가득 채워 있다.

'기다림' 속에는 설렘과 꿈과 미래가 담겨 있다. 그리고 인간 냄새가 풀풀 나는 희로애락의 소중한 감정이 차곡차곡 쌓여 있다.

기다림 속에는 삶의 종착역인 죽음이 도사리고 있다. 거역할 수 없는 세월의 연륜 속에서 또 다른 기다림이 소리 없이 다가오고 있는 것이 아닐까?

결코 죽음은 설렘으로 받아들일 수는 없겠지만 새로운 소망을 갖게 하는 또 다른 기다림이 아닐까 생각한다. 그래서 기다림은 삶의 종착역에 닿을 때까지 머물지 않고 앞을 향해 줄달음치듯이 가고 있는 것이 아닐까?

누구에게나 기다림은 미래에 대한 소망과 설렘을 안겨주면서 밖을 향해 고개를 갸웃거리게 하고 서성거리게 하는 아름다운 낱말이 아닐까?

기다림은 날마다 생활 속에서 활기를 불어 넣어주고, 또 다른 미래를 꿈꾸게 하는 설렘과 그리움을 품고 있는 것 같다.

그러기에 날마다 기다림 속에서 삶을 마무리할 때까지 겸허한 마음으로 더 열심히 살고 싶다. 따뜻한 마음으로 새롭고도 다양한 기다림을 찾아 아름다운 삶의 가치를 만들어가고 싶다.

살아있다는 것만큼 가치 있고, 아름다운 일이 또 있겠는가?

내려놓기 연습

남편과 같이 말레이시아로 취업 때문에 떠나는 둘째 아들을 배웅하고 돌아왔다. 요리사로 3년쯤 머물게 된다고 한다. 그런데 영통 지역 큰 길에 아이를 내려놓고 곧 뒤돌아서야 했다. 인천 공항으로 가는 리무진 버스를 타려면 그곳에서 기다려야 한다.

차에서 내리기 전에 밖을 내다보더니 함께 가는 요리사 일행이 모두 혼자서 기다리는 것 같다고 했다. 서른 살이 넘은 다 큰 아들을 배웅하는 부모님은 저뿐이라며 같이 간 것을 과잉보호를 받는다고 생각한 모양이었다. 곧 공항 가는 버스가 올 터인데 손이라도 더 한 번 만져보고 싶은 어미의 마음을 모르는지 한사코 우리 부부의 등을 떠밀어 차에 오르게 하였다.

서운한 마음을 간신히 억누르고 차창 밖으로 아이의 모습이 보이지 않을 때까지 하염없이 손을 흔들어 보이고서야 침을 꿀꺽 삼긴 채 눈길을 돌렸다. 누가 조금만 건드려도 눈물이 왈칵 나와 버릴 것 같았다. '떠나는 뒷모습을 보이기 싫어서였을까?' 생각이 꼬리를 물면서 같이 가는 일행과 둘러서서 얘기하는 모습이 희미하게 보일 때까지 눈길을 떼지 않았다. 끝내 아들은 뒤를 돌아보지 않았다. '매정한 녀석! 엄마의 마음을 이토록 흔들어 놓고 아무 일도 없는 듯이 훌쩍 떠나다니…'

배웅을 하고 돌아와서야 그만 참았던 울음을 터뜨리고 말았다. 남편이 곁에서 툭툭 치며 마음을 빨리 추스르라고 했지만 한 번 터진 울음은 좀체 멈춰지지 않았다.

큰 아들이 결혼하여 살림을 날 때도 이토록 섭섭하지는 않았다. 군 입대 기간 외엔 늘 부모와 같이 살았다. 우여곡절을 겪고서야 뒤늦게 자신의 꿈을 발견하여 취업하기까지 혼신의 노력을 다 하는 모습을 곁에서 모두 지켜본 때문일까? 가족이라는 이름 아래 마음고생을 같이 겪으면서 방황하는 모습까지 지켜 본 때문일까? 아니 큰 아들보다는 철이 늦게 들고, 듬직하지 못한 응석받이 막내로만 보인 때문이었을지도 모르겠다.

먼 나라에 가서 몇 개국 언어도 익히고, 몇 달 후면 그곳 음식점 지점장도 맡게 될 것이다. 하지만 막상 떠나보내고 나니 허탈하기 짝이 없다. 모든 것을 잃어버린 것 같기도 하다.

대학 졸업 후 2년 가까이 프랑스 요리사로 근무하면서 어느 새 안주하는 모습을 보여준 아들이다. 이제 새로운 곳에서 마음을 다잡고 도전하는 삶을 살아갈 것 같아 내심 기쁘기도 하다. 그러기 위해선 현실에 머물지 않고 시야를 넓혀가고 다양한 경험을 쌓아야 할 것이다. 정말 바라던 기도가 이루어진 것이다. 머리로는 한없이 기쁜데 가슴으로는 울컥 섭섭함이 꽉 차버린 것 같다. 설거지를 하면서도, 운전대를 잡고 출근을 서두르면서도, 텔레비전을 시청하면서도, 직장에서 누가 아이의 안부를 물어 와도 그저 울컥한다.

학교 공개의 날 행사 중 하나로 전체 학급 수업공개가 있었다. 외래 강사를 초빙하여 자녀교육에 대한 학부모 특강이 있었다. 강사 소개를 한 뒤에 나도 그 자리에 앉아 끝까지 강의 내용을 들었다.

부모도 자녀와 함께 커 가야한다는 내용이었다. 자녀 스스로 서고, 이웃과 더불어 건강하게 살아가게 하려면, 가족 윤리와 가정문화 성숙으로 혼을 심어주어야 한다고 했다. 부모의 마음속에서 빨리 자녀를 내려놓아야 한다는 것이었다. 그렇다. 아이들이 스스로 설 수 있도록 뒷받침이 필요할 것이다. 때로는 격려와 사랑으로, 용기를 북돋아 주는 것이 부모가 할 일이 아닌가 새삼스럽다. 아이들을 하나의 인격체로서 존중하고, 존중 받는 독립된 관계 속에서 각자 커갈 수 있도록 적절한 관심과 사랑을 보여주되 끝까지 기다릴 줄 아는 것이 더 현명한 일이라는 것도 공감하였다.

나 역시도 어느 새 내려놓는 일에 익숙해야 하는 나이가 되었다. 다 자란 아이들을 자유롭게 훨훨 날아가도록 하려면 끈을 망설임 없이 놓아버려야 한다는 것을. 내려놓는 연습을 자꾸 하다보면 자녀의 문제뿐 아니라 삶의 무게도 세월의 흐름에 따라 가벼워지지 않을까?

주변을 돌아보면서 자신의 어깨를 거울에 자꾸 비쳐봐야 할 것 같다. 아직은 삶의 이것저것 내려놓기가 쉽지 않다. 늙어가는 자신의 모습을 애써 거울에 비쳐보고 싶지 않은 때문일까?

어쩌면 죽는 날까지 이별하는 연습도 더 필요하리라. 세상 모든 걱정과 가족에 대한 끝없는 그리움마저 가슴과 어깨에서 하나씩 내려놓는 일에 익숙해야 되지 않을까 싶다. 내려놓기 연습에 열중하다보면 삶의 무게도 그만큼 가벼워져 좀 더 이웃과 가까워지고, 자신의 굴레에서 벗어나 또 다른 자신의 모습을 발견할지도 모른다. 욕심도 내려놓고, 아름다운 삶에 걸림돌이 되는 것이면 무엇이나 아낌없이 내려놓는다면 보다 더 소중한 삶의 가치를 발견하지 않을까 싶다.

곱게 늙어가는 모습 중의 하나는 소중한 것을 빨리 내려놓을 줄 아는 것인지도 모른다. 끝까지 욕심껏 많이 가지고 사는 사람은 아무래도 추한 모습을 쉽게 벗어나기 힘들 것이다. 오래도록 밝고, 맑고, 곱게 늙어가고 싶다. 그래서 삶의 무게를 더 하는 짓눌린 생각에서 벗어나고 싶다.

내려놓기 연습을 하다보면 내 삶 속에서 진짜 내려놓아야 할 것들을 과감하게 내려놓을 수 있을 것이다. 자연스럽게 서로 배려하게 되고, 베풀 수 있는 삶을 향하게 될 것이 아닌가? 또한 마음의 여유를 더 찾아서 주위를 살피며 살아갈 수 있는 후덕한 노년이고 싶다.

텅 빈 그릇이 되는 연습을 하다보면 그 빈 그릇에 또 다른 값진 삶의 가치를 채워갈 수 있는 소중한 보석을 발견할 수도 있으려니 싶다.

나의 가족

나이 들어가면서 휴가의 의미가 그렇게 의미 있게 다가서지 못하지만 그래도 오늘 하루가 지나면 출근하게 된다는 생각에 마냥 게으름을 피우고 싶어진다. 남편이 출근한 뒤에 향기 그윽한 커피 한 잔을 마시면서 텔레비전 앞에 앉았다. 방학 때면 종종 아침 드라마를 시청하기도 하고 세상 돌아가는 이야기에 귀를 기울이기도 한다. 그런데 잠시 뒤에 전원을 끄고 일어났다. 집안을 대강 청소한 뒤에 세수를 한다. 간단한 화장이라도 해야 마음이 정돈될 것 같기 때문이다. 자꾸 허전하기도 하고 마음이 텅 빈 듯하다. 건너방에는 새벽녘에 귀가한 작은 아들이 아직 곤하게 자고 있다.

며칠 집안에 혼자 있다 보니 벌써 싫증이 난 것일까?

그렇게 혼자 쉬고 싶고, 누구의 간섭도 받지 않은 채 하고 싶은 일도 하고 게으름도 마냥 피우고 싶었는데, 막상 낮에 집안에서 혼자 지내다 보니 무료하기 짝이 없다. 이틀은 집안 대청소를 하고, 밀린 은행 일도 보고, 다가오는 설을 맞이하여 가까운 사람들에게 보내는 선물도 택배로 보내고, 그리고 벼르던 치과와 안과 등 볼 일을 보고 나니 혼자서 할 일을 생각해야 했다. 물론 집안을 살펴보면 주부가 해야 할 일은 아직도 많이 있다는 것을 금방 알게 된다. 하지만 삼십 년이 훨씬 넘도록 직장을 다니고 있는 나로서는 방학이 되어 그것도 며칠 동안의 휴가를 받아 모두 집안 일을 하는 데 소일하고 싶지 않다. 그래서 집 가까운 서호공원을 몇 바퀴 걷고 들어오니 아직도 집안은 텅 비어 있다. 자꾸 혼자라는 생각에 두려움과 외로움이 몰려온다.

아무래도 혼자라는 생각에 젖어 있으면 잡념만 들것 같다. 그렇다고 오래도록 만나보지 못한 친구나 친지에게 전화를 걸어 만나자는 일도 웬일인지 번거롭다는 생각이 든다. 혼자 오늘은 아침부터 밀린 숙제를 해야 할까보다.

오랫동안 바쁘고 건강이 안 좋다는 이유로 글 쓰는 일을 접었는데 이제 다시 마음을 가다듬고, 책을 읽고, 많이 생각하며 좋은 글을 쓰려고 하니 어떻게 첫머리를 시작해야할지 막막해진다.

컴퓨터 앞에 앉고 보니 바로 오늘 아침 열시에 작은 아들의 치과 치료 예약이 된 일이 떠오른다. 깜짝 놀라 이리저리 흔들어 깨워 우유 한 잔 마시게 하고 서둘러 보내고서야 마음이 놓인다. 그동안 대학교 편입 시험 준비와 요리 학원에서 밤늦도록 실습에 매달린 작은 아들이 요즘 들어서 퍽 의젓해 보이고 고마운 것은 감출 수 없다.

작은 아들은 지방대학교 영문과를 들락날락 하면서 간신히 3학년을 마치고 어느 날 가족을 모아 놓은 자리에서 요리를 배우겠다는 선포(?)를 하였다. 이름도 잘 모르는 요리전문대학교 원서를 가지고 와서 보여준 것이다. 남편은 펄펄 뛰었다. 요리를 꼭 배우겠다면 영문과를 졸업하고, 졸업장을 받아든 뒤에 다시 생각해보자는 것이었다. 우리 사회는 대학교를 졸업하지 않고서는 마땅히 설 자리도 없고 취직도 만만치 않아 평생 고생을 한다는 것이었다.

처음부터 자기가 원하는 전문대로 입학했으면 중도에 전공을 바꾸지는 않았을 거라는 자책에 나는 무조건 아들 편을 들었다. 맨 처음 전문대보다는 그럴싸한 영문과를 보내려고 담임선생님 의견에 찬성을 강하게 한 것이 엄마인 나이기 때문이다.

부모님의 체면 때문에 그동안 마음고생이 심했다는 작은 아들의 진지한 생각에 그만 남편도 두 손 들었고, 아이는 낮이면 요리 공부와 밤에는 요리전문 학원에서 실습을 익히고 시간을 쪼개어 영어공부를 하며, 자격증을 따는데 온 힘을 썼다. 칼질 연습에 손가락마다 물집이 나서 젓가락질도 잘 못할 만큼 오래도록 고생하던 작은 아들은 지난 해 봄에는 국제요리대회에 출전하여 은메달을 받을 만큼 눈부신 발전을 거듭하였다. 새벽녘에 귀가하는 일이 허다한데 어쩌다가 이른 아침 아이의 방문을 열어보면 아직도 침대 위에 신문지를 깔고 도마를 올려놓은 채 당근과 무, 감자. 사과, 배 등을 예쁘게 썰고, 채치는 연습을 정신없이 하고 있었다. 우수한 성적표와 장학금 통지서를 받아오는 아이를 보면서 남편과 나는 몇 번이나 눈물을 흘렸는지 모른다.

학창 시절 모범생으로 평이 날 만큼 큰 아들은 집안 친척들과 부모의 기대를 저버리지 않고 대학원 졸업 전에 이미 대기업에 입사하여 적령기에 결혼해서 아기자기하게 일가를 이루었다. 그런 큰 형과 비교 당하는 것 같아 늘 기분이 나쁘다는 작은 아들의 긴 방황을 지켜보면서 오랫동안 어깨를 늘어뜨리고 건성 사는 것 같은 그 모습에 우리 부부는 몹시 가슴 아파했다. 작은 아들이 가슴을 활짝 펴고, 열심히 공부하면서 큰 꿈을 가꾸어 가기를 소원하는 것이 날마다 우리 부부의 기도 제목이 된 것이다.

"엄마?"

"왜?"

"저 때문에 부끄럽지 않으세요?"

"무슨 소리야? 엄마는 언제나 작은 아들이 세상에서 제일 잘 났다고 생각해. 넌 마음만 먹으면 뭐든지 할 수 있어. 네가 좋아하는 일을 아직 찾지 못했을 뿐이야. 너무 서두르지 말거라. 반드시 네 꿈을 찾을 수 있어."

"정말이지?"

"그-럼."

"엄마만 믿어주면 반드시 하고 싶은 일을 찾을 수 있을 거야. 시간이 걸리겠지만 엄마가 기다려 주시면 좋겠어요."

"물론이지. 기다릴 수 있고말고…."

입대하기 며칠 전에 작은 아들이 먹지도 못하는 술을 마시고 새벽녘에 들어와 기다리던 엄마를 껴안고 펑펑 눈물을 흘리면서 마음 속 깊이 묻어둔 이야기를 꺼내던 일이 새롭다.

지금 작은 아들의 눈빛은 초롱초롱해졌다. 그렇게 원하던 서울에 있는 K대학교 호텔 요리 경영학과 편입에 당당히 합격하여 대학원과 박사과정까지 꿈꾸게 된 것이다. 적어도 외식 경영 쪽에서는 대한민국에서 으뜸 신지식인이 되겠다고 당찬 포부를 밝히는 것을 보면 아이가 어둡고 긴 방황의 터널을 빠져나와 밝은 세상으로 힘차게 한 발을 내딛고 있는 것이 아닐까?

요즘 나는 나의 가족의 소중함을 다시 한 번 느끼고 있다. 그 어떤 수

식어를 동원한다 해도 가족에 대한 큰 사랑을 따라 올 수 없을 것이라고 생각한다. 아침 일찍 눈을 떠서 평온히 잠들어 있는 남편의 얼굴에서 작은 기쁨을 발견한다. 건너방에서 곤히 자고 있는 작은 아들의 모습에서 꿈틀거리는 꿈을 본다.

육십을 바라보는 나이에 아직 출퇴근할 수 있는 일터를 가진 남편의 어깨가 듬직하다. 매일 아침 눈비비고 피곤하여 조반을 드는 둥 마는 둥 출근하였다가 지친 모습으로 돌아오는 곳이 가족이 머무르는 우리집이라는 사실도 고맙다. 아이가 늦도록 공부하고, 복잡한 사회를 알아가느라고 하루 종일 기운을 쏟아버린 뒤에 돌아오는 곳이 나의 가족이 머무는 곳이 아닌가?

두 아이들이 태어나기 전에는 함께 살았던 시댁어른들과 남편이 나의 가족이었다. 그리고 결혼 전에는 고인이 되신 아버지와 어머니, 지금은 모두 큰 일가를 이루어 각기 번창해진 가족의 울타리 속에 살고 있는 형제자매가 나의 가족이었다.

그러나 결혼 후에 두 아들을 키우면서 나의 가족이 네 식구로 바뀌었고, 이젠 며느리까지 들어와 다섯 식구가 되었다.

아이들이 자라면서 부모의 심정을 이해하게 되었고, 갖가지 아픔과 가족에 대한 깊이가 자랐나보다. 때로는 꾸중과 호통으로, 칭찬과 격려로, 이끌고 밀면서 가족의 소중함과 사랑을 일깨워 간 것 같다.

저마다 일터에서, 혹은 학교에서 무슨 생각을 하며 지내고 있을까?

어떤 일 때문에 상처를 받고 있지는 않을까?

수없이 일어나는 삶의 고단함 속에서 각기 다른 모습으로 찾아오는 스트레스에 시달려 해질 무렵 귀가하는 가족의 모습은 언제나 지친 모습이 아닐까?

아침이면 저마다 밖으로 나갔다가 저녁에 어김없이 돌아오는 곳은 우리집이다. 크고 작은 쉼터에 관계없이 돌아오는 곳이 우리집이 아니라 나의 가족이 머무는 곳이라는 사실을 새삼스럽게 느낀다. 낮 동안 일어난 일을 가족에게 일일이 보고 하지 않아도 물어보지 않아도 괜찮고, 무엇 때문에 스트레스를 받았다는 것을 자세히 털어 놓지 않아도 가족의 울타리 속에 들어오는 순간 모든 문제가 풀리는 것을 나는 매번 느낀다. 나의 가족이 있는 한 걱정하지 않아도 되는 것이다. 함께 기뻐하고 진심으로 위로해 주는 가족이 곁에 있다는 것은 커다란 힘이요, 인생의 버팀목이 아닐까?

실패와 좌절이 계속된다 해도 서로 북돋으며 기도하는 가족이 같이 산다는 것은 하나님이 우리에게 주신 가장 큰 선물이 아닐까?

내가 어릴 때는 부모님의 사랑과 형제자매의 따스한 정을 먹고 아무 탈 없이 어른이 되었다. 이제 새로운 일가를 이루어 나의 가족이라는 울타리 속에서 큰 아들의 결혼을 계기로 또 다른 일가를 분가시키고 세 식구가 매일 살고 있다. 아마 작은 아들의 공부가 끝나고 직장을 잡아 결혼시키면 또 새로운 일가를 이루게 될 것이고 그러면 자연스럽게 분가시켜 우리 부부만이 가족으로 끝까지 남을 것이다. 그러나 적어도 두 아들이 이룬 일가는 나의 가족임에 틀림없을 것이다.

그래서 서로 바쁜 생활을 하고 있지만 한 달에 한 번씩은 가족 모두 모여서 식사를 하고 함께 잠을 자고 그동안 밀린 이야기를 나누며 살아야 된다고 생각한다. 그 생각은 나의 가족 모두 절실히 필요하다고 생각한다. 가족의 끈끈한 사랑을 지켜 가면서 힘을 받고 주려면 가족끼리 자주 만나야 할 것이다. 멀리 떨어져 살아도 가족은 서로 염려하고 대화가 끊이지 않아야 정겨워지는 것이라고 생각하기 때문이다.

하지만 현재 세 식구가 함께 식사를 하고 하루의 일상적인 이야기를 털어놓을 수 있는 것도 그렇게 쉽지 않다. 일주일에 한두 번 세 식구가 노력해야 마주 앉을 수 있고, 이야기를 나눌 수 있다는 것이 어느 때는 씁쓸하다. 서로 바쁘다는 것이 가장 큰 이유가 아닐까?

그래도 요즘은 살맛이 난다. 몇 해 전 남편이 아버지학교를 졸업하고 과묵하기만 하던 모습을 털어버린 것이다. 해마다 몇 차례 아버지학교 리더로서 봉사를 하면서 말문이 터진 것이다. 내 아이들과 대화를 시작한 것이다. 의사소통 기술을 익힌 것일까? 건강하지 못한 아내에게는 진작부터 살갑게 굴면서 집안 일을 도와주거나 같이 등산도 하면서 많은 이야기를 나누며 살고 있지만 그동안 아이들에게는 인기가 없었다. 옛날 전통적인 아버지 모습으로 너무 오랫동안 머물러 있었던 것이다.

이제 나의 가족은 서로의 마음을 헤아릴 줄 알게 되었으며, 바쁜 틈 속에서도 서로에게 깊은 관심과 사랑을 표현할 줄 알게 된 것 같다. 어쩌면 우리 부부가 해를 거듭할수록 두 아들에게 의지하고 싶어지는 마음이 커지는지도 모른다. 아이들이 자라면서 부모의 안부를 챙기고 가족의 소중함을 깨달아가고 있는 것을 느낀다.

남편과 나는 점점 나이를 먹어가고 있고, 아이들은 철이 조금씩 들어가는 지금 가슴이 뿌듯해진다. 그러나 가끔씩 허전해지고 있다. 자식들이 손 안에서 멀어져 독립해 가는 모습 때문일까?

아무튼 오랫동안 가족의 울타리 속에서 벗어나지 않도록 서로 큰 사랑을 가꾸어가야겠다. 낡아도 좋은 것은 가족의 사랑뿐이 아닐까?

운동화

우리 집 신발장 문을 열면 수십 켤레의 신발이 한 눈에 들어온다. 남편과 둘이 사는 집에 웬 신발이 그리 많은지 재작년 봄 집안 정리를 할 때 신발장에 놓인 신발들도 아주 많이 버리거나 교회 바자회 물건으로 내놓았다. 멀쩡한 구두는 깨끗이 닦고, 운동화는 세제를 풀어 세탁기에 담가 두었다가 돌려서 빨아 말린 뒤에 누구라도 신을 수 있도록 손질하여 내놓은 것이다. 그런데도 밖으로 나가려고 신발장 문을 열면 계절별로 신는 구두 종류가 몇 켤레씩 된다. 특히 두 켤레의 등산화를 빼고도 나는 운동화만 5켤레가 된다. 남편도 나와 비슷하고 보니 여러 식구가 사는 것처럼 신발장 안이 꽉 차버렸다.

지난 해 8월 말경 둘째 아들이 아직 장가를 들지 않은 상태에서 일터가 가까운 병점 지역에 집 장만을 하여 세간을 난 뒤부터 여러 켤레의 신발을 옮겼다. 그래서 한동안 새로 만든 현관 앞에 놓인 신발장 안엔 제법 틈이 남아 있어 있었다. 그런데 지금은 또 여러 켤레의 신발로 꽉 차 있다. 그래서 밖에 나가려면 어떤 신발을 신을까 잠시 고민하게 된다.

그 가운데에서도 나는 운동화를 신을 때 많이 머뭇거린다. 대체로 값이 나가는 운동화인데다가 때와 장소에 따라 운동화를 골라 신어야 하기 때문이다.

발바닥이 아프지 않고 푹신해서 걷기에 편한 것과 5, 6년 전에 값을 많이 주고 산 운동화는 자주 애용하여 바닥이 닳았는데도 쉽게 버리지 못하고 있다. 아직 바닥에 구멍이 나지 않았기 때문에 버릴 수 없기도 하지만 자꾸 신다보면 익숙해지고 발이 편하여 신발장 구석에 놓인 운동화를 다시 꺼내 신는다.

아주 오래된 운동화 한 켤레는 3년 전 한여름 퇴근하여 사우나를 갈 때 신고 가다가 횡단보도 앞에서 넘어져 왼쪽 손목이 골절되고, 뼈가 부서져 오래 고생한 일이 있다. 알고 보니 골다공증이 심하여 넘어지면서 크게 다친 것이라고 한다. 그래서 그 운동화를 볼 때마다 넘어진 일이 기억이 나서 바로 쓰레기통에 버릴까 고민했다. 그러나 선뜻 결심이 서지 않아 신장 한 쪽에 밀어 놓았다가 요즘에도 가끔 집 근처 공원을 걸을 때 꺼내 신는다. 바닥이 닳으면 구두처럼 창을 갈아 신을 수 있겠지만 운동화는 바닥이 닳으면 미끄러워 넘어진다고 남편은 몇 번씩 나에게 충고하였다.

그런데도 나는 운동화마다 큰 애정을 쏟는 편이다. 오래 신어 닳았다고 함부로 버리는 일이 없다. 특히 재작년 봄 퇴직하면서 서울에 있는 고등학교 친한 친구 남편이 갑자기 심장마비로 세상을 떠나 장례식장에 간 일이 있다. 고등학교 시절에 학교 행사로 뽑혀 다닐 때 언니처럼 내 머리를 손질해 주던 S가 파란색 운동화 한 켤레를 건네주었다. 조문을 마치고 장례식장을 나와 전철을 타려고 하는데 뒤따라와 뜻밖에도 장바

구니 가방에서 꺼내 주었다. 40년 넘게 교직생활을 마치고 정년을 하였으니 이젠 무거운 짐을 내려놓고 건강에 힘쓰면서 행복하게 살라는 선물이었다.

지치고 고단하여 직장과 가정, 교회 등으로 다람쥐가 쳇바퀴를 돌듯이 살아온 내게 운동화 선물은 아주 신선하고도 귀한 우정의 선물이었다. 그래서 집으로 가지고 와 몇 달씩 안방 침대 옆에 혹은 화장대 서랍장 위에 놓고 하루에도 몇 번씩 바라보는 것으로 행복해 했다. 바쁘고 고단하다는 이유로 그동안 수십 년이 지나도록 애경사가 있을 때만 겨우 만나던 고등학교 친구가 나의 건강을 위해 그렇게 깊은 사랑을 담아 선물한 운동화여서일까?

그 운동화는 먼 외국 여행길이나 특별한 만남이 있을 때 신어서일까?

아직도 새 운동화 같다.

그런데 내게 이보다 더 아끼는 운동화가 한 켤레 새로 생겼다.

작년 3월쯤이었던 것 같다. 남편이 대사관에 근무하다가 그 후에 자녀교육 때문에 미국에서 영주권은 물론 시민권까지 얻어 살고 있다는 제자가 잠시 우리나라에 돌아오는 길에 보고 싶다고 카톡방에 문자를 남겼다. 그 제자는 바닷가 대숲 바람이 드센 아주 작은 학교에서 첫 부임하여 6학년을 세 번째 담임을 할 때 만난 제자였다. 각 학년이 한 반씩 있었고, 6학년만 2개 반이었지만 전교생이 고작 108명이었으니 40여 년이 지나 연락을 했는데도 나는 그 아이의 이름과 특징을 기억하여 반갑게 답장을 보냈다. 그 제자는 공부도 그렇게 잘 한 편이 아니고, 개성이 뚜렷하지도 않은 자신을 기억해주는 선생님에게 큰 감동을 받은 모양이었다.

수원 애경 백화점에서 몇 명의 제자들과 연락을 하여 평일에 만나 점심을 먹고 차를 마시며 그동안 살아온 얘기로 감동의 시간을 보내게 되었다. 자녀들이 벌써 대학을 다니거나 취업을 한 제자도 있었다. 그 애들의 나이가 53세라니 세월의 흐름을 실감하면서 식사 후에 거울을 들여다보기조차 두려웠다. 그만큼 내 나이가 많아졌다는 사실에 공연히 한동안 가슴을 움츠리기도 하였다.

미국에서 좋은 영양제를 사 왔으니 꼭 챙겨 들고 건강에 힘써 오래오래 살아 가끔이라도 이렇게 만나 식사하며 살아온 얘기를 정겹게 나누고 싶다고 하였다.

수원 동수원사거리 어디쯤에서 큰 식당을 경영한다는 남자 제자아이가 바빠 몇 시간 뒤에 일어나자 모두 같이 찻집에서 나왔다. 그때 그 아이들이 내 손을 잡아끌고 멋진 스카프를 사 주고 분홍색 운동화 한 켤레를 신겨 주었다. 날씨가 풀리면 되도록 많이 걸어서 건강해진 모습으로 가끔씩이라도 만나 뵙고 싶다고 하였다.

나의 건강을 염려해 주며 사 준 그 분홍색 운동화를 볼 때마다 지금도 가슴이 뭉클해진다. 값으로 말하면 그렇게 비싼 것이 아닐지 몰라도 40년이 훨씬 지나서 만난 첫 근무지 학교의 제자들이 사 준 선물인 때문인지 아주 소중하여 함부로 신지도 못한다. 아직 두 번 밖에 신어보지 못하고 신발장 안쪽 가장 눈에 띄는 선반에 놓아두고 열 때마다 쳐다본다. 가끔 그 제자 아이들이 보고 싶고 생각나면 살짝 신어보고 다시 그 자리에 놓고 있다.

그 제자 아이들을 만난 지 한 해가 지나 두 달이 되어간다. 국내에 살고 있는 한 제자 아이가 스승의 날을 며칠 앞두고 카톡방에 글을 남겼다. 연락이 닿은 제자들 십여 명이 점심을 사고 싶다는 글이었다. 그러나 나는 약속할 수 없었다. 최근 얼마 전부터 수필을 쓰고 동화 작품을 교정하는 일을 일과처럼 여기고 몰두하는 편이다. 작품을 쓰고 있을 때는 가능하면 모임이나 사람들을 만나는 일을 접고 밖에 잘 나가지 않기 때문이다. 그래서 마무리하는 올가을쯤에 내가 먼저 그 제자들에게 연락을 해서 밥을 사겠다는 다짐을 하는 것으로 대신하였다. 웬만하면 제자들에게 아직도 꿈을 갖고 노력하는 모습으로 만나고 싶어지는 게 지나친 걸까?

교사로 근무하던 시절에 거의 해마다 학년말이면 학급 문집 '우리들 글밭' 을 만들어 준 일이 있다. 복사기가 없던 그 시절엔 잘 쓰지도 못하는 등사 글씨로 일일이 아이들의 문예작품을 고쳐 주고, 직접 써서 삽화를 그려 넣어 한 권씩 묶어 주었다. 시골 외딴 오지의 학교에서도 아이들이 큰 꿈을 갖고 저마다 소질을 살려 성장하기를 바라는 소망이 있었던 때문이리라. 어쩌면 그런 담임선생님의 정성어린 손길을 잊지 못하여 옛날 제자들이 함께 늙어가면서도 잊지 못하고 소식을 주는지도 모른다.

우리집 책장엔 지금도 해마다 등사 글씨로 혹은 아이들이 직접 삽화를 그리고, 싸인 펜으로 쓴 문예작품집 '우리들 글밭' 이 수십 권 꽂혀 있다. 아직 버릴 수 없는 내 삶의 한 부분이기 때문일 것이다.

20년이 흐른 뒤에 해마다 오월 둘째 주 일요일 오후 2시가 되면 내가 근무하던 학교 운동장에서 만나자는 제자들과 만날 것을 약속하면서 그 문집을 학년말 선물로 안겨 준 것이다. 그런 까닭일까?

오월이면 아직도 몇 명의 제자들이 뜬금없이 어떻게 전화번호를 알아내어 연락하고 있으니 고맙고도 반가운 일이 아닌가!

늘 그 제자들에게 꿈을 키워가며 노력하는 사람이 되라고 강조했으니 나도 늙어가면서도 이렇게 뭔가 글을 쓰고, 책을 읽고, 생각하며 공부하는 것 같다.

그래서 40년이 지나서 만난 제자들이 걷기 운동을 많이 하여 건강해진 모습으로 오래오래 만나며 맛있는 것도 같이 먹고, 세상 얘기도 나누며 서로 정겹게 지내자며, 사 준 '운동화'가 너무 소중하여 제대로 신지도 못하고 아끼는 것인지도 모른다.

그러나 이제부터는 그 운동화를 신발장에 고이 모셔 놓고 지내서는 안 될 것 같다는 생각이 든다. 자주 애용하여 신고, 그 제자들을 생각하며 건강하게 좋은 작품도 써서 책으로 엮어 만나면 한 권씩 사인을 해서 선물해야겠다.

하늘 저 멀리엔

많은 사람들이 이웃집 드나들 듯이 외국여행을 일상화하고 있는 데 회갑이 되면서 시작한 먼 여행길이니 뒤늦은 것이 아닐까? 그동안 먼 여행을 할 수 있을 만큼 건강이 따라주지 않았고, 두 아이 공부 뒷바라지와 뒤늦은 승진 준비로 경제적인 여유조차 없었다. 그래서 방학이면 우리나라 산천을 두루두루 구경하는 것으로 만족했었다.

이제 아이들도 컸고, 건강과 시간과 경제적인 숨통이 트여서일까? 아니, 퇴직을 앞둔 적지 않은 나이 탓에 조금씩 마음의 변화가 오기 시작했는지도 모르겠다. 더 늦기 전에 가 보고 싶었던 세계 여러 나라들을 가능하면 다녀보고 싶었다. 그래 방학이 되기 몇 달 전부터 지도와 인터넷을 통해 여행지를 물색했다.

무엇보다 이젠 자신에게 무엇이든지 조금씩은 투자해도 된다는 생각과 더 늦기 전에 먼 나라 여행을 많이 하여 더 배우고, 궁금증을 풀고 싶었다.

건강을 다 잃었다가 죽기 직전에 기적적인 신앙의 힘으로 새 생명을 덤으로 받았다. 그러니 어찌 감사하지 않으랴. 그렇게 제2의 인생을 살아온 지 이십 년이 훨씬 지났다. 그후 오늘까지 남보다 더 큰 열정으로 살아 왔기에 나에게 먼 나라 여행이란 어쩌면 사치스러운 것이 아닐까 가끔은 스스로에게 묻기도 했었다.

일주일 정도의 외국여행을 방학 때마다 하면서 나에겐 보이지 않는 많은 변화가 일어나고 있었다. 더 많은 낯선 나라들을 가보고 싶고, 체험해 보고 싶어졌다. 모든 것이 불편하고, 적응하는 시간도 남보다 많이 걸리는 편이지만 새로운 곳에 갈 때마다 설렘과 호기심으로 십년씩 젊어지는 자신을 발견하게 된다. 삶에 대한 의욕이 충만해지고, 집으로 돌아오면 마음의 여유마저 생겨 한결 생활에 활기가 생겼다. 그래 시간과 돈, 건강이 허락하는 한 여러 나라를 여행하고 싶다.

무엇보다 몇 시간씩 비행기에 탑승하는 것에도 익숙해졌다. 이번 중국 여행지에서의 경우처럼 버스로 대여섯 시간씩 이동하고, 높고 가파른 계단을 천 개가 넘게 오르내려도 견딜 수 있는 건강을 확인한 것이 제일 큰 소득이었다. 여행을 끝내고 집에 돌아와 너무 더운 날씨 때문에 지병이 도져 혈관 팽창으로 며칠 각혈로 고생하였지만 곧 회복이 된 것은 그나마 축복이었다.

8월 6일 밤늦게 인천 공항을 출발하여 호남성에 있는 장사 공항에 도착한 시간은 새벽시간이었다. 호남성은 인구 6천만 명이 넘는 곳이다. 우리나라보다 넓은 지역으로 중국엔 이런 성이 50여 개가 된다고 한다. 무려 우리나라 땅의 99배가 넘는 광활한 땅이다. 그곳에 삼성그룹 이 회장 정도의 부자가 2억 명이 넘고, 가난한 사람들이 8억 명이 넘는다고 한다. 물론 3억 명의 보통 생활수준을 갖춘 사람들도 있다. 인구만도 13

억 명이요, 주민등록에 나타나지 않는 1억 명 정도의 사람들을 합하면 14억 명이란 어마어마한 숫자가 나를 압도하게 한다. 세계 인구가 현재 70억 명 가까이 된다고 하니 오분의 일이 넘는 사람들이 중국 땅에 산다는 계산이다.

우리나라보다 한 시간 시차가 늦은 것 외엔 날씨조차 무더운 것까지 비슷하였다. 오성급 호텔임에도 목욕문화가 발달하지 않아 그 넓은 곳엔 샤워 시설만이 있고, 욕조가 없어 도착하면서 좀 불편하였다.

둘째 날, 아침 식사 후에 버스를 이용하여 찾은 곳은 장가계이다. 시내에서 그리 멀지 않은 지점에 위치한 전망대를 연결하는 세계 최장 길이 7.45키로미터, 35분 길이의 짜릿한 케이블카를 타게 되었다. 귀곡 산도와 귀곡산장, 천문사 사찰 구경은 잊을 수 없다.

가는 곳마다 줄지어 선 인파에 밀려 가파른 천이백 계단을 올라 비행기가 지났다는 천상의 동굴 천문동 정상에 섰을 때는 흠씬 젖은 온몸의 땀을 닦을 겨를도 없이 저절로 탄성이 흘러나왔다.

쉴 새 없이 손 전화기로 사진을 찍고 있는 남편에게 제대로 구경을 하라고 재촉하였으나 그는 여행에서 돌아가 시간이 지나면 남는 것은 사진뿐이라고 고집을 부리는 동안 헐떡거리면서도 사방을 두리번거렸다. 이제껏 한 번도 느껴보지 못한 자연경관의 아름다움에 그만 정신줄을 모두 빼앗긴 기분이었다. 그만큼 웅장하고, 거대하고, 신기한 자연의 모습에 뭐라고 표현할 방법을 찾지 못하고 말았다.

셋째 날엔 호남성 서북부에 위치한 중국 최초의 삼림공원으로 보기 드문 수려한 자연경관을 찾아 갔다. 봉호호수와 인공적으로 만든 봉호폭포는 숨을 줄일 만큼 아름다운 곳이었다. 기이한 형상의 수많은 봉우리와 용암동굴은 물론 아열대 경치와 다양한 생물을 보존하고 있다. 4억

년 전에는 바다였으나, 지구의 지각변동으로 육지로 솟아올라 오랜 시간 침수와 자연붕괴를 겪어 현재와 같은 깊은 협곡과 기이한 봉우리, 물 맑은 계곡 등의 자연절경을 만들어 냈다고 한다.

일 년 중에 이백 일은 비가 오는 곳이지만 다행히 날씨가 맑아서 제대로 구경하게 된 축복받은 손님들이라고 안내자는 몇 번이나 소개하였다. 쉴 새 없이 땀을 닦으며 걷고, 동굴 안에 있는 호수를 둘러볼 때는 작은 배를 타고 사방에 둘러싸인 협곡과 여러 모양의 봉우리의 담긴 전설을 들으며 공감하기도 하였다.

넷째 날엔 중국의 10대 원수 하룡 장군의 동상이 있는 하룡 공원과 수천 개의 봉우리가 바다를 이루는 서해, 그리고 아름다운 절경에 정신을 잃는다는 '미혼대' 가 있는 원가계를 구경하였다. 아찔한 절벽을 이루는 자연교각, '천하 제일교' 가 있는 곳을 지날 때는 온몸에 소름이 돋는 것 같았다. 그래도 계곡 아래서 잠시 지친 발을 담고, 맑은 물에 얼굴을 씻으며 쉬는 동안 신선이 된 듯이 마음이 맑아지고, 온통 잡념이 씻겨 내려가는 것만 같았다.

가장 기억에 남는 것은 저녁 식사를 마치고 옵션으로 구경한 천문동 동굴 밑에서 본 야외 쇼였다. 오백 명이 넘는 배우들이 나와서 뮤지컬에 가까운 전설 같은 이야기를 담아 낸 웅장한 연출에 홀딱 마음을 빼앗겼다. 저녁마다 수천 명의 구경꾼으로 여행코스 중에서도 가장 인기가 있다는 프로그램인 듯했다. 수천 년 전에 이곳 토속인들을 다스린 왕의 배필을 고를 때 천년 동안 동굴 속에서 공을 들여 여자로 바뀐 여우가 왕비가 되면서 빚어지는 애절한 사랑 이야기가 심금을 울린 것은 그만큼 예술적으로 잘 연출한 때문이 아닐까?

비록 말이 통하지 않는 곳에서 각기 다른 문화권에 있다가 한 장소에서 같은 예술작품을 관람한다 해도 진정한 사랑을 담은 이야기는 동서고금을 막론하고 누구에게나 큰 감동을 주는 것인가 보다. 갖가지 조명으로 연기 내용이 더 한층 무르익어 갔을 때는 여기저기 앉아 구경하던 낯선 사람들 사이에서 감동이 넘치는 듯 신음소리가 끊이지 않았다.

낯선 곳을 찾을 때의 불안과 두려움보다도 설렘과 호기심으로 나이를 십 년쯤 뒷걸음치게 하는 여행은 삶의 값진 보배를 발견하는 기쁨을 갖게 한다는 것을 더욱 실감하였다. 더불어 삶의 여유와 의욕을 충만하게 한 것 같기도 했다.

육십 고개를 넘어 세 계단쯤 올라 선 지금에도 나는 더 오르고, 또 오르면 하늘 저 멀리엔 누가 살고 있을까, 어떤 모습으로 거대한 자연경관이 보일까 어린애처럼 설레고, 궁금한 걸 보면 나이를 거꾸로 먹고 있는 것은 아닌지 자신이 신기했다. 아마도 살아 숨 쉬는 한, 낯선 곳으로 향한 기대와 꿈은 쉬지 않고 꿈틀거리지 않을까?

이제 가끔은 온 길도 뒤돌아보며 좌우를 살피고 앞을 향하여 걸어야 할 모양이다. 때로는 적당한 그늘이나 맑은 물이 샘솟는 계곡에서 잠시 지친 발을 담그고 쉬어가야 하려나 보다. 그래 이따금 낯선 곳에서 만나는 새로운 사람들과 따스한 정을 나누고 베풀며 나머지 인생을 아낌없이 태우고 싶다.

아직 무지개 빛깔의 이야기가 살아 있다는 사실을 믿고 싶다. 나라 밖 곳곳을 다니며 늘 시작하는 사람들의 설렘과 기대와 꿈을 간직하련다. 그때 내 삶의 의미도 더욱 값진 보배가 되지 않을까. 그곳엔 살맛나는 세상이 있고, 꿈과 사랑과 용기를 지닌 젊음이 있어 생명력이 샘솟는 하늘나라가 있지 않으랴.

내가 존경하는 사람

초등학교에 입학할 무렵 어느 초여름, 그해는 몹시 날씨가 가물어 모를 내고서도 논바닥이 갈라져 아버지는 매일 집 가까이 있는 논에서 지낸 것 같다. 윗집의 논에 물이 가득 고이면 몇 시간씩이라도 물꼬를 터서 우리집 논에 넣기 위해서였던 것 같다.

우리집은 열 마지기가 넘는 논이 모두 천수답이어서 해마다 여름철이면 물난리를 겪었던 것 같다. 바로 우리집 논 위에 큰 용수정과 여러 마지기 논을 가지고 있는 이웃집 아저씨가 자주 물꼬를 터주지 않으면 일찍 모내기를 해도 논바닥이 갈라지고 말라 심어 놓은 어린모가 죽거나 마르기 때문이었다. 그런데 그 시절엔 해마다 여름이면 물이 아주 귀하였다. 하늘에서 비가 내려야 논에 물이 고이고, 모를 옮겨 심거나 자랄 때까지 뿌리가 잠길 만큼의 물이 꼭 필요한데 천수답을 가지고 있어서 이웃집 아저씨의 배려가 없으면 논바닥이 갈라질 정도로 가뭄이 다칠 때마다 곤욕을 치룬 것 같다. 끙끙, 가슴앓이를 하면서도 아버지는 이웃집 아저씨의 마음을 거슬리지 않으려고 애를 쓰던 모습이 지금도 생생하게 떠오른다. 지금처럼 기계가 발달하여 아무데를 파도 웬만하면 물이 펑펑 나와 논농사에 큰 지장을 주지 않는 시절이 아니었다. 1950년대 말경이었으니 논농사에 필요한 물은 하늘만 바라봐야 하던 시절이었던 것 같다. 그래서 가뭄이 닥치면 사이가 좋던 이웃집끼리도 물꼬를 터주고 막는 일 때문에 자주 다투었던 것 같다. 그래서 신앙심 깊던 아버지도 끝내는 참지 못하고 이웃집 아저씨와 물꼬 싸움을 한 것 같다. 그런 모습을 몇 번 지켜보면서 나는 어른이 되면 꼭 공정한 판사가 되고 싶다는 꿈을 꾼 일이 있다.

그런 까닭일까?

우리나라의 유명한 법관을 제일 닮고 싶고 존경하게 된 것 같다. 특히 우리나라의 위인들 중에서는 세종대왕님을 존경하게 되었다. 평생 가르치는 일에 혼신을 다한 김활란 선생님도 많이 존경하게 되었다. 뿐만이 아니라 미국의 흑인들을 해방시켜 준 아브라함 링컨 대통령과 그 무렵 세계를 떠들썩하게 한 실존 인물인 케네디 대통령을 아주 좋아하면서 존경하는 사람으로 손꼽았던 일이 있다. 그래서 그런 사람들과 관련된 책을 찾아 정독하며 중요한 부분의 글은 꼼꼼하게 메모하기도 했다. 그런데 중학교 2학년부터 문예반을 지도해주신 담당선생님의 영향을 받아 훌륭한 작가가 되고 싶다는 꿈을 꾸게 되었다. 우리나라 근대문학을 반석 위에 올려놓은 김동리 선생과 황순원, 여성으로서는 박경리님과 모윤숙님의 작품을 탐독하면서 존경하였다.

헬만 헤세와 괴테, 톨스토이, 실존주의자 사르트르에 심취하면서 내가 존경하는 사람의 폭도 넓어지지 않았나 싶다. 또 바뀌어 갔다.

교육대학 중에 많이 아프면서 사경을 헤맨 일이 있는데 하루도 빠짐이 없이 새벽마다 교회를 찾아 무릎을 꿇고 기도하신 어머니를 가장 존경하게 된 것이다. 십남매를 새벽기도 속에서 눈물과 정성으로 키워 낸 우리 어머니의 모습이 삶의 어려움을 겪으며 내 안에 꽉 차버린 분이 되고 말았다.

시골에서 보릿고개를 겪으면서도 허리띠를 졸라매고 자녀를 사랑과 기도의 띠로 묶어 정직하고 따뜻한 성품을 지닐 수 있게 키워 준 어머니를 지금도 나는 가장 존경하고 사랑한다. 우리 어머니는 평생 자녀들에게 욕을 하거나 찡그린 일이 없이 생활하셨을 뿐 아니라 자녀가 힘든 일을 겪을 때면 손을 마주 잡고 우선 기도부터 해 주셨다. 이젠 세상에 안 계신 분이지만 60대 후반에 접어 든 요즘에도 어렵고 힘든 일이 생기면 나는 우선 눈을 감고 어머니를 떠올린다. 그리고 새벽마다 십리가 더 되는 먼 길을 하루도 쉬지 않고 달려가 무릎을 꿇고 뭐든지 기도로 해결해 나간 어머니의 신앙심을 깊이 사랑하고 존경한다.

그러나 사실 1990년 1월 중순경에 건강의 악화로 마지막 가는 길을 위해 집에다 가족과 가장 가까운 친구에게 유서를 써 놓고 먼 포천 땅에 위치한 H 기도원에 한 달간 입원하면서 내 삶에 큰 변화가 생겼다. 사흘 밤 사흘 낮을 잠자지 않고 혼신을 다 하여 회개기도를 한 일이 있는 나를 바로 세워준 그 분은 귀하게 얻은 어린 아들의 갑작스러운 죽음으로 가장 절망 가운데 몸부림치다가 기도 속에서 하나님을 만난 체험 때문에 거듭난 인생을 살게 되었다는 그 기도원 원장님이었다. 그곳 성전 안에서 내게 첫 안수기도를 해 주며 '범사에 감사하라' 는 말씀과 실천 신앙의 삶을 26년이 지난 오늘까지 보여 주는 K원장 목사님의 모습은 언제나 나를 감동의 도가니 속으로 몰아간다. 전국과 세계 선교지에 130여 기관을 세워 밤낮이 없이 주1회, 혹은 한 달에 1회씩 승용차로, 큰 배로, 비행기로 달리고, 날아서 주의 말씀을 전하고, 아픈 자, 낙심하는 자, 가난한 자를 찾아 위로하고, 일으켜 다시 세우는 그분의 모습을 볼 때마다 옷깃을 여민다. 차 안에서, 비행기 속에서 쪽잠을 자면서도 하루 24시간이 모자랄 지경으로 바쁘게 일정을 소화 시킨 지 벌써 36년이 지났다고 한다.

기도원이 설립된 이후 초창기엔 수백 수 천 수만 명이 몰려드는 원장 목사님의 집회 때문에 한 때는 사회적인 물의를 일으키기도 했다. PD수첩에 취재가 되어 방송을 타거나 심지어 같은 종교인끼리도 정통적인 종교 행위가 아니라고 온갖 핍박을 퍼붓기도 하였다. 나는 그 무렵 그 H 기도원에 한 달 이상 입원하여 죽을 준비 기도를 하다가 뜻밖에도 계속 되던 기관지확장에서 온 각혈이 멎고, 병이 고쳐지는 기적을 만났다. 그 뿐인가?

영혼이 맑아지고, 절망과 좌절에서 희망의 첫걸음을 딛고 일어나 제2의 인생을 살게 되었다. 고칠 수 없는 육체의 아픔을 가지고 마지막 찾아온 이들에게 희망의 끈을 쥐어주고, 모든 것을 내려놓은 채 오직 예수 한 분만을 믿고 섬기는 기도의 삶 속에서 변화하는 삶의 현장을 직접 본 나는 끝없이 눈물을 흘리고 말았다. 날마다 그들과 같이 숨 쉬고, 먹고, 찾아다니며 다시 일으켜 세우는 H원장님의 뜨거운 열정, 헌신, 베풀고 나누어 주며 한없이 용서하고 사랑을 실천하는 그분이야말로 내가 세상에서 가장 존경해야 할 분이 아닌가!

많은 성도들의 존경과 사랑을 받는 가운데 36년이 지나도록 130여 개의 기관을 모두 법인화하여 개인 소유가 단 한 곳도 없다고 하니 인간의 가장 큰 욕심까지 버리고 오직 예수님의 향기를 드러내는 삶을 살고 있는 게 아닌가!

한 때 자녀의 안타까운 죽음 때문에 평생 남에게 베풀고, 아픔을 겪는 사람들에게 몸소 다가가 신앙의 힘으로, 사랑의 실천으로 다시 일으켜 세우는 삶이야말로 존경받아야 할 사람이 아닐까?

어떻게 사는 것이 가장 값지고 삶을 가장 아름답게 마무리할 수 있는 일일까?

한동안 바쁜 직장 일 때문에, 자녀들 때문에 최근 십여 년간 이곳 H기도원에 가서 예배드리는 일을 게을리 한 것 같다. 그러나 이젠 나이가 들어가면서 더 늦기 전에 봉사하고, 이웃을 돌봐야 한다는 생각이 그 어느 때보다도 내 마음을 흔들어 놓고 있다. 건강을 찾아 27년째 직장 일도 잘 마치고, 자녀들도 잘 키워 내지 않았는가?

늘 '덤으로 사는 삶' 이라고 생각하며 지내왔는데 지금부터라도 주변을 더 살피며, 내가 세상에서 가장 존경하는 H원장 목사님처럼 어렵고 힘든 사람에게 다가서서 위로하고, 기도해주며 사랑을 실천해야 하지 않을까!

아버지

눈보라 휘몰아치는 12월 하순, 예수님의 탄생을 기념하는 축제와도 같은 성탄절이 가까워오면 어김없이 엄격하기만 하셨던 아버지 생각을 많이 한다.

온식구가 아버지 앞에 서면 늘 숨을 죽이고 할 말을 제대로 하지 못할 만큼 무섭고 두려워하던 일이 떠오른다. 밥상머리에서는 말이 없이 조용하게 무릎을 꿇고 끝까지 식사를 해야만 했다. 식사를 마친 후에도 수저를 가지런히 밥상 위에 놓고 어른이 일어설 때까지 기다리다보면 다리에 쥐가 나서 쩔쩔맬 때가 한두 번이 아니었다.

언니, 오빠와 동생 사이에 끼어 있는 나는 특히 아버지를 더 어려워 한 것 같다.

아버지가 마을 사람들과 어울리다가 저녁 늦게 돌아올 무렵이면 바깥 사립문 쪽에서 두어 번 기침을 하고 들어오시는 인기척에 놀라 안방 한 쪽 귀퉁이에 놓여 있던 앉은뱅이책상 앞에서 공부하던 나는 벌떡 일어나곤 했다. 그리고 책갈피를 펴서 안방문 쪽이 컴컴하도록 책상 위에 놓인 등잔불을 가렸다.

"계집애가 석유 한 방울도 아껴야지, 밤중까지 켜 놓으면 하늘에서 돈다발이 쏟아지는 것도 아닌 데 매일 밤 책상머리에 엎드려 있으니……. 공부해야 할 아들 녀석은 초저녁부터 쿨쿨 퍼질러 자고 있는데 계집애가 밤마다 불을 밝히고 있으니 내 원 참……."

가슴을 조이며 아버지가 혹시 안방 문을 활짝 열어젖힐까봐 등잔불을 뒤로 한 채 일어나 서성거리면 아버지는 기침 한 번 내뱉고 건너방을 열고 들어 가셨다. 그때서야 나는 한숨을 돌리고 다시 앉은뱅이책상 앞에 앉아 책을 펴곤 했다.

아버지는 십남매를 두셨지만 내가 어린 시절에 모두 시집을 갔거나 일찍 죽어 사남매가 같이 한 집에서 성장하였다.

딸 일곱에 아들 삼형제였지만 외아들인 오빠와 언니, 동생이 있었고, 위로 오빠 둘이 일찍 죽어 얼굴도 모른다. 그리고 언니들은 모두 나이가 많아 출가를 하였다.

내 어린 시절의 아버지 모습은 부지런하시고 매사에 반듯한 분이다. 특히 남한테 싫은 소리를 못 하여 혼자 끙끙 해결하려는 모습을 몇 번씩 본 일이 있다.

그런데 자식들한테는 엄격하고 칭찬에 아주 인색하여 고등학교 1학년 겨울에 돌아가실 때까지 나는 한 번도 아버지한테 칭찬을 받은 기억이 없다. 학교에서 시험을 잘 치러 상장을 받아 오거나 우수한 성적표를 받아 와도 아버지는 슬쩍 그 상장을 넘겨다본 뒤에 휙 내게 던진다.

"이 종이 한 장에서 돈이 나오느냐, 밥이 나오느냐?"

아버지의 이 한 마디에 나는 맥이 탁 풀려 돌아서서 훌쩍거린 일이 수 없이 많았다. 그때마다 아버지에게 칭찬 한 번 제대로 받아보고 싶어 입술을 지그시 물고 더욱 학업에 힘쓴 것 같았다.

아버지는 다른 사람들보다 세배가 넘을 만큼 농사일을 많이 하셨다. 할아버지가 옛날 젊은 시절에 노름을 좋아하여 그 많던 가산을 모두 탕진하고 돌아가시는 바람에 열아홉 살부터 아버지는 집안의 가장노릇을 하였다고 한다. 그래서 아버지는 새벽부터 저녁 늦도록 집안 일뿐 아니라 마을 사람들의 일도 도맡아 하여 잃었던 땅을 십수 년 만에 거의 다 찾았다고 한다. 하지만 내가 중학교 2학년에 진급할 무렵 갑자기 아버지는 쓰러져 병원에 실려 가게 되었다. 중풍병이라고 했다. 바로 손을 써 치료를 받았기 때문에 한쪽 팔다리에 힘을 잃어 절뚝거리셨지만 그 한 손으로 농사일을 돕기 위해 애쓰셨다.

집안 일을 돕다가 군에 입대하게 된 오빠 때문에 많이 상심하던 아버지는 불편한 몸 때문인지 전보다 우리에게 많이 너그러워지셨다. 하지만 언니마저 직장 일로 집을 떠나고 동생과 엄마 그리고 내가 아버지의 손발이 되기에는 쉽지 않았다. 그런 탓에 엄마와 여동생은 집안 일을 핑계로 누워 있는 아버지 근처에 잘 오지 않았다.

결국 아버지를 많이 닮았다는 내가 가까이서 시중을 들게 되었다.

"네가 아들로 태어났으면 얼마나 좋았겠니?"

학교에서 돌아와 시중을 들면서 학교에서 있었던 일이나 집안 대소사의 일을 수첩에 적어 보이면 아버지는 전에 없이 부드러운 눈길을 주시면서 내 손을 한 손으로 꼭 잡아 주었다.

'아버지가 몸이 불편해서일까? 왜 이렇게 나한테 의지하려는 모습일까?'

아버지의 주름진 얼굴을 바라보면서 공연히 눈시울이 뜨거워지곤 하였다. 큰 소리로 꾸중을 하시거나 엄격하시던 그 모습이 오히려 좋았기 때문이었다.

그런데 고등학교 1학년의 학력을 평가하는 학기말 고사를 하루 앞둔 추운 겨울 도서관에서 시험공부를 마무리하고 돌아온 저녁이었다.

한쪽 팔을 겨우 쓰시던 아버지가 저녁때 마당에서 장작을 패다가 쓰러져 정신을 잃고 안방에 누워 있었다. 의사가 왕진을 다녀갔지만 중풍 병이 재발되어 위급한 상태라고 하였다.

지금부터 50년 가까이 된 그 시절이라 응급 상황이 와도 구급차를 부를 수 있는 시절이 아니었다. 동네에 전화기 한 대가 없었고, 십리 길을 달려 사강 우체국까지 가야 겨우 교환을 통해서 사용할 수 있었다. 아무튼 그날 밤 자정이 가까워오도록 아버지는 목에서 가래 끓는 소리가 요란하게 들리다가 하늘나라로 돌아갔다.

사흘 장례를 치르게 되었는데 눈보라가 계속 휘몰아치고 날씨마저 추워 집에서 3㎞쯤 떨어진 종산으로 아버지 상여를 멘 동네사람들이 많이 고생하였다.

그 당시 꽁꽁 언 땅을 파낼만한 포크레인 기계도 없어서 시집 간 큰 언니들이 울며 떼를 썼다. 동네 사람들이 눈이 수북하게 덮인 무덤자리를 곡괭이와 삽으로 쳐 내고 불을 피워 언 땅을 녹인 뒤에 관을 넣어 산소를 만들고 흙을 덮었다.

외아들인 오빠가 군에 입대한 지 꼭 8일째 되는 날이었다. 오빠는 훈련 중이었다. 결국 아버지의 죽음을 알리는 관보조차 칠 수 없어 눈보라 휘몰아치는 외딴 산골에서의 장례 모습은 눈물 없이는 바라볼 수 없었다.

아버지가 세상을 떠나 하늘나라로 간 지 48년째가 되었지만 해마다 추운 겨울이 오면 평생 동안 가족의 생계를 책임지고 쉴 새 없이 농사일을 하다가 어느 날 중풍 병으로 쓰러진 모습이 떠오른다. 온갖 노력을 다 하여 투병하시다가 재발해서 돌아가시던 그 모습이 떠오르면 지금도 눈가가 젖어온다. 자녀들에게 엄격하고 무서운 모습을 보여 주었지만 늘 남보다 부지런하고, 싫은 소리도 못 하고 궂은일을 맡아 하여 동네 사람들의 칭송을 받아 온 분이 아닌가?

아껴 쓰고 돈을 모아 잃었던 땅을 찾아 가산을 일으킨 아버지는 신앙심도 아주 컸다. 자식들에게는 용돈 한 번 안 주시면서도 이모부가 동네에 개척교회를 세우실 때는 땅 문서를 잡혀 돈을 끌어다가 건축이 끝날 때까지 재무부장의 일을 감당하신 것을 기억한다. 십일조 생활을 어김없이 실천하여 자녀들에게 믿음의 본보기를 보여 주신 아버지를 한 때 원망했던 자신을 생각하면 지금도 고개가 숙여진다.

비록 자식들 앞에서 칭찬에 인색하셨지만 남들 앞에서는 누구보다도 어질고, 바른 신앙심을 가졌을 뿐 아니라 검소하고 부지런하셨던 아버지를 사랑하고 존경한다. 또한 밖에 나가 다른 사람들한테 자녀들이 착하고, 예의바르며 공부를 잘 한다는 칭찬을 듣고 온 저녁이면 싱글벙글 웃으시며 말이 없이 다가와 머리를 쓰다듬어 주시던 아버지의 모습이 그립다.

세상을 떠날 무렵의 아버지 나이가 되고 보니 이제야 아버지의 깊은 마음이 느껴지고 이해가 되는 것 같다. 어렴풋이나마 아버지의 그 속마음이 느껴온다. 진짜사랑은 마음속으로 깊이 하는 것이고, 다만 표현하는 방법이 서투르셨을 뿐이라는 것을 너무 늦게 깨달은 것 같다.

왜 그렇게 자녀에게 엄격하고, 검소한 모습으로 생활하셨는지, 자녀에게는 칭찬에 인색하셨는지…….

그동안 문화도 많이 바뀌고, 생활도 달라져 모두 옛날일로 바뀌어 추억 속에서 만나는 아버지의 모습이지만 사는 그날까지 아버지의 가르침을 마음에 새겨 내 자녀에게도 평생 따뜻하고 신앙심 깊은 엄마로 살고 싶다.

살아생전에 자녀들이 부모의 깊고 큰 사랑을 어찌 다 알고 이해할까?

돌아보면 흔적

바로 지난 토요일의 일이었다. 이른 새벽부터 서둘러 모처럼 부부동반 외출준비에 분주하였다. 서울 강남에 살고 있는 그이 친구 부부를 태우고 강원도 인제군 남면 산골마을까지 가기 위해서였다.

아침 7시를 좀 넘겨 서울 친구가 살고 있는 고급 빌라에 도착하니 벌써 주차장에 나와 있었다. 그런데 큰 아이스박스와 과일 상자가 여럿이었다.

십여 명이 먹을 고기와 술, 과일, 과자 등이라고 한다.

다른 부부들도 잠시 후에 합류하여 승용차 두 대로 8명이 출발하였다. 일찍 출발하였는데도 주말이라 고속도로에서 한참 지체하였다. 그러나 나는 여행을 떠나는 설렘 때문에 지루한 줄 몰랐다.

마지막 휴게소에서 함께 커피를 마시고 얘기를 나누며 서먹한 분위기를 없앴다. 그동안 해마다 한 번 정도는 부부동반 모임이 있어 모두 익숙했지만 나는 거의 십여 년 만에 처음 참석한 때문인지 서먹하기만 하였다. 다행히 남편들이 40여 년 이어 온 모임 탓인지 차 한 잔 나누는 동안 나도 곧 친숙해졌다. 정말 다행스러운 일이었다.

나이를 먹어가고 있는 탓일까?

세상살이 풍파를 겪은 사람들끼리 통할 수 있는 그런 익숙하고도 편안한 마음이 생기면서 서로 이해하는 그런 사이가 된 것 같았다.

15년 전에 직장을 퇴직하고, 세 살 정도의 지능을 가진 장애아들 둘을 데리고 네 식구가 산골생활을 하고 있다는 그곳에 찾아가는 날이었다.

대학 재학 중에 '이상농촌 건설' 이라는 큰 뜻을 품고 발족한 '양우회' 라는 모임이 있었는데 현재는 뿔뿔이 흩어져 5~6명이 겨우 명맥을 이어가고 있다. 그러나 남편은 어느 모임보다도 애착을 갖고 있고 그 회원들과는 끈끈한 우정을 나누고 있다. 그래서 아이들이 어렸을 때에는 집집마다 돌아가며 초대를 해서 한 해 한번 정도는 부부동반으로 모여 어울렸다. 그동안 지병으로 투병하던 1990년 전후해서 오랫동안 나는 그 모임에 끼지 못하였다. 그러다가 건강이 회복한 뒤에도 직장생활과 교회생활 등 바쁘다는 핑계로 부부동반 모임에 번번이 빠지다가 겨우 이번에 합류를 한 셈이다. 그런데 그들이 아무런 내색을 하지 않고 반갑게 대해주니 더없이 고맙다.

현재 38세, 36세의 건장한 젊은이가 된 장애아들 둘이 남의 시선을 받지 않고, 건강하게 일하면서 자유롭게 살도록 고민 끝에 퇴직금과 가산을 털어서 마련했다는 산골 농장이 가까워질수록 몹시 궁금해졌다.

정오가 가까워서야 꼬불꼬불 깊은 산속 끝자락에 위치한 '무위자연농원無爲自然農園' 에 도착하였다. 주소를 찍고 갔지만 인제군 남면 수산리 산골로 접어들면서 운전하던 남편이 몇 번씩이나 달리던 산길을 후진하다가 멈추고 다시 앞을 향하느라고 진땀을 흘렸다. 양쪽 아름드리 우거진

나무들과 무성해진 숲속엔 겨우 승용차 한 대가 꼬불꼬불 오솔길을 헤치기도 어려운데 양쪽 갈림길을 왔다갔다 헤매기를 여러 번 만에 맨 위쪽 산골짜기에 홀로 사는 친구네 집을 발견한 것이다. 너무 깊은 산속이라 휴대폰도 잘 터지지 않아 집을 찾기가 더 어려웠던 것 같았다.

열어젖힌 차창 너머 산 속에서 들려오는 새소리, 벌레소리가 요란하고, 여기저기 날쌔게 뛰어다니는 다람쥐와 생쥐들이 눈에 띄어 깜짝 놀랐다.

가파른 산등성이 높은 산으로 빙 둘러싸인 외딴 곳에 두 채의 큼직한 조립식 집이 보였다. 마당이 한 뼘쯤 보이는 길목에 들어서자 사방 둘레를 아주 넓게 초록빛 울타리로 높게 둘러싸였고, 그 울타리 정문 입구엔 '무위자연농원' 이란 이름의 입간판이 높게 세워져 있었다.

인기척 때문이지 넓은 마당에 승용차 두 대가 멈추기도 전에 목줄을 감고 기둥 앞에서 '컹컹' 짖어대는 송아지만한 개 한 마리가 우리를 반겨주었다. 뒤따라 주인 집 네 식구가 활짝 웃으면서 반갑게 맞아 주었다.

차에서 내리자마자 기지개를 켜면서 사방을 둘러보니 시원하고도 상쾌한 공기가 코를 온통 휘감아 내리면서 온몸이 나를 듯이 가벼워졌다. 소나무와 잣나무, 다닥다닥 붙어 있는 밤송이로 꽉 차버린 아름드리 밤나무와 상수리나무, 분홍색깔이 춤추듯이 휘날리는 싸리꽃무더기 속에서 뿜어내는 짙은 자연의 향기가 코끝을 어루만졌다. 깊고 깊은 산속에서 멱 감듯이 휘감아버리는 맑은 공기를 타고 청정지대에서만이 맡을 수 있는 나무와 꽃들이 어우러진 향기로운 냄새가 너울너울 춤추며 내 온몸 속으로 스며드는 것 같아 잠시 정신이 혼미해졌다. 눈을 지그시 감았다. 그 맑고 깨끗하면서도 온몸의 독을 씻어버릴 듯이 깊고 그윽하고 짙은 향기 속에서 벗어나고 싶지 않았기 때문인지도 모른다.

차에서 내린 8명의 도시인들은 모두 같은 느낌을 받아서인지 한동안 말이 없이 두 팔을 벌리고 선 채 사방을 살피다가 '컹컹' 짖는 개소리가 멈추지 않아 그때서야 주인집 식구들을 바라보았다. 서로 엉켜 끌어안고 반가움을 표시할 때 비로소 나는 정신을 차리고 주위를 살폈다.

키가 180㎝가 넘는다는 두 아들 기상이와 세상이가 우리에게 다가서더니 꾸벅꾸벅 허리를 굽혀 인사하였다.

"너희가 기상이와 세상이로구나. 아주 많이 컸구나. 정말 의젓해졌어."

머리를 쓰다듬으면서 가지고 간 과자보따리를 넘겨주니 겅중겅중 뛰면서 안으로 가지고 달아났다. 그런데 큰 아들 기상이는 안으로 자취를 감추고 다시 밖으로 나오지 않았다. 둘째 아들 세상이가 잠시 후에 작은 바구니에 여러 가지 과자를 가득 담아들고 활짝 웃는 얼굴로 성큼성큼 뛰어 어른들이 모여 앉아 음식을 먹고 있는 곳으로 왔다. 그러더니 과자를 한 줌씩 집어 아빠, 엄마 친구들에게 일일이 나눠 주는 것이었다. 마당 한 귀퉁이 통나무 테이블 앞에 둘러 앉아 차려 놓은 음식을 먹고 있던 우리는 그 아이의 머리를 쓰다듬어 주면서 그 과자를 다시 건네주었다. 어른들의 표정엔 안쓰러워하는 빛이 뚜렷하였다.

"네가 둘째 아들 세상이로구나. 괜찮아. 너와 형이 먹으라고 사 온 거야."

그 아이는 고개를 갸우뚱거렸다.

"세상이가 모처럼 사람들이 많으니까 좋아서 저렇게 싱글벙글거리는 거예요. 제가 좋아하는 과자를 아무한테 주지 않거든요. 오늘 기분이 몹시 좋아서 저렇게 인심을 쓰는 거예요."

덩달아 함박웃음을 터뜨리며 세상이 엄마가 주위 사람들에게 덧붙이는 설명에 둘러 앉아 음식을 먹으며 잠시 안쓰러워하던 사람들의 얼굴이 갑자기 환해졌다.

"저 아이들 때문에 이 많은 농장일을 거뜬히 함께 할 수 있어서 아주 좋아요. 이젠 적응이 되어 세상이가 제법 집안 일을 돕고 있어요. 힘이 장사거든요. 올봄엔 저 높은 산에서 참나무 30그루를 베어 마당 끝으로 옮기는데 아주 큰일을 했어요. 아빠와 같이 땀을 뻘뻘 흘리면서 그 무거운 참나무 토막을 모두 날라 저기 마당 끝으로 옮겼어요. 참나무 토막에 물을 주고, 표고버섯 씨를 파종하는 일을 세상이가 아주 많이 도왔답니다."

세상이 엄마는 그런 아들의 모습이 퍽 대견스러운 모양이었다. 칭찬하는 엄마의 모습 속에서 행복한 표정을 가득 느낄 수가 있었다.

"다만 가끔 밭에 심어 놓은 곡식을 잡초인 줄 알고 아무거나 모두 뽑아버려 일을 그르치긴 하지만 그래도 처음보다는 훨씬 나아졌어요."

잠시 장애아 둘을 둔 엄마의 얼굴엔 그늘이 스쳤다.

그러나 얼굴엔 평화와 행복이 서려 우리 모두의 마음을 찡하게 만들었다. 고통스럽고 힘든 세월의 긴 어둠의 터널을 빠져나와 맑고 밝은 하늘을 마주 대하였을 때 느낄 수 있는 그런 삶의 값진 행복을 맛본 자의 여유로움이 보였다.

무거운 짐을 모두 내려놓고 산골짜기 외딴 곳에서 몸과 마음이 온전하지 못한 자녀들에게 무한한 사랑을 쏟으면서 하루하루 자녀들이 조금씩 건강해지고, 적응해 가는 모습에 감사하며 대자연과 늘 함께 하는 진솔한 삶을 바라보며 나는 가슴 속에서 뜨겁게 솟아오르는 그 무언가를 느꼈다.

부부의 사랑의 열매요, 평생 아픈 흔적으로 세상에 남아 있을 두 아들의 모자란 모습을 보면서 그들 부부는 날마다 기도하는 마음으로 살아가지 않을까?

벌써 20년이 훌쩍 넘어 몇 해만 지나면 30년이 다 되어갈 그 옛날에 나는 글을 쓰다가 병이 들어 오랫동안 사경을 헤맨 일이 있지 않은가?

대학병원을 전전하다가 결국 시한부의 삶을 마무리해야 할 지경에 이르러 담임목사님의 추천으로 포천 땅에 있는 기도원에 입원하여 혼신을 다 해서 기도한 일이 있다. 그 때 기도 굴에서 사흘 밤 사흘 낮을 잠자지 않고 잘못 살아온 날의 기억을 모두 회개하고, 무릎 꿇어 하나님께 기도한 일이 지금도 생생하게 떠오른다. 그리고 그곳 원장목사님을 통하여 가슴에 안수를 받은 흔적이 아직도 내 삶을 지배하고 있다는 생각에 늘 믿음생활에 최선을 다 하려고 한다. 가끔, 아주 가끔 샤워를 하다가, 혹은 힘든 일을 만나 간절하게 무릎을 꿇고 기도할 때면 나는 지금도 내 가슴 한복판에 새겨진 그날의 안수자리를 들여다보며 옷깃을 여민다. 더 낮아진 모습으로, 범사에 감사하면서 베풀고, 나누며 살아야겠다는 다짐을 하다보면 어느 새 세상이 밝아 보이고, 크고 작은 삶 속에서 행복하다는 것을 느낀다.

몸이 성치 않아 부모의 마음을 평생 아프게 하는 자식일지라도 눈 앞에서 조금씩 달라지고, 좋아지는 아주 작은 모습을 바라보며 희망의 끈을 놓지 않는 세상이의 부모를 만나 마음 깊이 묻어두고 싶었던 내 삶의 아픈 흔적을 꺼내본다. 그리고 지금까지 건강 지켜주시고 잘 살아오게 해 주신 나의 하나님께 감사드린다.

서울에서 두 아들이 고등학교까지 특수학교를 졸업하던 그 무렵엔 나라에서 아무런 혜택을 받지 못하여 남편이 벌어오는 봉급을 모두 자녀

교육에 쓸 때보다는 현재의 삶이 더 행복하다고 한다. 자녀들과 같이 땀 흘려 농사를 짓고, 산과 들에서 갖가지 열매와 채소, 곡식을 가꾸어 먹고 사는 생활 속에서 조금씩 건강이 좋아져 가는 아이들의 모습을 지켜보는 일이 아주 소중해졌다고 이야기하는 엄마의 눈가엔 어느 새 젖어 있었다.

그런데 잠시 두 채의 조립식 집을 둘러보다가 발견한 게 있었다. 사방 벽에 예쁜 페인트칠을 하고 여기저기 수십 개의 그림이 걸려 있는 것이었다. 모두 아이들 솜씨의 그림인데 마치 개인 전시회장에 온 것처럼 제법 맵시 있게 걸려 있었다.

"저 그림이 뭐예요?

내가 문득 생각난 듯이 아이 엄마를 물끄러미 바라보며 물었다.

"아, 저 그림들은 기상이와 세상이가 모두 그린 거예요. 대부분 둘째 아이, 세상이가 그린 그림이지만……. 큰 아들은 가끔 그려요. 아직도 밖으로 나와서 활동하는 것을 싫어해요. 지금도 저 혼자 거실에서 가만히 앉아 텔레비전을 보고 있을 걸요. 이곳에 와서 심심할 때마다 아이들이 그림을 그리고 있어요."

두 아들이 장애를 딛고 홀로 설 수 있기를 소원하면서 6만여 평의 산과 밭을 사서 15년째 그 외딴 산골짜기에서 정착을 했다니 저절로 고개가 숙여졌다.

도시 한복판에서 그 큰 아들들이 설 곳이 마땅하지 않아 단순 노동을 하면서 땀을 흘려 일하게 하고, 마음껏 산골에서 누구의 제재도 받지 않고 자유롭게 살도록 부모가 노후에 외롭게 사는 길을 택했다는 일은 아무나 할 수 없는 일이 아닌가!

주변 어디를 둘러 봐도 먹고 살 수 있는 과일과 곡식과 채소가 그득하여 마음은 풍요롭기만 하였으나 마음 한구석이 깊은 감동과 생각으로 꽉 차버린 느낌이었다. 느긋하게 점심을 먹은 뒤 산에서 재배한 오미자차와 칡차 등 다양한 후식으로 입가심을 하자 모두 약속이나 한 듯이 승용차를 타고 혹은 걸어서 산모퉁이를 돌아 한참 올라가니 수익성을 올리고 있다는 2천여 평의 오미자 밭에 이르렀다. 잡초 제거를 제대로 하지 못하여 풀이 무성해진 오미자 밭엔 붉게 물들어가는 열매가 그득하였다. 여자들은 그 밭에서 그리 멀지 않은 산자락에 벌써 아람이 벌어진 밤나무 밑으로 달려갔다. 풀숲에 떨어진 밤톨을 주우며 좋아서 소리쳤다. 양쪽 겉옷 주머니가 불룩해지자 오미자 밭 가까이에 지어 놓은 원두막에 앉아 얘기꽃을 피웠다. 나는 원두막 근처에서 달래를 캐고 연한 민들레 줄기를 땄다. 몇 번 먹을 수 있는 분량이 되었을 때 비가 쏟아졌다. 그래서 할 수 없이 자리를 털고 일어났다.

앞으로 살아가면서 힘든 일을 만나거나 삶의 무게가 무거워 올 때면 가끔씩 이곳 강원도 인제군 남면 수산리 외딴 산골을 찾고 싶다. 몸이 불편한 두 자녀와 같이 땀을 흘리며 농사를 짓고, 철따라 맺는 산 속 열매를 따서 팔고, 먹고 살면서도 감사하며, 행복해하는 무위자연농원無爲自然農園의 사람들을 만나고 싶기 때문이다. 사랑의 열매들이 평생 아픈 흔적으로 남아 있는 그 자녀들을 외면하지 않고 거짓이 없는 대자연 속에서 같이 행복을 가꾸어 가는 모습을 보면 나도 희망의 끈을 놓지 않고 끝까지 살아갈 수 있지 않을까?

그 옛날 지병으로 죽고 싶을 만큼 괴롭고, 아팠던 날에 어둡고 캄캄했던 긴 터널을 빠져나오게 한 그분의 흔적이 내 삶을 지배하고 있다는 것을 다시 한 번 느낄 수 있을 것 같기 때문이다.

5

서호 저수지 풍경

광교산의 봄

주말을 이용하여 퇴근하자마자 등산복 차림으로 옷을 갈아입고 혼자 집을 나섰다. 겨우내 운동을 하지 못하여 온몸의 근육이 움츠려 든 것 같아서였다.

아직 꽃샘 추위가 가시지 않아 좀 쌀쌀했지만 두툼한 등산복이 부담스러워 털 달린 속 잠바를 빼내고, 빨간색 겉옷만을 입었다. 그리고 얇지만 따뜻하고 색깔 고운 보랏빛 티셔츠를 속에 바쳐 입고 등산화까지 챙겨 신으니 제법 산에 오르는 사람 같았다.

목적지는 광교산 형제봉이었다. 집에서 차로 20분쯤 이동하여 수원교육지원청에 세워 놓고 걸었다.

경기대 입구에 위치한 반딧불 화장실 위쪽으로 있는 꼬불꼬불한 계단을 올라 소나무 숲길에 들어서니 벌써 숨이 차올랐다. 기관지가 안 좋아 겨울이면 가벼운 등산이긴 하지만 멈추었다가 봄이 오는 소리가 들려오면 다시 오르곤 한다. 그래서인지 이렇게 다시 산에 오르면 힘이 드는 것인지도 모르겠다. 아마 주말마다 몇 차례 오르다보면 익숙해져서 예전처럼 숨도 안 차고 몸도 가벼워지리라.

한 시간쯤 산길을 따라 걸었을 때 처음보다 몸이 훨씬 가벼워진 것을 느꼈다. 겉옷 단추를 풀고 언덕배기에 위치한 긴 통나무 의자에 앉아 준비해 온 물을 마시고 긴 호흡을 들이쉰 뒤에 비로소 주변을 천천히 살폈다. 앞서거니 뒤서거니 걷던 사람들이 멀어졌는데 그리 멀지 않은 곳에 엎드려 집게로 무엇인가 열심히 줍는 할아버지 한 분이 눈에 띄었다. 자세히 바라보니 그 할아버지의 한 손엔 쓰레기가 제법 꽉 차 있는 봉투가 들려 있고, 한 손에 있는 집게로 사방을 두리번거리며 허리를 굽혔다가 제치면서 나뭇잎 속에 깔려 있는 휴지까지 파헤쳐 담고 있는 게 아닌가!

나도 모르게 벌떡 일어나 할아버지한테 가까이 가서 애쓰신다고 인사를 하였다. 그런데 그 할아버지는 환하게 웃으며 반갑게 마주 인사를 하였다.

"추우신데 이렇게 산에서 휴지를 줍고 계세요?"

"춥지 않습니다. 입춘 지난 지가 언제인데요? 날마다 광교산에 오르내리면서 좋은 공기 마시고, 이렇게 할 일이 있다는 게 얼마나 큰 축복입니까? 아무 탈 없이 공무원 생활을 40년 넘게 하고, 퇴직한 지 20년이 지나도록 광교산에 오를 수 있는 건강과 휴지 줍는 일을 계속할 수 있다는 게 너무 행복합니다. 아무도 이 일을 하지 못하게 방해하는 사람이 없으니 더욱 살맛이 납니다."

이야기를 마친 할아버지는 다시 허리를 굽혀 휴지를 찾아 이동하였다.

자세히 살펴보니 잔주름도 많아 연세가 꽤 들어보였으나 언뜻 보면 십년은 더 젊어 보인 까닭이 있었다. 매사에 긍정적인 생각과 누군가를 위하여 작은 일이라도 돕겠다는 그 봉사의 정신이 삶을 활기차게 만들고 있는 게 아닐까?

그 할아버지가 언덕 아래로 사라진 뒤에도 한동안 그 뒷모습을 지켜보느라고 걸음을 뗄 수가 없었다. 추위도 순식간에 사라졌다. 봄바람이 가슴 깊숙이에서 불어와 광교산을 휩싸 안은 뒤에 움츠렸던 내 옷깃 사이로 스며드는 것 같았다. 잔잔한 감동의 따스한 물결이 온몸을 감싸안았다.

사방을 둘러보니 앙상한 나뭇가지에 봄소식이 뾰족뾰족 솟아오르고, 얼었던 눈이 녹아내린 산골짜기 사이마다 봄바람에 휩싸여 머지않아 새싹을 틔어내려고 기지개를 켜는 것 같았다.

나도 모르게 발걸음이 빨라졌다. 형제봉에 올라 탁 트인 하늘과 새싹 움트는 소리와 희망의 바람을 안고 쉬지 않은 채 달려오는 봄의 노래를 듣고 싶어서였다. 분명 광교산의 봄은 또 다른 꿈을 내게 안겨 주고 있다. 3월 2일, 시업식과 입학식을 통해서 근무하는 학교의 아이들에게 세계로, 미래로, 큰 꿈을 키워가자고 강조한 일이 생각났다.

새 학년의 꿈과 활기찬 봄의 노래가 조화롭게 어우러져 2011학년도에도 본교 교육가족 모두 행복한 배움터에서 세계로, 미래로 도약해 나가는 교육활동이 이루어지리라 믿는다.

광교산에 오르내리며 20여 년간 스스로 찾아서 휴지를 줍던 여든 살이 훨씬 넘어 보이는 할아버지의 모습을 보면서 더욱 겸허해진다. 어느 누가 알아주지 않아도 자신이 하고 있는 일에 기쁨을 느끼며, 최선을 다하여 작은 일이라도 찾아 봉사하는 생활을 실천하는 휴지 줍는 할아버지의 정신을 배워야겠다. 아름다운 광교산을 지키려는 할아버지의 작지만 따뜻한 마음을 배워 교단생활에 더욱 활기를 찾아 교육자의 바른 길을 끝끼지 올곧게 가야겠다는 다짐을 한다.

지금 이 시간에도 급변하는 세계정세 속에서 남북 분단의 갈등을 풀어 평화통일의 꿈을 실현해야 하는 우리 현실을 받아들여야겠다. 그래서 그 속에서 우리 아이들이 세계를 향한 큰 꿈을 포기하지 않고 끝까지 키워나가도록 교육자 모두 더 한층 자각하고, 묵묵히 열정과 사랑으로 바르게 가르치고, 이끌어야 하지 않을까?

광교산 형제봉 꼭대기에 오르려는 등산가의 탁 트인 마음을 가지고 올 한 해도 행복하게 꿈의 열매를 맛볼 수 있게 노력해야겠다. 광교산의 따스한 봄이 또 찾아오지 않았는가!

광교산 등산길

이른 봄부터 초겨울까지 한 해 중의 9개월 간은 매주 한 번씩은 적어도 이곳 광교산에 오르내리며 의도적으로 걷기 운동을 해 온 지가 벌써 20년이 지나고 있다. 그렇게 가파른 산이 아니어서 굳이 등산이라고 말할 필요도 없어 나는 걷기 운동이라고 생각하며 이 산을 오르내린다. 주말에 특별한 일이 없는 한 집에서 버스를 타고 경기대 앞에서 내리거나 장안공원 앞에서 내려 광교산에 오르내리고 있다. 내가 걷는 등산길은 대체로 정해져 있다. 같은 코스를 늘 반복하여 걷는다. 상광교동 버스 종점까지 차를 타고 가서 토끼재 쪽으로 올라 시루봉정상에 닿으면 더 이상 욕심 부리지 않고 약수터를 거쳐 하산한다. 가끔은 경기대 입구 반딧불 화장실을 지나는 언덕 계단을 올라 형제봉을 다녀오기도 한다. 왕복 세 시간 안팎을 걸어 되도록 몸에 무리가 가지 않도록 하기 때문인 것 같다.

소나무 숲이 울창한 숲길을 지나 세 시간 정도 땀을 흘리고 가파른 계단과 비탈을 타고 걷다보면 숨이 차고 힘에 겨워 몇 번씩 헐떡거려 걸음을 멈춘다. 그래서 도중에 걸음을 멈추고, 숨을 고르고서야 다시 허리를 펴 정상을 향하게 된다.

처음 광교산에 오를 무렵인 1995년 추운 겨울, 아마 1월 어느 새벽으로 기억한다. 남편과 같이 새벽기도를 마치고 아직 컴컴한 상광교동 버스 종점 근처에 타고 간 자가용을 주차시켰다. 그날 전지불을 켜고서 가파른 토끼재를 거쳐 시루봉 정상에 오른 일이 있다. 그런데 며칠 전에 많이 내린 눈 때문인지 몇 번씩 넘어지고 미끄러져 간신히 토끼재에 오른 일이 있다. 시루봉 정상에 도착하기 500미터쯤에 위치한 비탈길에서 그만 엉덩방아를 크게 찧고 말았다. 앞서 가던 남편이 마주하여 일으켜 세워 주었지만 며칠 동안 파스를 붙이고 끙끙 앓았다.

그렇지만 1990년 1월 초에 양쪽 기관지 확장에서 온 심한 각혈로 죽음 직전까지 경험했기 때문에 나의 산행은 생활의 중요한 부분을 차지하였다. 그래서 눈 쌓인 산비탈에서 엉덩방아를 찧고도 매주 한 번씩은 산행을 멈출 수 없었다. 몇 해 동안 가볍게 건강 훈련을 해 오며 좋다는 음식을 찾아 어느 정도 회복이 되면서 새벽기도를 마친 뒤에 시작한 운동이어서 남편과 같이 광교산을 오르내리는 일은 계속 되었다. 다만 이른 새벽 산행은 기관지 회복에 아주 좋지 않다는 지인들의 말에 주말 오후 시간으로 바꿔 광교산을 오르게 된 것 뿐이었다.

나는 1989년 9월 중순부터 1990년 1월 초순경까지 거의 매일 각혈이 멎지 않아 지혈제 주사를 맞고 살다가 그것도 효력을 볼 수 없어 대학병원에서 퇴원을 당한 이후 삶을 포기한 일이 있다. 그런데 포천 기도원에서 한 달 이상 입원하여 기적처럼 기도로 고침 받은 후부터 내 삶은 온통 신앙의 힘으로 이어졌다. 그래서 집에서 멀지 않은 광교산에 오르내리며 건강을 찾는 일은 즐거운 등산이라기보다 자기 자신과의 치열한 싸움이기도 했다.

몇 번씩 무릎을 짚고 가파른 산등성이를 오르며 가쁜 숨을 몰아쉬다 보면 당장이라도 등산을 멈추고 싶어 헐떡거리며 올라 온 산등성이를 내려다본다. 그러나 숨을 고르다가 다시 용기를 내어 산꼭대기에 오르면 세상 모든 것을 다 얻은 사람처럼 몸과 마음이 거뜬하여 양팔을 쫙 벌리게 된다. 그러면 광교산에 가득 찬 맑은 정기를 흠씬 들이키다가 탁 트여 오는 가슴의 숨소리를 느끼고 삶의 한 가운데에서 다시 희열을 맛본다.

이렇게 시작한 광교산 등산길은 세월이 흐르면서 혼자 걸을 때가 더 많게 되었다. 서로 시간을 맞추기가 쉽지 않은 때문이었지만 광교산에 오르내리면서 십여 년이 지나자 몰라보게 나의 건강이 좋아졌다. 그래서 등산을 좋아하지 않는 편인 남편은 슬그머니 바쁘다는 핑계로 주말이면 다른 약속으로 나 혼자 광교산에 가는 날이 더 많았다.

신기한 것은 처음에 혼자 걷는 일이 싫어 많이 망설였지만 뜻밖에도 산행의 깊은 맛을 더 느끼게 되었다. 빨리 걸을 수도 있고, 이리저리 산행길을 찾아 산 속을 살피며 생각도 많이 할 수 있게 되었다. 깊이 생각할 일이 있어도 찾게 되고, 건강 상태가 좋지 않은 것 같아도 광교산에 올라 한 번 땀을 흠씬 흘리고 나면 몸도 개운하고, 생각도 정리가 된다. 그래서 부지런히 광교산을 찾아오게 된 것 같다.

그런데 몇 해 전에 찻길에서 넘어지며 팔이 골절되어 내게 골다공증이 심하다는 것을 발견하게 되었다. 나이도 점점 많아지고, 산에 오르내리는 것이 무리가 아닌가 하여 최근에는 광교산 등산을 좀 소홀히 하였다. 그러다가 올봄부터 다시 용기를 내어 광교산을 찾고 있다.

광교산 풍경은 계절에 따라, 평일과 주말에 따라 아주 다른 것 같다. 우선 등산하는 사람들의 숫자가 하늘과 땅 차이가 난다. 따스한 봄철과 가을 단풍철에는 하루에도 수천 수만 명이 앞을 다투어 광교산을 오르내리고 있다. 그러나 겨울철이면 등산을 아주 좋아하거나 장비를 갖춘 사람들이 비교적 찾기 때문에 아무래도 사람들의 발길이 뜸해진다.

1990년대만 해도 요즘처럼 많은 사람들이 광교산을 찾지 않은 것 같다. 그런데 최근 10여 년 전부터 등산은 시민들의 생활 그 자체가 된 것 같다. 울퉁불퉁한 비탈길을 다듬어 여기저기 비탈길마다 나무로 계단을 만들고, 흙이 패인 곳엔 대대적인 작업을 하여 외국에서 들여온 야자수 잎을 엮어 멍석처럼 깔고 튼튼하게 고정시켜 놓았다. 그래서 발바닥에 닿는 느낌이 걸을 때마다 크게 무리가 되지 않도록 수원시에서도 등산객을 위하여 환경 개선을 하였다.

그런 까닭에 시내 중심에 화성 성곽을 끼고 있는 팔달산과 화성시와 경계를 이루고 있는 칠보산이 있지만 수원 시민들이 가장 아끼고 애용하는 등산길은 아무래도 광교산이 아닌가 생각한다.

올해는 수원 화성 방문의 해이다. 그래서 혹시 수원을 처음 찾는 관광객들 중에서 등산하기를 좋아하는 사람들에게 광교산에 대한 상식을 알려 주고 싶다.

해발 582미터의 광교산은 수원시 장안구와 용인시 수지읍의 경계를 이루는 산이다.

수원의 북쪽에서 불어오는 찬바람을 막아주며, 도심을 안고 있는 수원의 주산이기도 하다. 원래 이름은 '광악산' 이었으나 고려 태조 왕건에 의해 광교산으로 부르게 되었다고 전해진다.

광교산은 산의 높이에 비해 인근의 백운산과 연계해 상당한 규모를 자랑하는 덩치가 큰 산이다. 이 산의 정상인 시루봉(582미터)에서 종루봉(480미터)-형제봉(448미터)으로 이어지는 연봉으로 되어 있다.

광교산 입구 경기대 앞에 공영주차장이 있으나 항상 만차를 알리는 푯말이 세워져 있다. 한 마디로 자가용을 가지고 오면 복잡하여 주차하기 쉽지 않다는 안내 표지판이다.

그래서 이곳에 가려면 대중교통인 버스를 이용하거나 처음부터 걸어서 가는 게 훨씬 편리한 것 같다. 또 상광교동 버스 종점에도 주차장이 없어 불편한 것은 마찬가지이다. 다행히 버스 종점을 지나 통신대 헬기장으로 오르는 도로 입구에 주차공간이 있다.

경기대 입구 공영주차장엔 진입부터 차가 밀리지만 이곳은 조금 외진 곳이라 아는 사람만 주차하는지 여유가 있는 편이다.

광교산(상광교동 버스 종점)-통신대 헬기장-통신대대-광교산(시루봉)-상광교동 버스 종점(3시간 30분 소요됨)

광교산을 문암골에서 형제봉으로 오르려다가 주차장이 없어 상광교동 버스 종점으로 간 일이 있다. 그런데 법성사로 알고 있는 절이 창성사로 이름이 바뀌어 있는 표지판을 발견하고 겨우 주차할 곳을 찾은 일이 있다. 아무튼 광교산에 오를 때에는 자가용보다는 버스를 타는 게 좋은 것 같다. 그리고 시간이 충분하다면 아예 5-6시간의 도보를 예상하고 경기대 입구부터 걷는 방법도 있다.

아무튼 어느 쪽으로 오르든지 군데군데 정자나 쉼터가 있어 다리에 무리가 가지는 않을 것이다. 적당한 곳에서 쉬었다가 걸으면 나 같은 60대에게도 큰 무리는 아니기 때문이다.

수원이 살기 좋은 것은 멀지 않은 곳에 경치가 좋은 광교산이 있어 마음만 먹으면 자주 오르내릴 수 있기 때문이 아닐까?

마음만 먹으면 언제든지 혼자서도 광교산에 갈 수 있지 않은가!

처음엔 건강 회복 때문에 마지못해 시작한 등산이었지만 광교산에 오르내린지 20여 년이 지난 요즘에는 생각할수록 참 잘한 일중의 하나로 손꼽는다. 그러고 보니 건강 때문에 시작한 광교산 산행이 이제는 내 삶의 상당 부분을 차지하고 있을 뿐 아니라 광교산에 대한 관심이 크다는 것을 느끼고 있다. 글을 쓰다가 안 풀려도 혼자 두세 시간 광교산에 올라 형제봉 쪽으로 혹은 토끼재를 거쳐 시루봉 정상까지 걷다 보면 생각의 실마리가 풀리고, 겸허해지는 자신을 발견한다. 그래서 가능하면 오래도록 광교산 산행을 즐기고 싶다.

서호西湖저수지 풍경

어제 저녁나절 인근 아파트단지 내에 매주 서는 수요 장터에서 사들인 쪽파 세단과 미나리, 달래, 씀바귀, 상추 등을 밤늦도록 다듬고도 시간이 모자라 오늘 아침부터 팔을 걷고 나머지 일을 시작했다.

씻고 절이고 데쳐서 파장아찌도 세통이나 담고, 미나리는 데쳐 새콤달콤하게 무쳤다. 씀바귀 뿌리는 달래와 같이 버무려 날것으로 먹을 수 있게 각종 양념에 식초와 매실주를 넣어 새콤하게 버무렸더니 제법 봄 냄새가 집안 가득하게 스미는 것 같았다.

뒷설거지를 마치고 점심을 간단히 먹은 뒤에 운동복 차림으로 집 근처에 있는 서호 저수지 둘레길을 걷기 위하여 나섰다.

육중한 고압선을 연결하고, 찻길을 가로 질러 설치된 육교를 건너니 눈감고도 걸을 수 있는 서호 공원 입구에 닿았다.

열흘쯤 와 보지 않았더니 서호 저수지가 바로 보이는 공원 둘레길엔 노란 개나리가 활짝 폈다. 담장 사이사이로 노랗게 물든 개나리꽃이 봄을 성큼 불러들인 모양이다. 군데군데 서 있는 목련나무에도 하얀 목련꽃이 탐스럽게 펴 겨우내 움츠렸던 여인의 목이 한 뼘쯤 솟아 세상구경을 나온 것처럼 수줍게 웃고 있다.

그뿐이 아니다. 십 여 명이 더 될 것 같은 어른들이 가벼운 옷을 입고 바로 입구 계단 왼쪽 전나무 숲에 설치된 우드볼 장에서 경기를 하고 있다. 아직 잔디가 피어나지는 않았지만 파릇파릇 피어 잔디밭 곳곳마다 고개를 쏙쏙 내밀고 있는 곳에서 우드 볼 채를 휘두르기도 하고, 허리를 굽혀 묵직한 공에 한동안 시선을 고정시키다가 냅다 쳐내면 여기저기 공들이 일정한 거리에 박아 놓은 꼴인 점을 향하여 굴러 간다. 단번에 그 꼴인점을 맞추면 둘러선 사람들의 경쾌한 환호성에 그만 걷던 길을 멈추고 바라보게 된다. 대부분 나이 든 남녀 어른들이 회원으로 가입하여 이곳 서호 우드볼장에서 거의 매일 만나 공을 치고 함께 얘기하고 때가 되면 밥도 먹는 것 같다. 퇴직 후에 만나 공을 같이 치게 된 모임인데 주로 기관장을 지냈거나 공직에 있던 여유 있는 사람들이라고 한다.

가끔 수원시와 경기도 각종 단체에서 우드볼 시합이 있을 때면 이곳 서호 공원 안에 있는 우드볼장을 이용하기도 하는 것 같다.

아무튼 어느 틈에 성큼 다가온 따뜻한 봄 날씨 탓인지 한낮인데도 사람들이 퍽 많다. 오육십 명은 훨씬 더 될 것 같은 사람들이 부지런히 서호저수지 둘레길을 걷고 있다. 인근에 있는 중·고등학교 학생들이 선생님의 인솔을 받아 수첩을 들고 혹은 자전거를 타면서 공원 여기저기 몰려다니며 현장학습을 하는 모습도 눈에 띈다.

여름부터 늦가을까지 덩굴식물이나 조롱박덩굴로 푸른 숲을 이루어 사람들의 발길과 눈길을 사로잡는 긴 터널이 입구 가까이 보인다. 아직 마른 잎이나 줄기를 제대로 걷어내지 않아 터널 안으로 들어서니 주변이 훤히 보인다. 아마 곧 다가올 식목일이 지나고 4월이 가기 전에 마른 잎과 줄기를 깨끗이 걷어내어 각종 덩굴식물 모종을 옮겨 심을 것이다.

서호 저수지 둘레길을 걷다 보면 각종 운동기구와 쉴 수 있는 긴 의자가 여기저기 설치되어 있다. 뿐만이 아니다. 비가 오거나 햇볕이 쨍쨍 내리쬐는 날이면 피할 수 있고, 그늘막이 될 수 있는 팔각정 모양의 쉼터가 몇 곳이 있어 사철 찾게 되는 참 좋은 곳이기도 하다.

특히 겨울철엔 흰 뺨 검둥오리, 가마우지 등 수천 마리의 철새도래지로 십여 년 전부터 서호 저수지는 유명하다.

이곳 서호 저수지는 1799년 정조 대왕께서 축만제祝萬提를 축조하면서 생긴 농업용 저수지로 상류에 따뜻한 물(13℃)이 유입되면서 동절기 저수지가 얼지 않아 각종 철새 도래지로 변모하고 있다.

현재 서호 저수지 주변에 위치한 아파트는 처음 완공되어 우리집이 입주한 지 벌써 19년째 된다. 그동안 이사할 기회가 몇 번 있었는데도 내가 고집을 부려 퇴직하던 재작년 봄에 새롭게 리모델링하여 앞으로도 이곳에서 살려고 한다. 그것은 바로 집 가까이에 아름다운 서호 저수지가 있기 때문이다.

입주할 당시만 해도 저수지 안의 물을 모두 빼고 더러워진 바닥의 흙을 깊이 파서 퍼 담아 멀리 다른 곳으로 보내고 대대적인 청소 작업을 한 해 동안이나 하였다. 저수지 안쪽 둘레를 다시 쌓고, 수질 정화 시설을 곳곳에 설치하는가 하면 공원 안에 새로운 흙을 실어 와 동산을 만들고 뗏장을 입힌 뒤에 소나무와 무궁화를 비롯한 각종 꽃나무와 전나무 등을 심고 가꾸기 시작하여 이젠 어디에 내놓아도 아름답고, 훌륭한 공원의 모습을 자랑하게 되었다.

특히 이곳엔 꼬리명주나비 서식지로도 유명해졌다. 도심 속 자연생태 공간으로 꼬리명주나비의 먹이식물인 쥐방울덩굴이 자라기도 하여 공원을 찾는 이들의 주의가 더욱 필요한 곳이기도 하다.

쥐방울덩굴은 여러해살이 풀로써 전체에 털이 없고, 길이가 1~5㎝이며, 잎은 어긋나고 심장 모양이며, 열매는 삭과이고 둥글며 지름이 3㎝이고, 밑 부분은 6개로 갈라져서 각각 가는 실처럼 갈라진 꽃자루에 매달려 낙하산 모양을 이룬다. 꼬리명주나비 애벌레의 유일한 먹이식물食草로 알려지고 있다.

꼬리명주나비는 호랑나비과의 곤충으로 꼬리가 가늘고 길다. 연 3-4회 이곳에서 발생하며, 봄형은 4월 중순까지 나타나고, 여름형은 6월 중순에서 9월까지 볼 수 있다. 쥐방울덩굴의 줄기나 잎에 알을 낳고, 알이 부화해 애벌레가 되면 쥐방울덩굴의 잎사귀를 먹고 집단생활을 하다 성장하면 흩어져 생활하는 게 특징이라고 한다.

그리고 서호저수지를 떠올리면 반드시 기억해야 할 것이 있다. 바로 '수원 축만제' 이다.

축만제는 세계문화유산 화성華城의 서쪽에 설치하였던 인공호수로, 1799년(정조23) 내탕금 3만 냥을 들여 축조하였다고 한다. 화성의 서쪽에 위치하여 일명 '서호西湖라고 불리었으며 호수 가운데에 인공 섬을 만들고 꽃과 나무를 심어 놓아 서호낙조西湖落照의 아름다운 풍광이 펼쳐져 있다. 또한 호수 남쪽에는 중국 항주抗州의 이름난 정자를 따서 세운 항미정杭眉亭이 있어 경치가 뛰어나다.

제방의 규모는 길이 1246척, 높이 8척, 두께 7.5척, 수심 7척이며 수문이 2개 설치되었다. 그리고 제방 위에는 '축만제' 라고 쓴 표석標石을 세웠으며, 제방 아래에는 국영 농장인 둔전屯田 서둔을 설치하여 지금까지 성공적으로 운영하고 있다. 따라서 조선후기 농업 생산기반의 중요한 유적지로 평가된다.

또 서호 저수지 둘레를 걷다 보면 축만교祝萬橋 옆길을 따라 조금만 가면 올려다 보이는 바로 계단 위쪽에 항미정抗眉亭을 볼 수 있다.

순조純祖 31년(1831년) 당시의 화성유수華城留守 박기수朴綺壽가 건립한 것이며, 그 이름은 중국 시인 소동파蘇東坡의 시구詩句에 "서호西湖는 항주杭州의 미목眉目같다"고 읊은 데서 따와 지었다고 한다.

항미정은 축만제祝萬堤 제방 서쪽에 위치하고 있다. 축만제는 조선朝鮮 정조正組 23년(1799년) 농업용 저수지로 축조되었는데, 당시 축조된 제방(만석거, 축만제, 만년제) 중 서쪽에 위치하고 있다하여 흔히 서호로 불리고 있으며, 예로부터 낙조와 잉어가 유명하였다 한다. 이러한 서호의 경관과 풍치를 한층 아름답고 돋보이게 하는 명물이 바로 항미정이다.

구조는 ㄴ자형 평면에 납도리집(기둥 위에 사각형 단면으로 된 도리를 얹어 꾸민 집)이고, 홑처마 목조건물로 면적은 43.5㎡이다.

바로 항미정의 이름은 송나라의 대문호인 소식蘇軾이 중국 항주의 태수를 지낼 적에 항주를 대표하는 절경인 서호西湖가 서시西施의 눈썹처럼 아름답다고 말했던 것에서 유래한 것이라고 한다.

아무튼 최근 서호 저수지 둘레길에 나서면 건강을 위해 걷는 사람들이 참 많다. 이른 새벽부터 저녁 늦게까지 걷고 또 걷는 사람들로 늘 붐빈다. 주말이면 공원 한쪽에 비치한 자전거를 빌려 타는 사람들도 수십 명이 훨씬 넘는다.

가족 단위로 공원 나무그늘이나 잔디밭에 텐트를 치거나 혹은 자리를 펴고 소풍삼아 나온 사람들로 붐비는 이곳 서호공원은 수원 시민들의 휴식처로 자리매김한 것 같다.

겨울 한철엔 서호저수지 안을 가득 메워버리는 오리 떼가 정말 볼 만하다. 여기저기 꽥꽥거리며 헤엄치거나 물속을 넘나들면서 먹이를 찾는 모습을 바라보노라면 어느 틈에 철새들과 숨을 죽이며 속삭이는 자신을 발견하게 된다.

특히 봄부터 가을까지 피고 지는 여러 모양의 꽃들과 초록빛깔의 나무들을 바라보며 혼자 걷는 일은 이미 내게 일상이 된 지 오래 되었다. 글을 쓰기 전에 긴 생각을 하거나 구상을 할 때도 나는 이곳 서호 저수지 둘레길을 잘 걷는다. 기분이 좋아도 걷고, 생각할 거리가 생겨도 잘 찾게 되는 곳이다. 그래서 나는 이곳과 가까운 아파트에서 벗어나지 못하는지도 모른다.

휴식 공간이 되기도 하고, 글을 쓰기 전에 혼자 걸으며 생각하기 좋은 서호 저수지와 서호 공원은 사계절 내게 아름다운 감성을 샘솟게 할 뿐 아니라 삶의 터전이기도 한 것 같다. 아무 때나 찾아와도 반겨주고 친구가 되어주는 따스한 생활의 보금자리이기도 한 서호 저수지 풍경이 기대가 된다. 봄, 여름, 가을, 겨울이 바뀔 때마다 나무와 꽃의 빛깔이 달라지는 모습도 볼 만하지 않은가!

그리고 서호에 흐르는 물소리, 새소리, 철새들의 움직임을 살펴보는 일 또한 궁금하지 않은가!

수원화성水原華城

수원에서 생활의 터전을 마련한지 어느덧 34년이 되어가고 있으니 내게는 제2의 고향이라고 볼 수 있다. 아니 내 나이를 따져보니 태어난 고향에서 지낸 시간보다 한 해가 더 많이 이곳 수원에서 살고 있는 것 같다. 그러나 오랫동안 직장 생활을 하느라고 그동안 수원에 대한 관심이 그렇게 높지 않았다. 그런데 요즘 내게는 수원에 대한 관심이 부쩍 늘었다. 재래시장을 가거나 팔달산에 오르거나 매주 한 번씩 광교산에 오를 때마다 여기저기 살펴보는 버릇이 생겼다. 특히 화성박물관에 들어서면 각종 게시물을 유심히 살피게 된다. 현장 체험을 위하여 남녀노소 개인 혹은 단체로 관람하는 사람들도 주의 깊게 지켜볼 때가 많다.

아직 이곳 박물관에서 자원봉사를 할 기회를 얻지 못하고 있지만 가능하면 주 1회 정도 관람객들에게 안내하는 일을 생각하고 있다.

지난해에 광교박물관에서 안내할 기회가 생겼는데 집에서 가는 거리와 교통편이 불편하여 화성행궁 가까이에 있는 수원시립 아이파크 미술관에서 매주 수요일에 안내하고 있다. 하지만 더 늙기 전에 화성박물관에 있는 어린이 체험실에서 아이들에게 우리 고장 수원을 더 알게 하고, 옛 선조들의 '수원화성水原華城' 건축 당시의 문화 체험을 함께 하면서 애향심을 키워주고 싶은 게 꿈이기도 하다. 뿐만 아니라 화성박물관을 찾는 사람들에게 알기 쉽게 수원을 설명하고, 박물관에 전시된 자료에 대한 궁금증을 풀어주고 싶다. 그래서 '수원 화성水原華城'이 건축되던 조선 후기 정조 대왕 당시의 정치, 사회, 문화에 얽힌 역사를 배워 수원 시민 의식을 높여 주고 자긍심을 갖게 하고 싶어진다.

재작년 봄으로 기억한다. 퇴직 공무원들과 수원 시민 중에서 희망자를 대상으로 35명을 선발하여 팔달구청 옆에 위치한 화성박물관에서 50시간 동안 수원화성水原華城에 대한 공부를 할 기회가 있었다. 40여 년의 공직 생활을 마치고, 밀린 집안 정리도 마쳐 한동안 무료할 때 손 전화로 문자가 날아 온 것이다. 화성박물관에서 수원화성에 대한 연수를 50시간에 걸쳐 이루어진다는 정보였다.

평소 팔달산에 올라 성곽 둘레길을 걸을 때마다 운반 수단이 요즘 같지 않던 조선시대에 어떻게 그 커다란 돌을 날라 쌓았는지 몹시 궁금하여 성곽 여기저기 살펴보곤 했다. 그런데 마침 좋은 기회가 찾아 온 것이었다.

나는 머뭇거리지 않고 문자를 확인하자 곧장 통화하여 접수하였다. 퇴직공무원 15명, 수원 시민 20명이 첫 수업을 받던 날 나는 어린애처럼 흥분하였다. 12시간에 걸쳐 자신의 미래 설계에 대한 공부와 나머지 시간이 모두 수원의 역사와 '수원화성' 건축에 대한 내용을 알아보는 프로그램으로 잡혀 있었기 때문이었다.

직장에서 정년을 한 내가 60세가 넘어 학생의 신분으로 돌아가 다시 공부한다는 것은 가슴을 뛰게 하는 일이었다. 특히 앞으로 남아 있는 삶 속에서 하고 싶은 일 100가지를 적어 보는 과제를 받고 책상 앞에 앉아 몇 시간씩 고민하며 적을 때는 설렘으로 밤잠까지 설치기도 하였다.

40년 넘게 교직생활을 하면서 자녀교육과 가정살림을 꾸려가느라고 그동안 눈여겨보지 못한 일이 얼마나 많았는지 모른다. 하고 싶은 일을 접어 두어 때를 놓쳤다고 생각했는데 화성박물관에서 이루어진 연수 때문에 다시 젊음을 찾은 것 같은 느낌이다. 그래서 비록 늦게 시작한 '수원화성' 에 대한 공부였지만 자료를 찾으며 열심히 배우고, 즐겁게 박물관을 찾았던 일이 바로 엊그제 일처럼 생생하게 떠오른다.

'화성華城' 은 경기도 수원시 팔달구와 장안구에 걸쳐 있는 5.4킬로미터의 성곽이다. 1963년 사적 3호로 지정되었으며, 1997년 유네스코 세계문화유산으로 등록되었다. 수원화성은 한국 성의 구성요소인 옹성, 성문, 암문, 산대, 체성, 치성, 적대, 포대, 봉수대 등을 모두 갖추어 한국 성곽 건축 기술을 집대성했다고 평가하고 있다.

4대 성문은 장안문, 팔달문, 창룡문, 화서문으로 이루어졌으며, 수문으로는 화홍문과 남수문으로 이루어졌다.

장대將臺와 노대弩臺는 서장대와 서노대 그리고 동장대로 구성되었으며, 공심돈空心墩으로는 서북공심돈, 동북공심돈, 남공신돈이 있다는 것을 알게 되었다.

암문은 동암문, 북암문, 서암문, 남암문, 서남암문이 있으며, 각루를 살펴보면 동북각루(방화수류정), 서북각루, 동남각루, 서남각루(화양루)가 있다.

봉돈烽墩을 살펴보니 우리나라 대부분의 봉수대는 성 밖 산봉우리에 있다. 그런데 화성의 봉돈은 성안에 있다는 점에서 매우 특별하다. 또한 벽돌로 쌓아올려 그 규모나 외관이 정교하고 위엄이 넘친다. 5개의 연기 구멍을 갖추어 신호를 보낼 수 있도록 되어 있는데 5개의 화두 가운데 평상시에는 남쪽의 첫 번째 기둥만 사용했다고 한다. 나머지 4개의 불구멍은 긴급한 일이 없으면 횃불을 들지 못하게 되어 있다고 한다.

포루砲樓와 포루鋪樓는 약간의 차이가 있다. 즉, 포루砲樓의 아랫부분은 3~6단은 화강석의 돌로 쌓고 그 윗부분은 벽돌로 쌓았으며, 맨 위의 건물은 나무로 만든 건축물인데 남포루, 동포루, 북동포루, 북서포루, 서포루로 나뉜다.

포루鋪樓의 윗부분에는 양쪽 3문씩 6문의 대포를 설치해 성벽을 향해 기어오르는 적을 공격할 수 있게 하였다. 다만 화성에서 한 번도 전쟁이 일어나지 않았기에 실제로 사용하지는 않았다고 한다. 여기에는 동북 포루, 동일포루, 동이포루, 북포루, 서 루로 구성된다.

또한 성곽의 요소에 성벽 밖으로 돌출시켜 좌우 방향에서 접근하는 적병을 방어하기 위한 시설물인 치稚가 있는데 치란 꿩을 뜻하는 말로써, 성문과 둥근 옹성을 보호하기 위한 것으로 그 구조와 기능이 치와 거의 같은 적대敵臺가 있다.

기타 시설로는 여민각, 성신사, 효원의 종각을 들 수 있다.

이와 같이 조선 후기 정조 때인 1794년에 착공하여 그 해 9월 10일(음력)에 준공된 축성築城은 기존에 화강암으로 쌓았던 방식을 버리고 벽돌로 쌓는 축성 공사로써 정약용이 고안한 오늘날의 기중기가 사용되었다고 한다.

정조가 그의 아버지인 사도세자의 묘를 수원으로 옮기면서 축조한 성으로 거중기, 녹로 등 신 기재를 사용해 만들어졌다.

화성은 군사적 방어기능과 상업적 기능을 함께 보유하고 있으며, 실용적인 구조로 되어 있어 동양 성곽의 으뜸으로 지금까지 평가 받는다고 한다.

늦었지만 이제라도 내가 살고 있는 수원뿐 아니라 세계문화유산에 등재될 만큼 역사적인 가치가 있고, 건축물에서도 그 기법이 뛰어난 수원화성에 대하여 배우면서 가까운 사람들에게 자세한 정보를 알릴 수 있어서 정말 다행스러운 일이다.

우연한 기회에 화성박물관에서 개최한 '수원화성'을 알아가는 연수에 참여하게 된 것을 뿌듯하게 생각한다. 앞으로도 수원화성 둘레길을 걷거나 성곽을 살펴 이곳을 찾는 누구에게나 현장감 있는 소개를 하고 싶어진다. 그것이 수원시민의 자긍심을 키워가는 것이요, 옛 선조들의 향토애는 물론 아낌없이 나라를 사랑한 문화유산을 지켜 나가는 길이 아닐까.

연무대를 돌아보며

내가 처음 수원시 팔달구 매향동에 위치한 연무대를 와 보게 된 것은 1960년대 중학교 2학년 가을로 기억한다. 그 당시 남녀 공학에 다녔는데 중 · 고등학교 십여 명의 선후배로 구성한 학교 대표로 선발되어 백일장에 참석했던 것 같다. 아마 시월 어느 날로 기억한다. 문인협회 주최로 산문과 운문의 글제가 주어졌는데 나는 그때 '벼이삭' 라는 산문을 써서 가작에 뽑힌 기억이 지금도 생생하게 떠오른다.

학교 공부가 끝이 나서 저녁나절 집으로 돌아와 행랑모퉁이를 돌아 사립문을 향하는데 아버지께서 지게에 볏단을 수북하게 쌓아 지고 마당으로 들어서는 모습을 발견한 얘기로 글머리를 시작한 일이 아직도 새롭다. 평소에 말씀이 없으신 아버지가 호랑이처럼 무서워 밥상머리에서는 늘 무릎을 꿇고 얘기 한 마디 하지 못한 채 숨죽여가며 먹다가 밥 수저를 내려놓자마자 벌떡 일어나 밖으로 달아나버리곤 했다. 그런데 마당 귀퉁이에 그 많은 볏단을 지게에서 내려놓으려고 애쓰는 아버지의 이마엔 땀방울이 뚝뚝 떨어져 나도 모르게 앞마당으로 뛰어들었다. 빨래 줄에 널려 있던 수건을 걷어 가지고 마당으로 달려가 아버지의 이마에 흐르는 땀을 씻어드렸다. 그런데 뜻밖에도 아버지가 씽끗 웃으시며 부드럽게 건네던 모습을 생각하면 지금도 가슴을 콩콩 뛰게 한다.

"옥순아, 고맙구나. 이제 보니 우리 딸이 철이 들었어. 아버지가 싫어서 도망만 가는 줄 알고 있었는데……."

엄격하기만 하여 늘 아버지의 곁을 맴돌았을 뿐 응석 한 번 부리지 못하고, 칭찬 한 번 제대로 받아본 일이 없는데 처음으로 수건을 가지고 아버지의 땀을 닦아드린 후에 들어본 따뜻한 그 말씀이 오래 마음에 감동으로 남아 있었나보다. 그래서 '벼이삭' 이란 글을 써서 큰 상을 받아 본 연무대에서의 백일장 기억을 잊지 못한다. 아니, '연무대' 라는 낱말만 떠올려도 친근감이 맴돌고 학창시절의 그 향수가 그립다.

그 뒤에 고등학교를 시골에서 졸업할 때까지 해마다 봄, 가을 두 차례씩 문인협회 주최로 수원 연무대에서 실시한 백일장에 참석하면서 종종 연무대에 대한 관심을 갖게 된 것 같다.

그러나 '연무대' 란 무예를 수련하는 곳이라는 정도로 알고 있었을 뿐이었다. 넓은 잔디와 약간의 비탈진 광장 안에는 옛날 사람들의 옷을 갖춰 입고 활쏘기를 시범으로 보여주는 것을 보거나 어쩌다가 활쏘기 공부를 하는 사람들이 십여 명씩 떼를 지어 다니며 연습하는 것을 보면 신기하여 걸음을 멈추고 바라보는 게 고작이었다.

그런데 어른이 되어 30여 년이 넘게 수원을 고향삼아 살게 되면서 가끔 소풍삼아 연무대를 찾다가 최근 몇 해 전부터 한 해에 수 십 번씩 이곳에 오고 있다. 운동 삼아 수원 화성을 한 바퀴 돌기 위해서 연무대까지 오게 되다가 요즘엔 '화성' 성곽 쌓기와 그 축성에 대한 공부에 재미를 붙이면서 연무대에 대한 관심이 커진 것 같다. 여기저기 연무대 주변에 세워진 표지판의 글 내용 하나하나를 몇 번씩 읽어보거나 스마트 폰으로 일일이 사진을 찍는 버릇까지 생긴 것이다.

성곽 일대를 한눈에 바라보며 화성에 머물던 장영 외영 군사들을 지휘하던 지휘소가 장대라고 하는데 바로 팔달산 정상에 있는 서장대와 이곳 연무대를 일컫는 동장대 두 곳이 있다.

동장대는 1795년(정조 19) 7월 15일 공사를 시작하여 8월 25일 완공되었다고 한다. 무예를 수련하는 공간이었기에 연무대鍊武臺라고 하였다. 이곳의 지형은 높지 않지만 사방이 트여 있고 등성이가 솟아 있어 화성의 동쪽에서 성 안을 살펴보기에 가장 좋은 곳이라고 한다.

현재 동장대를 중심으로 주변 일대를 살펴보면 창룡문과 연무초등학교, 삼일상업고등학교, 매향여자정보고등학교가 있다. 그 우측으로는 우만 1동주민센터가 있고, 건너편엔 수원 외국어마을과 연무동주민센터가 공원과 함께 보인다.

신풍루에 있는 화성행궁을 중심으로 한 안내소는 세 군데가 있다. 출발지와 도착지를 자세히 알 수 있는 곳이기도 하다. 팔달산 정상에 위치한 서장대 안내소와 장안공원이 가까운 장안문 안내소 그리고 화성열차가 출발하고 도착하는 연무대 안내소를 찾으면 언제든지 화성행궁을 제대로 돌아 볼 수 있도록 친절하게 알려준다. 뿐만 아니라 화성열차를 탈 수 있는 운행 시간도 자세히 게시되어 있다. 그래서 처음 이곳을 찾는 이들에게도 낯설지 않도록 잘 안내하고 있다.

그러나 한겨울철을 빼고 봄, 여름, 가을이 깊을 때까지 팔달산에서 출발하는 화성열차를 타고 돌아보는 수원 시내와 화성의 성곽을 살펴보는 일은 연무대에 종착할 때까지 언제나 사람들로 붐벼서 꼼꼼하게 시간표를 살펴봐야 한다. 특히 주말이나 공휴일이면 연무대와 팔달산 중턱에 있는 매표소엔 표를 사기 위한 사람들로 붐빈다. 화성열차 예매는 반드시 당일에만 가능하기 때문에 부지런해야 차례가 오는 것 같다. 수원에서 30년 넘게 살고 있으면서도 그동안 직장에 근무하며 살림을 하느라 시간적인 여유가 없었던 때문일까?

아침 9시부터 5시경까지 운행하는 화성열차의 승차표를 사기 위해서는 주말이나 공휴일엔 아침 일찍부터 와야 저녁때까지 승차할 수 있는 표를 예매할 수 있다는 것을 재작년부터 알게 되었다. 평일에는 그래도 화성열차를 타보는 일이 쉬운데 주말에는 워낙 사람들이 많이 와서 4대를 가지고 운행하는 데도 만만치가 않다.

자랑스러운 수원 화성을 거니는 역사와 사적길은 우리나라 성곽 건축사상 가장 독보적으로 평가 받고 있으며, 유네스코가 지정한 세계문화유산으로 등록되어 있는 화성을 돌아보며 우리 문화의 우수성을 알 수 있어 누구를 만나든지 자신 있게 안내하고 싶다.

수원화성은 동양 성곽의 백미로 불리는 거중기와 녹로 등 신 기재를 이용하여 만들어진 군사적 방어기능과 상업적 기능을 함께 보유한 게 특징이라고 한다. 수원을 찾는 관광객이라면 누구든지 볼거리로 '화성'을 꼽는다. 또한 수원 향교와 화서공원, 숙지공원, 장안공원, 서호공원, 만석공원, 효원공원 등을 들 수 있다.

그리고 수원을 찾아 즐길 거리로는 수원화성문화제를 꼽는다. 화성행궁광장 등 해마다 10월 중에 실시하는 수원화성, 지지대에서 출발하여 화성시 일원을 향하는 정조대왕능행차와 시민 퍼레이드는 국가적으로뿐 아니라 세계적인 행사로 알려져 있다. 특히 해마나 4월 중에 창룡문과 화성행궁을 오고 가는 효의 성곽 순례는 수원 시민뿐 아니라 누구든지 참여하여 정조대왕의 효심을 기리고 본받는 계기로 삼고 있어 자랑스러운 일이 아닐 수 없다. 이때는 수원의 옛 사진 전시전과 사물놀이 등으로 많은 시민이 참석하여 더욱 흥겨운 행사로 정착이 되고 있다.

아무튼 연무대 일대를 살펴보면 '수원화성'을 자세히 살펴 볼 수 있도록 안내가 잘 되어 있어 다행스럽다. 특히 외국인들까지 불편하지 않도록 국궁 체험을 할 수 있는 요령을 커다란 표지판에 한글과 영어, 일어, 한자로 게시하고 있어 자랑스럽다. 물론 화성열차를 타고 있어도 영어와 일어, 중국어로 동시통역이 되어 있어 뿌듯한 일이 아닐 수 없다. 다만 외국인이 많이 수원화성을 찾아오고, 연무대 궁터에서 활쏘기와 옛날 무기 사용을 체험하는데 직접 통역하는 안내자들의 숫자가 턱없이 모자라는 것 같아 아쉽다. 나부터도 대학원 공부를 마쳤지만 갑자기 외국인을 만나면 고작 짧은 영어 몇 마디 정도로 인사를 나누고 있지 않은가!

누구나 외국인을 만나면 영어나 일어, 혹은 중국어로 수원화성의 역사적인 자랑거리와 연무대에서 체험할 수 있는 우리 문화재 대하여 자유롭게 안내할 수 있었으면 참 좋겠다. 수원시와 관련 기관에서 조직적으로 국내외 관광객들에게 친절하게 안내할 수 있는 예절교육과 외국어로 직접 설명하고 소통할 수 있는 사람들을 대대적으로 양성하여 자원봉사로 일할 수 있게 계기를 마련했으면 바란다. 그러면 나도 나이를 잊고 영어와 일어, 중국어로 말하고 자유롭게 안내할 수 있을 때까지 공부할 수 있을 것 같다. 나이 들어 시간적인 여유가 생긴 지금 배울 수 있는 분위기만 이루어진다면 틀림없이 부지런히 외국어 공부를 하여 '수원화성'을 찾는 외국인들에게 자원봉사를 하고 싶어진다. 뿐만 아니라 연무대 안에 있는 넓은 궁터에서 활쏘기나 제기차기 등 우리의 고유한 문화 체험을 하는 외국 관광객들에게도 쉽게 접근할 수 있도록 설명해주고 싶다.

장안공원에 가면

한여름 날씨처럼 뙤약볕이 쨍쨍 내려 쪼이는 오월 끝자락의 한낮은 걸으면서도 손에 쥔 작은 물병의 뚜껑을 자주 열게 한다. 장안동 문학인의 집 3층에 있는 창작실에 나가는 날이면 숙지중학교 앞에 사는 집에서부터 창이 넓은 모자를 눌러 쓰고, 물병을 든 채 걷는다. 40분쯤 걸리는 곳이라 여름 한철엔 약간 무리가 되겠지만 운동 삼아 걸어간다. 화서동 오거리를 지나 병무청 입구에서 서는 버스 정류소를 거치면 바로 옛날 서문 로터리가 보인다. 오른쪽을 올려다보면 잘 단장된 팔달산 능성이와 화서공원이 보인다. 십여 년 전인 2004년 10월에 새로 만든 시민들의 휴식 공간으로 계획된 설계 속에서 나무들과 꽃, 여기저기 걷기 좋도록 만든 길과 화성열차가 지나는 넓은 길이 보인다.

내가 처음 어린 아들들과 수원으로 분가하던 1983년도 봄철만 해도 이곳의 풍경은 사뭇 달랐다. 바로 서문 로터리 주변으로 이사하여 13평 빌라에서 살던 2년간, 화서공원이 들어서기 전인 그곳엔 낡고 투박해 보이는 서문아파트도 있고, 숲도 아주 우거졌다. 그리고 팔달산 등성이와 이어져 있어 가파르고, 아무 때나 오르기가 부담스러웠던 것 같다. 그래서 요즘처럼 더운 여름철 날씨가 되면 밤마다 네 살짜리 작은 아들과 여섯 살짜리 큰 아들 손목을 잡고 좁은 빌라 안에서 나와 장안공원으로 산책을 나가곤 했다. 좁은 빌라 안이 너무 더웠기 때문이다. 그 당시엔 집 안에 에어컨 설치는 커녕 겨우 한 대의 선풍기가 더위를 식혀주는 도구였다. 그래서 부채를 들고 집에서 가까운 장안공원 긴 의자에 앉아 밤이 늦도록 더위를 식혔다.

아이들은 넓은 공원 안에서 이리저리 뛰기도 하고, 술래잡기도 하고, 씨름도 하면서 깔깔거리며 잘 놀았다. 노는 것도 지쳐 땀을 흘리며 졸음을 참는 늦은 저녁 시간이 되면 아이들은 터덜거리며 다가와 내 무릎에 안겼다. 그러면 이런 저런 옛날이야기를 들려주었다. 내가 어린 시절 어머니한테 들은 수많은 전래동화를 생각하며 조금씩 꾸며서 들려주면 아이들은 재미있게 듣다가 어느 결에 내 품에서 잠이 들어버렸다. 그때서야 나는 작은 아들을 업고, 큰 아들은 억지로 깨워 손을 잡아끌며 살고 있는 열세 평짜리 호남빌라로 향하였다. 그 당시에 남편은 시골에서 축산을 계속하고 있어 주말이나 아니면 시간이 날 때 수원집에 가끔 왔다. 그래서 여름이면 거의 밤마다 아이들을 데리고 장안공원에 나와 시간을 보낸 것 같다. 그 시절에도 이곳은 사람들이 자주 찾아와서 언제나 공원 안은 붐볐다.

그렇지만 화서공원을 사이에 두고 찻길을 지나면 바로 화서문과 연결된 장안문 사이에 있는 장안공원의 요즘 풍경은 아주 색다른 모습처럼 보인다.

수원에서 살고 있는 지 33년이 지나는 동안 수원 화성이 유네스코에 세계문화유산으로 등재된 1994년 이후 장안공원 주변이 아주 많이 단장되었다. 물론 옛날 모습으로 성곽이 복원되었는가 하면 공원 안에는 자전거 보관소가 설치되어 언제든지 찾아온 시민들이 편리하게 이용하고 있다.

그뿐인가?

평일 한낮에도 팔달산 중앙 매점 앞에서 출발하는 '화성열차' 가 손님들이 많건 적건 태우면 화서공원을 지나 장안공원 한가운데를 느릿느릿 달린다. 그리고 장안공원 끝자락에 위치한 장안문 옆을 돌아서 성곽 둘레를 구경하며 유유히 달리고 있다.

화성열차는 주말이나 공휴일엔 네 대가 운행되는 데 겨울철을 빼면 늘 줄을 서서 기다릴 정도로 인기가 많다. 오늘처럼 덥고, 평일이면 화성열차를 타는 손님은 몇 사람밖에 없어서 하루에 두 대만 운행하는 것 같다. 그것도 느릿느릿 움직이며 공원 안을 지나게 되어 지나던 발걸음을 잠시 멈추고 물끄러미 바라보게 된다. 워낙 길고, 칸이 많아서 열차의 끝이 보이지 않을 때까지 공원 안쪽 잔디밭으로 옮겨 서게 되면 꽤 오래된 우람한 느티나무들이 한 눈에 들어온다. 옮겨다 심은 지 수십 년이 훨씬 지난 때문일까?

군데군데 서 있는 아름드리 느티나무 주변엔 둥글고 긴 의자들이 원형으로 설치되어 있고, 수십 명씩 몰려 앉아 있다. 제법 평온한 모습이다. 남자 어르신들은 나무 그늘에 돗자리를 펴고 앉아 바둑을 두거나 장기를 두고 있다.

장미터널로 된 몇 곳에서는 빨간꽃이 만발하여 젊은이들이 몰려다니며 사진을 찍고 있다. 잔디밭을 지나 성곽 둘레 바로 밑에서는 교복을 입은 중 · 고등학생들이 수십 명씩 떼를 지어 둘러 서 있다. 아마 안내봉사자의 설명을 듣는 것 같다. 수원 화성에 대한 현장학습을 나온 것 같다. 자라나는 학생들에게 현장학습을 통하여 수원 화성의 역사를 바로 알게 하는 것은 정말 잘 하는 일이다.

그런데 갑자기 여기저기 앉아 있던 어른들이 일어나 화장실 옆 넓은 공터 쪽으로 움직인다. 곧 긴 줄이 되더니 수십 수백 명 몰려 서 있는 게 아닌가?

화성열차가 지나가는 동안 공원 안을 구경하고 창작실로 향하려던 발걸음을 돌려 가까이 갔다. 그런데 도중에 걸음을 멈췄다. 텔레비전에 나오는 드라마 같은 곳에서 보았던 커다란 트럭이 보인 것이다. 그리고 그 옆으로 배식대가 설치되더니 흰 옷을 입은 사람들이 줄지어 선 사람들에게 점심밥을 나눠준다. 가끔 낮에 이곳 장안공원 옆길을 지나다가 본 풍경이었지만 오늘따라 가슴이 뭉클하다. 사람들의 따뜻한 손길이 느껴진다. 세월이 많이 흐르면서 이곳 공원의 모습이 낯설지만은 않은 것 같아 가슴이 뿌듯하다. 나누고 베푸는 사람들의 손길이 끊이지 않는 한 살맛나는 세상이 아닌가?

그 옛날 수원 시민들이 안심하고도 편리하게 살기를 바라는 마음에서 또 효심을 갖도록 조선시대 정조대왕께서 수원 화성을 쌓아올린 노력이 헛되지는 않은 것 같다.

계절이 바뀜에 따라 이곳 장안공원의 풍경은 조금씩 달라진다. 매주 토요일 5시 장안공원 안에 있는 서북 공심돈 앞에서 예술 나드리 공연이 펼쳐진다는 현수막이 나무에 높이 걸려 펄럭인다. 5월 14일부터 7월 9일까지 열린다고 하니 한 번쯤 와 보고 싶다. 아마 가을엔 이곳에서 먹을거리 장터가 서고, 춥기 전까지 여러 문화 축제가 열릴 것이다. 그 옛날 우리 아이들이 어렸을 때 볼 수 없던 다양한 모습이 아닌가?

사계절 언제 봐도 역사의 깊은 뜻을 느끼게 하는 장안문이 오늘도 공원의 모습을 듬직하게 지켜주고 있다. 화성의 4대문 중 북쪽 문으로 수원화성의 정문인 이 문은 1794년(정조 18) 2월 28일 공사를 시작하여 9월 5일 마쳤다고 한다. 장안이란 수도를 상징하는 말이자 백성들의 안녕을 의미한다고 하며 특히 규모가 웅장하다. 성문 바깥에는 반달모양의 옹성을 쌓아 항아리를 반으로 쪼갠 것과 같다고 하여 붙여진 이름이기도 하다.

한낮이면 자원봉사대원들이 공원을 찾아온 어른들을 위하여 한 끼 점심밥을 나눠주고 있는 모습을 뒤로 하고 장안공원을 벗어나려는데 공원 화장실에서 좀 떨어진 잔디밭에 세워진 큰 비석에 눈길이 머문다. 화성기적비華城紀蹟碑였다. 평소에 이 공원을 여러 번 지날 때도 무심하게 지나쳐버린 곳이어서 가까이 다가가 자세히 읽어본다.

화성기적비는 1797년(정조 21) 1월 김종수金鐘秀가 화성 축성의 전반적 사실에 대하여 왕명을 받들어 지은 글을 새긴 비석이다. 정조대왕이 화성 축성을 조화롭게 사용했다는 내용을 담고 있는데 거중기와 녹로 등의 이용은 정조대왕의 뜻에 의한 것이었으며 이를 통하여 축성이 빠르고 튼튼하게 이루어졌음을 설명하고 있다. 화성기적비는 성역의 주역들이 바뀌면서 곧바로 세워지지 못하였다고 한다. 지금 비석은 1991년 11월 수원시에서 제작하여 장안공원에 건립한 것이라고 한다.

장안동 문학인의 집

요즘 나는 일주일에 두 번 정도 개인 창작실에 나와 글을 쓰고 있다. 날씨가 풀리면서 아침 열시쯤 집을 나서 40분 정도 걸리는 이곳으로 걸어온다. 비가 오거나 여의치 않을 때를 빼고는 버스를 타는 일은 없다. 글을 쓰는 작가 두 명이 머무를 수 있는 창작실이 두 곳인데 개인 사정으로 한 곳은 문이 굳게 잠겨 있고, 나만이 홀로 누구의 방해도 받지 않고 다른 한쪽 사무실을 사용하고 있다. 책장이 세 개가 있고, 컴퓨터와 책상까지 구비되어 있으며, 문을 열고 나가면 20여 명이 언제나 글공부를 배울 수 있도록 중앙홀에 책걸상이 놓여 있다. 칠판도 걸려 있다. 마치 미니 교실처럼 아늑하다. 그리고 칸막이 친 한쪽엔 주방과 냉장고, 커피포트 등 필요할 때 간단히 식사를 할 수 있도록 갖춰 있다. 또 두 곳 창작실 사이엔 화장실까지 있어 정말 작가가 조용히, 잡념 없이 창작할 수 있도록 마련되어 있다.

이곳 창작실은 수원문인협회 사무실이 있는 '장안동 문학인의 집' 3

층에 마련되어 수원에 거주하는 문인들이 절차에 의하여 사용하는 곳이다. 몇 해 전부터 수원시에서 인문학의 중요성을 깨닫고, 수원에 거주하는 작가들이 마음 놓고 좋은 작품을 쓸 수 있도록 거금을 들여 새로 지어준 곳이라고 한다.

지난해부터 그동안 집필하여 출판했던 4권의 창작동화책과 6권의 장편동화책을 전집으로 발간하려고 컴퓨터 작업을 해 오던 차에 올해 3월부터 12월까지 이곳 창작실을 사용할 수 있게 되었다. 최근 몇 년 동안에 출판한 3권의 장편동화는 컴퓨터로 원고를 써서 교정만 다시 보면 되는데 20여 년 전에 나왔던 출판물 7권은 원고지에 써 둔 일부가 있거나 단행본 한두 권밖에 없어 틈틈이 컴퓨터 작업을 하던 차에 뜻밖에도 이곳 창작실을 사용하게 되어 정말 다행스러운 일이다.

퇴직 후에 주로 집에서 혼자 서재에서 자유롭게 글을 쓸 수 있는 여건이 마련되었지만 생각처럼 진전이 없어 고민하던 차에 내게도 오직 글만을 쓸 수 있도록 공개적으로 인정이 되고 보니 약간 부담스럽기도 하다. 그래서 3월 한 달 동안은 머뭇거리다가 제대로 사용하지 못 하였다.

그런데 마음먹고 약간의 책과 낮에 머무를 수 있는 집기를 가지고 용기를 내어 막상 창작실에 들어오니 잡념이 생기지도 않고 잘 써지는 게 아닌가!

우선 10여 편의 수필을 써서 전에 써 둔 40여 편의 수필과 같이 정리하여 두 번째 수필집 발간부터 하려고 계획을 바꾸었다.

매주 한 번씩 자원봉사를 나가고, 교회와 다른 문학 단체 활동으로 비교적 바쁜 편인 나는 6월 중순까지는 주 2~3회에 걸쳐 이곳에서 수필을 쓰고 초안을 편집해 보려고 한다. 벌써 수원과 관련된 소재로 수필 7편을 완성한 걸 보면 창작실을 사용하기를 아주 잘 한 것 같다. 하루 여섯 시간은 꼬박 글을 쓰고 있으니 이젠 제법 책상 앞에 앉아 있는 일이 다시 몸에 배여 가고 있다.

글을 쓴다는 것은 때로 부담스럽고 창작의 고통을 스스로 자초하는 일 같아 가끔은 창밖을 혼자 하염없이 내다보며 생각에 잠긴다.

'내가 왜 이 나이가 되도록 글을 쓰는 일에 전전긍긍하는 걸까?'

누가 글을 쓰라고 강요하는 것도 아닌 데 중학교 때부터 원고지와 씨름하고, 매일 독서에 빠져 지내다가 26년 전엔 밤새워 작품을 쓰는 일이 많아지다가 건강을 크게 잃어 사경을 헤매지 않았는가!

건강을 찾기 무섭게 교직생활 40여 년이 다 하도록 늘 나는 좋은 작품을 쓰고 싶어 고민하고, 원고지와 씨름했다.

매번 많은 독자가 내 작품이 좋다고 감동의 글을 보내오는 것도 아닌데 가만히 있으면, 글을 쓰지 않고 생활인으로 머물러 있으면 웬일인지 불안하기도 하고, 나태해지는 것 같아 결국 무슨 글이든지 써보려고 안간힘을 쓴 자신이 떠오른다.

때로는 시로, 수필로, 동화로 표현한 글만 해도 문단에 등단한 이후 30년에 걸쳐 열권의 동화책과 수필집 한 권을 세상에 내놓은 것을 보면 쓰지 않고는 견딜 수 없는 까닭이 내게 있는 것은 아닐까?

1989년도 9월엔 창작 동화 원고 청탁이 밀려와 밤새도록 쓰다가 잠 자지 않은 채 그냥 이튿날 직장으로 허둥지둥 출근한 일이 잦았다. 낮엔 학교 근무와 퇴근 후엔 자녀 돌보기, 가정살림으로 지친 몸이 되어서 밤늦도록 글을 쓰다가 결국 큰 병을 얻어 쓰러지고 말았다.

기관지 동맥 파열에서 오는 각혈이 그치지 않아 지혈제 주사를 사흘 걸러 맞다가 결국 대학병원 신세를 지게 되지 않았는가?

그 대학병원에서 얼마 살기 어렵다는 시한부 삶을 선고 받고 퇴원하여 유서까지 써 놓고, 울부짖던 그날의 참담한 기억이 지금도 새롭다. 그때마다 나는 눈시울이 뜨거워진다.

'문학의 길이 무엇이기에 일인 몇 역의 고단한 삶 속에서도 그 끈을 놓지 못하고 가슴앓이를 오래오래 해 온 것일까?'

분명한 것은 문학이란 평생을 두고 도전해 볼 만한 가치 있는 일임에 틀림이 없다는 사실이다.

아무튼 자신의 몸을 제대로 돌보지도 못할 만큼 바보스럽게 혹사시키다가 병이 난 것이다. 주위 사람들의 간곡한 권면과 기도로 늦게나마 자신의 삶을 돌아보게 되었다. 그래서 기도를 하다가 하늘나라 가는 길이 최선이라고 생각한 끝에 멀리 기도원에 입원하게 되었다.

'나는 누구인가?'

영하 17도의 강추위 속에서 포천 기도 굴 시멘트 바닥에 혼자 무릎을 꿇고 온몸이 불덩이가 되도록 회개의 눈물을 흘리며 몸부림친 일이 있지 않은가?

자신의 삶을 돌아본 그때 일을 떠올릴 때마다, '나는 누구인가?', '앞으로 삶을 마칠 때까지 어떻게 살아갈 것인가?' 깊이 생각하는 버릇이 이때부터 생긴 것 같다.

그런데 직장을 퇴직하고, 벌써 3년째 되는 요즘 살아온 날에 발표한 수많은 내 창작물을 정리하면서 또 많은 생각을 한다.

발표하는 모든 작품이 우수한 글은 아닐지라도 60대 후반을 살아가는 나에겐 아주 소중한 삶의 흔적이 아닐까?

그래서 글을 쓴다는 것은 매우 가치 있는 일이며 꾸준히 문학에 정진하여 보다 좋은 작품을 쓰고 싶다. 나 혼자 쓰고, 감상하는 데 그치는 것이 아니라 많은 독자들에게 감동을 줄 수 있기를 소망한다. 그러기 위하여 더 많이 읽고, 생각하고, 써서 사람들의 영혼을 흔들어 놓을 수 있는 그런 작품이 나오도록 공부해야겠다.

다만 예전처럼 글을 쓰는데 무작정 달려들어 건강을 해치는 일이 없도록 해야겠다. 생활 속에서 글 소재가 되는 것을 틈틈이 메모해 두고, 구상하였다가 이곳 문학인의 집 3층에 있는 창작실에 오면 누에고치가 실을 뽑아내듯이 그런 매끄러운 글을 써보고 싶다.

이렇게 조용하고 쾌적한 창작실에서 글을 쓸 수 있게 된 기회가 내게 주어진 일이 무엇보다도 큰 축복이 아닌가!

늦게나마 수원시에서 문인들에게 좋은 글을 쓸 수 있는 창작실을 마련해 주어 진심으로 고맙다. 정말 인문학을 중요시하는 수원시의 정책에 보답하는 뜻에서라도 이곳을 최대한 활용하여 문학에 정진하고 싶다. 더 우수한 작품을 발표하여 시민들이 아끼는 작가가 되고, 수원의 문화예술을 발전시켜 나가는 일에 한 몫을 다 할 수 있다면 이보다 더 좋은 일이 어디 있을까?

글을 쓴다는 것은 결코 쉽지 않은 일이지만 '장안동 문학인의 집' 창작실에서 한 번 끝까지 도전해 보고 싶다. 정말 나머지 삶을 가치 있고 뜻 있게 마무리 할 수 있는 길이 아닐까?

팔달산에 오르면

바로 얼마 전 토요일 오후였다. 안양에서 다섯째 언니 칠순 잔치에 참석한 뒤 막내 동생 부부가 우리 집으로 왔다. 날씨가 너무 좋은 데 일찍 헤어지기가 섭섭하여 우리 부부와 같이 가까운 팔달산에 올라 벚꽃 구경도 하고 화성 성곽 둘레를 걸어보자고 약속한 때문이었다.

가벼운 등산 차림으로 바꿔 입고 지팡이까지 준비하여 집을 나서니 마치 제대로 된 등산길에 나선 것처럼 가슴이 설레었다.

내가 직장을 퇴직하기 몇 해 전부터 막내 부부와 한 해에도 몇 번씩 같이 여행을 다니다 보니 집안 행사가 끝이 나서 시간이 되면 같이 놀거나 여행을 다녔다. 제부와 나는 고등학교 동창이고, 남편과 중학교 동창이며 여동생과 제부는 선후배간이니 다른 형제보다 사이가 돈독한 것 같다. 그래서 남들이 부러워한다. 특히 회갑이 지나면서 같은 60대 중반이 되고 보니 요즘엔 틈만 나면 같이 몰려다니며 맛있는 것도 먹고, 볼 거리가 생기면 서로 챙겨 함께 하곤 한다. 그래서 집안 행사 때도 형제자매가 모이면 나이가 비슷한 막내부부와 행동을 같이 할 때가 많다.

화서오거리를 지나서 경기도청에 이르는 찻길을 바라보니 난데없이 사방에 경찰아저씨들이 여러 명 교통정리를 하고 있었다. 혹시나 해서 도청 입구가 보이는 비탈길을 향하자 바로 경찰 몇 명이 달려들면서 진입을 막았다. 알고 보니 해마다 실시하는 벚꽃 축제가 이튿날이라고 한다. 그러고 보니 눈앞에 올려다 보이는 팔달산엔 하얀 벚꽃이 만발하여 마치 눈꽃나라에 온 것 같았다.

주차할 곳을 찾기 위하여 팔달산 주변에 있는 골목길을 맴돌았다. 가는 곳마다 경찰 수십 명이 호각을 세차게 불면서 주차를 통제하였기 때문이다. 할 수 없이 장안문을 지나 북문 뒷골목에 간신히 차를 세워 놓고서야 가까운 계단이 있는 성곽에 올랐다.

최근 몇 년 동안 한 해에도 몇 십번씩 오르는 팔달산이지만 오랜만에 동생 부부와 봄철 나들이에 나선 때문이지 새로운 기분이 들었다. 겨우내 움츠렸던 나무들과 풀들이 한꺼번에 기지개를 켜면서 개나리, 진달래, 철쭉, 벚꽃이 팔달산 등성이에 가득 피워 내다보니 발길 닿는 곳마다 꽃 축제요, 꽃향기로 한층 봄을 만끽할 수 있었다. 더구나 벚꽃 구경도 하고, 팔달산에 올라 수원 시내를 내려다보면서 성곽을 돌려는 사람들이 수백, 수천 명에 이르렀다.

팔달산 곳곳마다 사진을 찍거나 초여름처럼 날씨가 더워 나무그늘마다 사람이 북적거렸다. 은근히 수원에 살고 있는 자신이 자랑스러웠다. 세계문화유산으로 수원화성이 등재되면서 해마다 달라지고 있는 수원의 모습에 긍지를 느낀다. 더구나 시내 한복판에 있는 팔달산은 우리 고장의 손꼽히는 경치를 자랑하고 있지 않는가!

벌써 34년째 수원에서 살고 있는 나로서는 제2의 고향이라고 해도 무리는 아닐 것이다. 그래서 모처럼 동생부부에게 화성華城에 대하여 자세한 안내를 하기로 마음먹고 설명이 붙어 있는 입간판이 보이면 걸음을 멈추었다.

팔달산 중심부가 있고, 화성열차가 출발하는 곳에서 가까운 계단을 올라 팔달산 정상에 오르니 '서포루西鋪樓'의 설명이 적힌 입간판이 보였다. 산에 오를 때마다 수도 없이 지나쳐버린 곳이었지만 서울에서 내려와 같이 구경을 나선 동생부부에게 나는 친절한 안내자가 되었다. 그동안 운동 삼아 성곽 둘레를 무심코 걷는 일이 버릇처럼 되어 있던 내게 화성華城의 안내자가 되어 군데군데 세워진 입간판의 글을 토대삼아 알기 쉽게 설명하는 일이 뿌듯하기만 하였다. 작년 봄에 팔달구청 옆에 있는 화성박물관에서 수원화성에 대한 50시간의 연수를 마친 일이 설명에 퍽 도움이 되었다.

포루鋪樓는 성곽을 바깥으로 튀어나오게 만든 치성 위에 지은 목조건물이며 군사들이 망을 보면서 대기하는 곳이라고 한다. 서포루西鋪樓는 화성의 5개 포루 중 하나로 1796년(정조 20) 8월 18일 완공되었다고 한다. 서암문西暗門이 적에게 발각되어 공격받는 것에 대비하여 설치된 것이라고 한다.

조금 걷다보니 서암문西暗門의 입간판을 발견하였다.

암문은 성곽의 깊숙하고 후미진 곳에 적이 알지 못하도록 만든 출입문이라고 한다. 사람이나 가축이 통과하고 군수품을 조달하기 위한 목적으로 설치된 문인데 화성에는 5개의 암문이 설치되었다고 한다. 특히 서암문은 자연 지형을 이용하여 만들어졌기 때문에 가까이 접근하기 전에는 암문이 있는지조차 알 수 없을 정도로 감춰져 있었다. 이것은 1796년(정조 20) 6월 18일 완공되었다고 한다.

다음에 이른 곳은 서장대西將臺, 화성장대華城將臺였다. 지금의 건축물은 십여 년 전 어느 초겨울 밤 낯선 노숙자 한 사람이 추위를 피하여 난간에 머물다가 버린 담배꽁초에 불이 붙어 전체가 타버린 이후 수원시에서 다시 복원한 모습이라고 한다. CCTV를 설치해서 현재 24시간 매일 이 문화재를 보호하고 지킨다니 참 다행스러운 일이다.

장대란 성곽 일대를 한눈에 바라보며 화성에 주둔했던 장용외영 군사들을 지휘하던 지휘소라고 한다. 화성에는 서장대와 동장대 두 곳이 있다. 서장대는 팔달산 정상에 있으며, '화성장대華城將臺' 란 편액은 정조가 친히 쓴 것이어서 더욱 뜻이 크다.

1794년(정조 18) 8월 11일 공사를 시작하여 9월 29일 완성되었다고 한다. 정조는 1795년(정조 19) 윤2월 12일 현륭원(융릉) 참배를 마치고 서장대에 올라 성을 수비하고 공격하는 주간훈련과 야간훈련을 직접 지휘하였다고 한다.

서장대 가까운 곳엔 몇 해 전에 KBS 1박2일 프로그램 촬영지로 알려지면서 설치된 입간판이 한눈에 들어왔다. 그곳에서 우리 네 사람은 활짝 웃으며 사진을 찍었다.

조금 자리를 이동하니 서일치西一稚라는 입간판이 보였다.

'치' 란 일정한 거리마다 성곽에서 바깥으로 튀어나오게 만든 시설로 알려져 있다. 성벽 가까이에 접근하는 적군을 쉽게 공격하고 성벽을 보호하기 위한 것으로 화성에는 10개의 치가 있다고 한다. 치雉는 꿩을 의미하는데 꿩이 자기 몸을 잘 숨기고 밖을 엿보기를 잘하기 때문에 그 모양을 본 따서 '치성' 이라고 이름 붙인 것인데 서일치西一雉는 서북각루와 서포루西砲樓 사이에 있다.

또한 바로 가까이에 보이는 입간판에는 서북각루西北角樓에 대한 설명이 나와 있었다.

각루는 성곽의 비교적 높은 위치에 세워져 주변을 감시하고 휴식을 취할 수 있는 시설이라고 한다. 비상시에 각 방면의 군사 지휘소 역할도 하며 서북각루는 4개의 각루 중 하나로 숙지산이 마주 보이는 자리에서 화서문 일대의 군사를 지휘하기 위해 만들었다고도 한다.

비탈과 계단을 따라 화서문으로 내려오는 성곽 둘레엔 수원시에서 안내하는 성곽 일대의 안내 표지판이 보였다.

50미터 지점에 화서문華西門이 있고, 550미터 지점엔 장안문長案門이 있다. 그리고 850미터 지점엔 화홍문華虹門(북수문北水門)이 있으며, 1450미터쯤엔 동장대東將臺(연무대鍊武臺)가 있음을 안내하고 있다. 아마 처음 팔달산에 올라 성곽 일대를 걷는 사람들에겐 아주 중요한 정보가 아닐 수 없다.

계단을 타고 내려오니 수원 화서문이 보인다.

화서문은 화성의 4대문 중 서쪽 대문이다.1795년(정조19) 7월 21일 공사를 시작하여 1796년(정조 20) 1월 8일 마쳤다고 한다. 화성 서쪽의 남양면과 서해안 방면으로 연결되는 통로 역할을 하였다고 하는데 원래의 모습을 그대로 간직하고 있어 보물 제 403호로 지정되었다.

편액은 초대 화성 유수였던 채제공蔡濟恭이 썼다고 한다. 옹성 안 홍예문 좌측 석벽에는 성문 공사를 담당하였던 사람과 책임자의 이름이 새겨져 있다.

조금 걷다보면 장안문長安門이 보인다. 장안문은 화성의 4대문 중 북쪽문으로 수원화성의 정문이다. 1794년(정조 18) 2월 28일 공사를 시작하여 9월 5일 마쳤다고 한다. 장안이라는 말은 수도를 상징하는 말이자 백성들의 안녕을 의미한다. 장안문은 우진각 지붕(지붕면이 사방으로 경사지게 되어 있는 형태)으로 규모가 웅장하다. 성문의 바깥에는 반달모양의 옹성을 쌓았는데 이것은 항아리를 반으로 쪼갠 것과 같다고 해서 붙여진 이름으로 성문을 보호하는 역할을 한다고 한다.

또한 그리 높지 않은 성곽을 따라 계속 걷다보면 수원 서북공심돈을 발견하게 된다. 보물 제1710호로 알려진 이 공심돈은 적의 동향을 살핌과 동시에 공격도 가능한 시설로 수원화성에서만 볼 수 있다고 한다. 1796년(정조 20) 3월 10일 완공된 서북공심돈은 3층 건물로 아래쪽 부분의 치성雉城은 석재로, 위쪽 부분의 벽체는 전돌로 쌓은 게 특징이다. 내부는 전투에 편리한 구조를 갖추었으며, 계단을 통해 오르내렸다고 한다. 1797년(정조 21) 1월 화성을 방문한 정조는 서북공심돈을 보고 "우리나라에서 처음으로 만든 것이니 마음껏 구경하라."며 매우 만족스러워 했다고 한다.

독창적인 건축 형태와 효과적인 재료 활용을 보여주는 서북공심돈은 역사적, 학술적, 건축적 가치를 인정받아 보물로 지정되었다고 한다.

다음은 북서적대北西敵臺를 자세히 살펴보았다.

적대는 성문을 공격하는 적을 방어하기 위해 성문 좌우 옆에 있는 치성 위에 세운 시설이다. 4대문 중 장안문과 팔달문 양쪽에만 설치하였다. 장안문의 서쪽에 위치한 북서적대의 높이는 성벽과 같다. 치성 밖 아래 가까이 다가온 적들의 동태를 살피고 공격할 수 있도록 3개의 현안(위아래로 길게 낸 구멍)을 만들었고, 쌓은 담장마다 총안(총구멍)을 낸 것을 발견할 수 있다.

그리고 수원 남수동에 위치해서 동문으로 알려진 창용문蒼龍門은 화성의 동문으로 1795년(정조 19) 건립하였다. 건축 양식은 돌로 쌓은 홍예문 위에 단층 문루를 세우고 밖으로는 성문을 보호하기 위하여 한쪽이 열려 있는 옹성을 쌓은 구조이다. 6 · 25전쟁으로 크게 손실되었으나 1975년 다시 옛 모습으로 복원하여 오늘에 이르렀다.

남문으로 불리는 수원 팔달문水原八達門은 보물 제402호로, 화성의 4대문 중 남쪽 문이다. 남쪽에서 수원으로 진입하는 곳에 위치한다. 왕들이 현륭원을 가기 위해 이곳을 통과했다고 하는데 모든 곳으로 통한다는 '사통팔달' 에서 비롯한 이름이기도 하다. 축성 당시 모습을 그대로 간직하고 있어 오늘날 문화적 가치가 한층 높다고 한다. 북수문北水門, 화홍문華虹門으로 알려진 바로 옆에는 북암문의 입간판이 있어서 유심히 살펴보게 되었다.

북암문北暗門은 성곽의 깊숙하고 후미진 곳에 적이 알지 못하도록 만든 출구이다. 사람이나 가축이 통과하고 군수품을 조달하기 위한 목적으로 설치되었다. 화성의 5개의 암문 중에서 북암문은 방화수류정과 동북포루 사이에 위치하고 있다. 화성에서 유일하게 벽돌로 좌우 성벽을 쌓았으며 1796년(정조 20) 3월 27일 완공되었다고 한다.

아무튼 팔달산과 그 입구 도로변에 활짝 핀 벚꽃 축제를 보려고 나섰다가 북적대는 수천 명의 사람들을 피하여 팔달산에 오른 때문에 새롭게 다가선 역사 인식과 풍경에 마음이 뿌듯해졌다. 성곽 일대를 걸으며 자세히 살펴보다가 백성의 안전과 상업을 중심으로 한 풍요로운 생활을 만들어 준 정조대왕의 나라사랑을 깊이 느낀다. 특히 아버지 사도세자를 향한 효심이 바탕이 되어 지금의 화성시 안녕리에 위치한 융릉을 찾을 때마다 수원화성의 축성에 박차를 가했던 그 깊은 마음이 전해오는 것 같아 오래도록 감회가 깊어진다.

올해는 특히 '수원화성 방문의 해' 라고 한다. 가족이든, 친지이든 누구나 수원을 찾는 이가 있다면 우선 팔달산에 올라 웅장하게 발전한 수원 시내를 살펴보게 할 것이다. 그리고 팔달산 정상에서부터 성곽을 따라 한 바퀴 걸으며 4대문과 역사 깊은 수원화성 축성 당시의 모습을 찾아 공부하면서 우리 문화재의 소중함을 알게 하고 싶다. 바로 오늘처럼 걷기 운동도 하고, 꽃구경도 하고, 여기저기 세워진 성곽 주변 표지판에 적힌 화성 축성에 대한 글을 읽어보며 수원 시민으로서, 대한민국 국민으로서의 자부심을 갖게 하고 싶다.

행궁광장엔

나는 요즘 매주 수요일 오후가 되면 수원시립 아이파크 미술관에 간다. 지난 10월 8일 미술관을 개관하면서 안내봉사를 맡게 되었다. 벌써 6개월이 되었으니 장기 자원봉사자로 선정되어 주1회 5시간 근무하는 새로운 일터가 된 셈이다. 은퇴 후에 글을 열심히 쓰면서 문학에 더욱 정진하는 것 외에 자원봉사를 오래도록 하려고 마음먹은 때문인지 이곳에서 일하는 것이 즐겁고 남다른 애착을 갖고 있다. 물론 교회봉사와 구치소봉사 등 꾸준히 하는 일이 몇 가지 있지만 이곳 미술관에 나오면 아주 가까운 곳에 화성 행궁 광장이 있기 때문에 더 좋아하는 지도 모른다.

이곳에 오면 언제든지 다채로운 볼 거리를 볼 수 있기 때문일까?

겨울철에는 좀 한가하지만 봄, 여름, 가을 동안 다양한 공연이 펼쳐지고 사람들이 몰려드는 행궁 광장이 바로 미술관 옆에 있다는 것은 내게 아주 특별한 관심을 갖게 한다.

혼사서 미술관 안내를 하다가 관람객이 없는 틈을 타서 잠시 밖을 내다보면 한눈에 광장 풍경이 들어와 심심하지 않다. 그래서 이곳 미술관 자원봉사에 남다른 애착을 갖는지도 모른다.

가난 때문에 나는 학창시절 좋아하던 미술에 대한 꿈을 접고 문학의 길로 들어섰다. 그러나 요즘 들어서 국내외 다양한 화가들의 작품을 감상할 수 있게 된 것이 내게는 뜻밖에 만난 오랜 친구에게서 느끼는 그런 큰 위로를 받는다. 오래 잊고 있었는데 그립고도 반가운 친구가 내게 선물처럼 다가온 것 같아 고맙고도 소중하게 느낀다.

예술적인 작품의 품격을 갖추어 그려내는 그림은 많은 기능과 훈련을 거듭하여 전문적인 소양이 길러지는 그런 예술 분야여서 지금에서야 미술 공부를 한다는 것은 쉽지 않다. 그래서 여러 화가들의 작품을 마음껏 감상할 수 있게 된 것만으로도 만족한다.

수십 년 동안 문학에 정진하여 은퇴 후 지금까지 동화, 수필, 시를 써 왔지만 늦게나마 미술과 접목시켜 보다 더 좋은 문학작품을 창작해보려고 마음먹고 있으니 이것 또한 얼마나 뜻 깊은 일인가?

더불어 수많은 관람객들을 만나면서 미술에 대한 관심이 커지고 그림에 대한 소양도 길러지는 것 같아 요즘 뿌듯하다. 뿐만이 아니다. 매주 한 번씩 미술관 봉사 때문에 이곳에 오면 손님이 적은 틈을 타서 밖으로 눈길을 돌릴 때마다 찻길을 달리는 차들과 바삐 지나는 행인들을 바라보는 일도 심심하지 않다. 숨 가쁘게 돌아가는 세상을 만나는 것 같아 매우 흥미롭고 진지한 삶의 현장을 만나는 것 같아 좋다. 나태해지려는 내 삶을 긴장시키는 것 같아 마음 깊이에서 알 수 없는 자극을 받고 있다.

나이가 들고, 직장에서 정년을 마치고 나와 할 일 없이 보내는 한가로운 노인의 그런 삶을 아직은 받아들이기 싫은 나로서는 뭐든지 열심히 살고 싶다. 또 다른 꿈을 꾸면서 누구에겐가 꼭 필요한 존재로 일하면서 살고 싶은 것이다. 한 번 뿐인 삶을 의미 없이 놀면서 허송세월로 보내기는 너무 아깝지 않은가!

그래서 이곳 미술관 안에서 바라보는 바깥세상을 구경하는 동안 더 진지하게 살고 싶은 소망이 꿈틀거리는지도 모르겠다. 특히 창문마다 강화 유리로 설치되어 밖이 훤히 바라다 보이는 곳에 한동안 서서 눈길을 밖으로 돌리면 한눈에 들어오는 넓은 화성행궁 광장을 유심히 살펴보는 일이 아주 좋다. 그곳엔 항상 활기차게 움직이는 삶의 현장이 있기 때문이다.

추워서 활동하기 불편한 지난 겨울엔 연날리기, 자전거타기, 롤러스케이트를 타는 사람들이 고작 몇십 명 밖에 눈에 띄지 않았는데 이 봄부터 화성행궁 광장엔 매우 분주한 풍경으로 바뀌었다.

얼마 전엔 열린 음악회를 하기 위해서 가설무대가 꾸며졌다. 수천 개의 의자가 줄 지어 배치가 되는가 하면 멀리서도 잘 들릴 수 있도록 엄청난 규모의 방송 장비 설치로 바쁘게 움직이는 사람들을 볼 수 있었다.

그런데 이번 주에 미술관에 와서 일하다가 잠시 바로 건너편 화성행궁 광장을 바라보니 그 장비가 모두 없어졌다. 수천 개의 의자는 한쪽 귀퉁이에 차곡차곡 쌓여 있고, 둥근 지붕과 둘레를 막아 여러 명의 기술자들이 사다리를 오르내리면서 또 다른 설치로 분주하다. 알고 보니 가설무대를 꾸민다고 한다.

특히 최근 몇 년 전부터 4월과 5월이 되면 이곳 행궁 광장에서는 여러 가지 문화 축제가 열리고 있다. 이곳 옆으로 난 찻길을 지나다가 보면 많은 사람들이 광장 안에 모여 행사에 참여하는 모습을 본다. 요즘처럼 주의 깊게 살펴보지는 않아서 그 행사 내용을 지나쳐버린 일이 많았지만 늘 상설무대가 설치되어 있고, 사람들이 모여 다채로운 행사를 진행하는 모습을 보았다.

그런데 2016년은 '수원 화성방문의 해' 라고 수원 시내 어디를 가든지 가로수 길마다 홍보 게시물이 수천 수만 개가 붙어 있다. 그래서 행궁을 지나치거나 가까이서 바라볼 때면 더 유심히 행사 내용을 살핀다.

특히 수원 화성행궁 광장에서 열리는 2016 수원 연등축제에 손님 맞을 준비가 완료 되었다는 홍보 소식에 관심이 간다.

신라, 고려시대부터 전적으로 내려오던 연등축제 행사는 중요 무형문화재 제122호로 등록된 문화유산으로 민족 고유의 문화를 계승하고자 수원에서도 매년 〈수원 연등축제〉를 진행하고 있다고 한다.

올해는 2016 수원 화성방문의 해를 맞아 베트남 불교연합 포교 위원회 부위원장을 비롯하여 국내 거주 베트남 신도 100여 명이 함께 참가하고, 베트남 연등을 특별 제작해 주지스님 행렬에 참여한다고 한다. 뿐만 아니라 동남아 스님들과 다문화 가정 신도 180여 명이 모여 더욱 의미가 크다고 한다.

제등행렬과 연등을 든 퍼레이드 행렬이 행궁 광장을 시작으로 팔달문과 장안문을 거쳐 다시 행궁 광장으로 집결한다고 하니 시민들에게 큰 볼 거리가 아닌가!

그뿐인가!

제23회로 열리는 '2016수원 음식문화축제', 화성 행궁 주차장에서 열리는 먹을거리 축제엔 넓은 부지 안에 많은 축제 부스들이 한자리에 있다고 한다. 그래서 다양한 외국 음식들과 아이들 교육에 좋은 음식 전시관을 볼 수 있다고 한다. 더욱이 제8회 전국 요리경연대회까지 펼쳐져 관람객들의 마음을 단번에 사로잡고 있다.

그밖에도 얼마 전에 열린 수원이 낳은 '나혜석 작가이며 화가' 를 기념

하는 다채로운 행사와 연극축제 또한 빼놓을 수 없다. 그리고 효심을 기리며 수원 화성 성곽을 따라 걷는 일 등 셀 수 없을 만큼 다양한 행사가 이곳 화성행궁 광장에 오면 볼 수 있다. 대부분의 수원 화성을 알리는 행사는 화성행궁 광장에 모여 시작하는 것 같다. 또 수많은 사람들이 행궁광장에 집결하여 행사를 시작하고 마무리하기 때문에 어느 요일에 와도 볼 거리가 많다.

주말이나 공휴일엔 행사 내용이 풍부하여 사람들이 더 붐비지만 그래도 활기찬 모습 때문에 나는 주말이면 팔달산을 오르내리며 걷다가 이곳 행궁 광장에 와 본다.

지금도 미술관 안에서 관람객이 없는 틈을 내어 가까이 있는 행궁 광장을 잠시 내다본다. 언제 바라보아도 수원 문화예술의 요람이요, 화성의 얼을 기리는 축제가 많아 신바람이 나게 하는 화성행궁 광장의 활기찬 모습에 삶의 힘을 얻는다. 새로운 꿈을 꾼다.

이곳에서 펼쳐지는 수원 화성 역사의 소재를 가지고 아이들이 좋아하는 동화를 재미있게 쓰고 싶다. 그래서 수원 화성의 역사를 쉽게 체계적으로 알아 갈 수 있도록 안내하고 싶다. 그러려면 수원 화성에 대한 공부를 더 열심히 하고, 요즘 아이들이 끝까지 읽을 수 있는 동화적인 소재를 다양하게 찾아야 하지 않을까?

분명히 찾아보면 옛날부터 내려오는 팔달산에 얽힌 이야기도 많고, 효 관련 소재는 물론 수원에서 오래 전에 살았던 선조들의 생활 속에 묻힌 감동적인 이야기가 있을 것이다. 역사의 뒤안길에 묻혀버린 선조들의 옛이야기를 발굴하여 향기로운 문학작품으로 빚어낸다면 얼마나 뜻이 깊은 일인가?

화성행궁을 바라보며

요즘 나는 매주 수요일 오후가 되면 화성행궁 가까이 건립된 수원 시립 아이파크 미술관에 자원봉사를 나가고 있다. 벌써 5개월이 지나 3월 넷째 주를 마무리로 당분간 다음 개관 때까지 약 보름쯤 그 봉사활동도 쉬게 된다.

퇴직공무원들을 중심으로 일정 기간 교육을 받아 이곳 미술관에 전시되어 있는 국내외 유명작가들의 미술품을 관람객에게 안내하는 일이란 생각처럼 어렵지는 않다. 3개월에 한 번씩 교체되는 그림이나 조각품 등 다양한 미술품이 화성행궁 바로 옆에 새롭게 단장된 미술관에 전시되고부터 수원 시민들의 반응은 매우 뜨겁다. 지난 해 시월 초부터 개관한 이후 처음 한 달간의 무료입장이 알려지면서 화성행궁을 찾는 사람이라면 누구나 한 번쯤 다녀가는 근사한 곳이 되고 말았다.

처음 개관 당시 3개월 동안엔 수원과 관계가 깊은 화가나 조각가 그리고 초창기 수원에서 활동했던 화가들의 발자취를 알아볼 수 있도록 미술 연대표나 혹은 소장한 미술품이 전시실의 상당부분을 차지했다. 그리고 우리나라 근대사에 알려진 화가들의 대표적인 작품이 전시되어 그림에 관심이 있으면서도 그동안 미술 분야에 무지했던 내게 큰 자극을 주게 되었다.

어릴 때 가난한 환경을 극복하지 못하여 하고 싶은 그림공부를 접고, 중학교에 입학하여 문예부 활동으로 방향을 돌렸던 일이 떠오를 때마다 그림 그리기에 대한 동경에 가끔씩 가슴앓이를 앓으면서 보낸 세월 탓일까?

우연히 화성박물관에서 수원 화성에 대한 공부를 하며 주 1회의 첫 번째 자원 봉사하는 곳이 이곳 미술관이 되었다.

이번 겨울방학 특집으로 두 번째 개관하게 된 '상상으로 만든 조각' 전시회와 하이퍼 리얼리즘, 보는 것, 보이는 것, 보여지는 것에 관한 전시 작품을 매주 바라보면서 나는 어느새 조금씩 미술에 관하여 눈이 떠지고 있는 자신을 발견하게 되었다. 놀랍도록 사실적인 시선을 가지고 일상적인 풍경을 냉정하고 섬세하게 추적하여 우리의 삶에 내재된 다양한 태도와 양상을 생생하게 제시한 작품들을 바라보면 알 수 없는 충격과 감동이 내 안에 자리하게 된 것을 느낀다.

현실의 단면, 그리고 그 안에 꿈틀대는 이상이나 내면의 심리를 사진보다 더 사실적인 표현을 통해 보여주며 그 이상의 의미를 거꾸로 추적해나가는 작가정신에 흠뻑 매력을 느낀다.

작가들의 개인적인 감정이 이입되고 현실적인 사실의 틀 속에서 철저하게 반영된 실제는 단편적인 현실의 닮음이나 재현의 즐거움이 아니라 그 이면에 존재한 삶의 다양한 교차점이 투영되었다는 노슨트(미술 해설사)의 덧붙인 설명을 들을 때마다 그림공부에 대한 도전정신이 꿈틀

댄다.

그러나 아무래도 이곳 미술관에서 관람객들에게 오래도록 안내하고 미술에 대한 관심을 갖도록 돕는 일에 만족을 해야 하지 않을까?

문학과 달리 그림공부는 기능에 속할 뿐만 아니라 문학 쪽으로 너무 멀리 와 버려 새롭게 전공을 바꿔 도전해보기란 쉽지 않을 것 같다. 이렇게 훌륭한 미술가들의 작품을 매주 한 번씩 구경하면서 취미활동으로 감상하고, 그동안 몰랐던 미술 분야를 알아가는 데 만족해야 할 것 같기도 하다.

그래서 관람객이 뜸한 시간이면 사방이 강화유리로 둘러싸여 밖이 훤히 내다보이는 넓은 행궁 광장에 눈길을 자주 돌린다.

화성행궁을 찾는 많은 사람들의 발길이 머무는 곳이기도 한 이곳 행궁 광장엔 언제나 사람들이 북적인다. 자전거를 타는 사람들, 다채로운 모습의 연을 하늘 높이 날리는 사람들, 바퀴 달린 스케이트를 타는 청소년들, 가족들의 웃음과 알록달록 차려 입고 방문한 단체 모임의 싱그러운 모습이 한눈에 들어와 광장 안 곳곳에서는 활기가 넘친다. 그런 역동적인 모습을 바라보면 어느 새 그 옛날 수원 시민을 위한 안전한 삶을 위하여 땀 흘리던 선조들의 숨결이 따뜻하게 느껴진다.

1994년도에 수원 화성이 유네스코에 세계문화유산으로 등재되면서 화성행궁 주변이 놀랍게 변화하고 있음을 본다. 멀쩡했던 종로 우체국과 그 주변 건축물이 철거되면서 다양한 문화행사 공간이 이루어지도록 다듬어지고 세워진 모습은 일부러 팔달산에 올라 수원시를 살피지 않아도 금방 알 수 있다.

1983년도 봄에 수원시에 소재한 학교로 직장이 이동되면서 나는 벌써 30년이 훨씬 넘게 수원 시민이 되었다. 그동안 시내 곳곳마다 골목마다

간판의 글씨 모양과 색깔이 몰라보게 바뀌었다. 밤이면 아주 근사한 조명 불빛이 시내 어디를 가든지 밝혀 주기 때문에 외국 관광객들도 쉽게 머물 곳과 구경할 곳을 찾을 수 있게 되었다. 더구나 사계절 나혜석 거리나 장안문일대 혹은 영동시장의 야시장과 화홍문 일대 어디를 가든지 먹을거리와 볼거리가 끝없이 펼쳐지지 않는가!

특히 밤에도 화성 성곽이나 팔달산 둘레길 어디를 가도 환하게 밝혀진 불빛 덕분에 마치 외국 여행길에 나선 것은 아닌지 가끔은 착각에 빠지게 된다.

재작년 봄에 나는 늦었지만 제2의 고향이 된 이곳 수원에 대하여 좀 더 깊이 있게 배울 기회를 가지게 되었다.

무심코 건강을 위하여 자주 팔달산에 오르면서 산꼭대기에서 내려다본 화성행궁의 아름다운 모습에 끌려 나도 모르게 관심이 커졌다. 이끼 푸른 성곽 둘레길을 따라 한두 시간 걷다가 멈추기도 하고, 계단과 내리막길을 따라 광장까지 도착하면 어김없이 옛날 궁궐의 모습을 재현한 행궁 안을 기웃거리게 된 것이다.

정조대왕의 숨결이 아직도 살아 숨 쉬고 있는 역사 깊은 팔달산에 오르면 한눈에 들어오는 수원시가지의 풍경 속에서 선조들의 가슴 뛰는 애국정신과 마주 설 때마다 가슴이 뛰었다.

누구도 흉내를 내기 어려운 성곽 쌓기의 공법이 궁금하여 재작년 퇴직한 봄날 수원 화성박물관에서 개강한 수원화성에 관한 50시간의 수업을 마치게 되었다.

한양에서부터 지금의 화성시 행정 구역 안에 위치한 안녕리에 묻힌 아버지 사도세자의 능을 자주 오르내리면서 정조대왕의 효심 깊은 마음에서 시작되었다는 수원 화성의 성 쌓기, 수도를 옮길 계획으로 시작한 마을 건설의 사연은 화성 박물관에 기록물로 자세히 남아 있어 오늘날 복원하는데 많은 도움이 된다고 한다.

뿐만이 아니라 남아 있는 기록물 때문에 옛 궁궐의 정취와 다산 정약용의 그 놀라운 실학정신의 열매인 기중기를 이용한 각종 건축물이 훼손되었어도 그 실제 모습으로 정확하게 복원되어 관광객들에게 큰 관심을 받고 있다고 한다. 물론 조선시대 정조대왕의 생존 시의 모습으로 팔달산 주변의 행궁으로 복원되려면 아직도 멀었을 것이다. 하지만 우리의 관심과 사랑으로 화성행궁이 이만큼 바뀌고 그 시절의 모습으로 돌아갈 수 있어 참 좋다.

수원시민의 자긍심이 그 어느 때보다도 높은 것은 늦었지만 얼마나 다행스러운 일인가?

지금까지 나는 교직에 평생 몸담아 왔으면서도 아이들에게 수원 시민의 긍지와 자랑을 마음껏 펼쳐 보지 못한 것이 후회가 된다. 그래서 어쩌면 화성 행궁 주변에 새롭게 단장한 미술관에서 주1회나마 자원봉사자로 근무하며 관람객에게 수원을 알리고 싶었는지도 모른다.

처음 화성박물관에서 개강한 수원 화성에 관한 공부를 시작할 때는 그동안 소홀하게 여긴 우리 고장 수원에 대하여 알고 싶은 마음이 앞섰는지도 모른다. 그러다가 박물관을 찾는 사람들에게 수원에 대한 궁금증을 덜어주고 싶었던 것 같다.

이젠 화성 행궁 바로 옆에 위치한 미술관 안에서 자원봉사를 하면서도 자주 밖을 바라보면 한눈에 들어오는 행궁 광장과 성곽으로 둘러싸인 팔달산이 있어서 더 친근감이 든다.

요즘 나는 아주 작은 일일지라도 꼭 해보고 싶었던 '자원봉사' 그 이름을 달고 매주 1회씩 미술관에서 보내는 일이 행복하다. 그리고 내 삶에 고마움을 느낀다. 늦었지만 이제라도 수원 시민으로 살아가면서 무엇인가 이웃을 위하여, 제2의 고향인 수원을 위하여 보탬이 되는 일을 할 수 있다는 것이 자랑스럽다.

더구나 어릴 때 하고 싶었던 그림공부를 늙어가며 취미활동으로 가져보려고 꿈틀거리는 가슴의 소리를 듣는 것도 소중한 삶의 한 부분이 아닌가!

다양한 미술작품이 전시된 곳에서 매주 한 번씩 작품을 바라보며 감상하고, 관심을 갖게 된 것도 기분 좋은 일이다.

특히 그림과 문학을 접목시켜 십년 쯤 지난 어느 날 어떤 모습으로 자신의 영혼을 예술적으로 승화시킬지 아직 아무 것도 생각나지 않지만, 분명한 것은 내 삶 속에 다시 활기찬 봄날이 오고 있다는 사실을 깨닫기 시작했다.

'화성행궁' 을 바라보면 분명 정조대왕의 나라 사랑하는 마음과 선조들의 앞서간 문화의 향기를 느끼게 되는 것도 값진 일이 아닐까?

시민의 안전과 삶의 방식을 새롭게 바꾸고 개혁하려는 정조대왕의 의지와 지혜가 가득하게 배여 있는 화성행궁의 모습을 보다 많은 사람들에게 바르게 알리고 싶다. 그리고 원래 수원 화성의 모습을 복원시켜 옛 문화의 향기를 오래오래 후손들에게 남겨 정조대왕의 뜻을 기리는데 보탬이 되고 싶다. 그래서 누구나 화성행궁을 살펴보고 바라볼 때마다 우리 고장의 옛 문화에 대한 긍지와 고마움을 새겨 널리 이웃에게 알리고 함께 나누고 싶어진다.

[작품해설]

인문학적 코기토cogito, 의식의 관계망關係網 짜기

– 임옥순의 수필집 《내려놓기 연습》의 경우

한상렬 | 문학평론가

● 작품해설 ●

인문학적 코기토cogito, 의식의 관계망關係網 짜기

– 임옥순의 수필집《내려놓기 연습》의 경우

한 상 렬
(문학평론가)

1. 사유의 단서, 그 프롤로그

우리들 시선이 머무는 곳에 마음 또한 머문다. 일상 속의 작은 정물靜物 하나에도 그들만의 대화가 숨어 있고, 삶의 숨결이 숨어 있다. 하지만 우리는 미처 그들의 내밀한 이야기를 감지하지 못하는 경우가 대부분이다. 그것을 읽어내려는 노력이 부족하거나 등한하여 말문을 미리 닫아 버리기 때문일 것이다. 이런 경우, 내가 가슴을 열고 그들에게 다가서야 상대도 마음의 문을 열게 마련이다. 작가 임옥순은 이런 일상에 시선을 정박하여 사유의 문을 열고 있다. 부단히 대상에 시선을 박고 천착하는 작가, 그의 창작 열망을 높이 사게 한다. 작가란 어떤 사람인가?

그들은 저마다 마음 속에 작은 연못 하나씩을 가지고 있다. 그 연못에 물이 고여 가득 차면 찰랑거린다. 그럴 때에 그는 사색의 두레박으로 가슴에 고인 물을 퍼 올린다. 특히 수필가의 경우에는 자신이 가지고 있는 철학적 관념과 인간의 보편적 진리와 질서에 혼융하여 그 발효의 날을 기다린다. 작가 임옥순이 사색의 두레박으로 퍼 올린 사유의 세계가 우리들 가슴에 와 닿는다. 사유, 이는 코기토cogito이다.

철학에서의 '코기토'는 '생각하다'라는 뜻으로 라틴어인 'cogitare'의 1인칭 형태로 '코기토 에르고 숨cogito ergo sum'이란 문장을 한 마디로 줄여 부르는 말로 "나는 생각한다. 그러므로 나는 존재한다."는 말이겠다. 결국 코기토는 생각, 즉 사유의 문제로 집약된다. 그 자체로는 항상 반성이라고 할 수 있다.

작가 임옥순이 두 번째의 수필집을 세상에 펴낸다고 한다. 그의 문력으로 보면 두 번째라는 숫자가 주는 기표의 의미가 다소 낯설 수도 있다. 왜 그러한가. 필자가 그와 함께 문필활동을 한 지도 어언 30년이 넘어서이다. 《나는 가을이면 집시가 된다》라는 그의 첫수필집은 당시만 해도 다소 파격적인 작가적 행보였다. 그 이후 참으로 오랜 만에 그의 수필집과 만난다. 그는 수필작가 이전에 이미 아동문학가로 창작동화집 《아프면서 크는 아이》와 장편동화집 《칠공주집 칠순이》등 8권을 상재하기도 하였다. 여기서 아동문학과 수필문학이라는 두 장르의 넘나듦은 작가로선 당연히 이중적 짊일 수도 있었을 것이다. 하지만 '경계넘기'라는 파격적 활동을 통해 '유아적 순수성'과 '존재파악'을 교직하는 작가로서의 그의 문학적 열망이 이제 결실을 맺게 되었다는 점에서, 두 번째의 수필집이 주는 문학적 성취에 의미를 담게 한다.

그는 평생 교단에서 학생들에게 사랑을 심어주었던 교사였다. 그리고 그 교직의 꽃이라 할 학교장까지 거치고 정년퇴임하였다. 그러니 그로서는 평생의 소임을 다한 셈이리라. 교직은 그의 평생의 업이었고, 문학은 그가 짓는 환상의 성이었다. 그런 그가 두 번째의 수필집을 낸다 한다.

'내려놓기 연습'이니 아마도 동화로서는 토해놓을 수 없는 일상에서의 존재문제와 관련한 사유의 세계, 곧 코기토일 것임에 틀림이 없지 싶다.

'삶에서 빛나는 시적詩的인 순간들과 어두운 장면들이 아우라aura 속에서 서로 마주친다. 절절히 회상된 세계의 떠도는 특성이 실존적인 장소 없음과, 어디에나 나타나고 아무 데서도 완전히 자리잡지 못하는 관찰자 마르셀Marcel의 기묘한 눈길과 결합된다. 그리고 불안하게 만드는 마법이 그를 사춘기에 바닷가에서 만난 젊은 소녀의 회상 속에 가둬 버린다. 아니면, 젊은 시절 그 자신이 분명하게 의식하지 못하였던 거부된 사랑의 대상 속에 그를 가둔다.'

프르스트Marcrl Proust는 알베르틴을 서술하면서 이렇게 문학적 상상을 서술하고 있다. 그렇다. 우리에게 눈부시도록 찬란한 아름다움이 있는가 하면, 눈을 뜰 수 없을 정도로 아름다운 아픔도 있다. 아름다움이 너무 강하여 아픔이 되기도 하지만, 그 반대의 경우도 있다. 시리도록 아픈 것도 아름다움이요, 지나치게 아름다운 것도 아픔이다. 영롱하고 투명한 아침이 장미꽃의 색상을 더욱 선명하게 하고, 유리화병 속의 맑은 물이 새벽의 청아함을 보여준다. 그들이 우리에게 전달하는 '메시지'가 너무나 맑디맑아서 더욱 시린 아픔으로 다가오게 되는 것은 아닐까?

그 자태가 너무나 고와서 오래 쳐다보지 못할 쇄락한 아침의 정물이 전해주는 전언들이 고혹적이다. 임옥순의 수필집 《내려놓기 연습》의 조각들은 하나같이 이런 아침의 정물처럼 아름답다. 일상을 직조한 담론의 조각들이 모여 조각보를 만들고 있다.

작가 임옥순, 그는 작가 이전에 한 자연인이요, 교사요, 신앙인이다. 이런 언어적 기표는 그리 중요하지 않다. 어쩌면 삶이란 복잡다기한 가닥을 직조하여 존재라는 표상을 드러내기 위한 지난한 과정일 수도 있다. 그래 그의 생애에는 여러 갈래의 매듭들이 만나 의식의 관계망을 형성한다. 문학은 이런 의식의 관계망을 통해 인간의 문제에 포커스를 맞추게 마련이다.

수필집 《내려놓기 연습》의 목차를 일별한다. 제1부의 '영혼을 찾는 이들의 그리움' 은 언어의 전이 그리고 상상력의 표상을 보인다. 존재확인과 내적감각에 따른 11편의 수필이 자리잡고 있으며, 제2부의 '삶의 길목에서' 에는 일상적인 삶의 모습을 그린 총 11편이, 제3부 '첫걸음부터' 에는 교육단상을 중심으로 한 12편, 제4부는 이 수필집의 핵심인 '내려놓기 연습' 에는 13편의 존재해명의 사유의 세계인 인문학적 코기토가, 끝으로 제5부 '서호 저수지 풍경' 은 작가의 삶의 공간인 수원을 중심으로 한 공간애인 토포필리아Topophilia를 화소로 한 10편, 총 57편의 수필이 포진되어 있다. 이를 축소 요약하면, 그의 수필집은 그가 쌓는 빨레이데알Palais Ideal, 곧 환상幻想의 성에 다름이 없다.

한 마디로 작가 임옥순의 수필을 통한 성 쌓기는 그의 구도의 과정이요, 존재해명의 표상일 것이다. 그래 그의 수필은 독자로 하여금 일상에서 거둔 존재론적 사유의 깊이를 읽게 한다. 또한, 사물에 대한 섬세한 관찰과 통찰을 통한 해석의 묘미를 감지하게 한다. 요약하면, 철학적 사유를 통한 인문학적 성찰의 코기토와 함께 의식의 관계망 짜기일 것이다. 이는 그의 수필을 읽게 하는 마력과도 같은 힘이요, 그의 개성적 얼굴이다.

2. 언어의 전이, 상상력의 표상

"언어는 존재의 집이다." 이는 하이데거의 말이다. 뜻이 가득 담긴 말을 제대로 엮어내기만 하면, 그 말은 그냥 말에 그치지 않는다. 언어는 집처럼 세워져 사실과 세계를 담아낸다. 존재는 언어라는 집 속에 깃든다. 그래서 어떤 말을 듣거나 써 놓은 글을 읽는다는 것은 언어라는 집을 보며 그 속에 깃들어 있는 존재의 모습을 만나는 것을 뜻한다. 아무것도 담아 낼 수 없는 말, 존재의 집이 아닌 비어 있는 말은 말이 아니다. 헛말이요, 빈말이다.

그런가하면 비트겐슈타인은 "언어는 세계의 그림이다."라고 하였다. 낱말은 세계의 조각들을 가리키고, 모든 낱말의 묶임은 존재의 조각들이 이루어내는 모자이크와 맞대응함으로써 세계를 그려낸다는 말이겠다. "아침 햇살이 눈부신데, 할머니 한 분이 손수레를 밀며 오르막길을 올라간다." 우리는 이들 낱말의 순서를 따라 그림을 그리게 된다. 아침 풍경을, 맑고 푸른 하늘에 빛나는 태양을, 그 산뜻한 풍경 속에 느닷없어 보이는 늙은 여인 하나를, 그리고 하필이면 가파른 언덕을….

비로소 언어가 존재의 집이며 그림이라는 말은 은유 즉 메타포다. 존재의 집이란 존재를 담아내되 크기와 모양에 따라 꼭 맞는 것은 아니라는 사실을 느끼게 해 준다. 또 세계의 그림이란 세계를 그려내되 거울이나 사진처럼 고스란히 비추지는 않는다. 모사模寫가 아닌 묘사描寫여야 한다는 말이다. 작가가 그려낸 세계는 그 어떤 방식으로든, 그 어떤 시각으로든 우리가 사는 세계와 닮아 있다. 동시에 그것은 세계를 보는 일상적이고 평범한 방식에서 벗어나 있는 세계의 또 다른 측면이다. 세계와 닮았으면서도 벗어나 있어 세계와는 다른 세계여야 한다.

영혼이 노래를 듣기 위하여 이른 아침 호젓한 산길에서 맑은 물소리에 귀를 씻지 않아도 세상만사 마음먹기에 따라 달라지는 것이 아닐까?

등이 따듯하고 배부르면 고생이 많고 힘들던 시절의 기억을 잊는다고 했던가?

– 〈혼자 걷는 길〉에서

수필은 이처럼 일상에서의 산보와 흡사하다. 천천히 걷는 그의 발길이 어느새 오솔길로 접어든다. 천천히 걷기는 무거운 짊을 부려놓아야 한다. '나는 누구인가?' 라는 철학적 물음은 그런 경우 자연하다. 그렇기에 사유의 코기토는 상상을 불러온다. 그래서 혼자 걷는 길은 무한 상상력과 사유의 공간이자, 시간이 된다. 언어로 짓는 세계의 집이다. 하여 언어는 존재의 집이기도 하다. 이런 상상력Imagination은 체험에서 나온다. 그러므로 현실적인 체험에서 나오지 않는 상想은 이른바 '환상' 이다. 코올리지coleridge는 상상력을 '무한한 존재의 영원한 창조행위를 유한한 정신 속에서 반복하는 일' 이라 했다.

'빛바랜 원고지' 는 작가에게 있어 생명과도 같은 삶의 지엄한 흔적이다. 지금과 달리 원고지에 육필로 글을 쓰던 시대에 남아 있던 육화된 창작의 흔적인 원고지를 바라보는 작가의 회억은 남다를 밖에 없다. 그런 그가 자신의 서재를 정리한다. 동화책의 초안 원고 뭉치를 보며 '영혼의 노래' 를 떠올린다.

이제 주변을 돌아보면서 다시 펴 올리고 싶은 내 삶의 언어와 값진 영혼의 노래들이 빛을 바랜 원고뭉치들 앞에서 춤추는 것 같다. 못 다한 이야기들과 쓰다만 영혼의 노랫가락이 엉겨 손때 묻은 책무더기 사이에서 고개를 들 수만 있다면 밤새워 작품을 구상하고, 메모하면서 한 올 한 올 보석 같은 이야기를 꿰듯 희열을 느끼면서 다시 시작하리라. 생각이 여기에 닿자 어느새 손놀림이 빨라지기 시작하였다.

– 〈빛 바랜 원고 뭉치에서〉

'최근 오 년 동안의 내 삶은 울퉁불퉁 가파른 자갈길로 뒤덮인 산등성이를 맨 발로 오르는 등산객' 으로 그는 비유하고 있다. 아니, 어찌 그에게 있어 고통이 오 년 뿐이었으랴. 그는 평생 화인火印처럼 병마와 싸워왔다. 그에게 교직과 문학, 그리고 믿음이 없었다면 과연 오늘의 그가 존재하였을까? 그에게 삶의 언어와 영혼의 노래가 있어 빛바랜 원고 뭉치 앞에서 춤을 추어도 좋은, 문학을 해바라기하는 자존과 작가의 진정성이 우러나온다.

작가 임옥순의 삶이야말로 입지전적立志傳的이다. 생각해 보라. 인간의 궁극적 목적이나 가치의 문제는 '삶' 에 관한 문제였다. 문제는 살되 그냥 사는 것이 아니라, 옳고 가장 보람 있게 살고자 하는 것이었다. 그럼으로써 삶의 의미를 찾자는 것이었다. 인간은 좋건 싫건 이 같은 '의미' 를 찾는 데에서 동물적 삶과 구별된다. 인간에겐 인간으로서 살고자 하는 내재적 필연성이 있게 마련이다. 이는 넓은 의미에서의 윤리적 요청일 것이다. 하이데거의 해설에 의하면, 윤리라는 말은 원래 희랍어의 에토스ethos라는 낱말에서 유래한 말이다. 우주나 세계 속에서 인간이 가진 '거처' 혹은 '자리' 를 뜻한다. 그러므로 윤리적 문제는 인간이 인간이기 때문에 인간답게 사는 문제, 즉 우주 안에서 자신의 본연의 모습을 찾아내고 그것에 따라 살아가는 문제에 지나지 않는다.

현대인은 감성적인 언표의 홍수 속에 갇혀 다양하고 역동적인 몸의 존재성을 드러낸다. 그래 온갖 종류의 감성적인 언표들을 체득하고 해석한다는 것은 자칫 소화불량에 걸릴 위험성마저 지니고 있다. 이 경우, 흄David Hume이 말한 오관을 통한 감각인상에 대한 깊은 철학적 천착이 선행되어야 한다. 수필 〈영혼을 찾는 이들의 그리움〉이 그러하듯, 수필 〈내 영혼의 불꽃에게〉는 '몸' 과 '영혼' 의 상호 관련성에 기초하고 있다.

불꽃! 몸과 영혼이 많이 아파서 사랑으로, 설렘으로 다독거리면서 치유되는 시간이 아주 길어서 다시 영혼을 불태워 자신과의 고독한 싸움에 도전하기가 쉽지는 않았어.

그러나 어제는 솔바람따라 광활한 바닷가를 거닐고, 소나무 숲 속에 매달아 놓은 그네를 타면서 다시 날고 싶은 꿈틀거림이 내 안의 깊은 곳에서 용솟음치는 것을 발견하고 너무 많이 놀랐어. 세월의 흐름을 용납하지 않고, 넘실거리는 파도를 따라서 비상의 날갯짓을 다시 그리고 싶다는 생각으로 꽉 차버렸거든.

불꽃! 너는 아무래도 신기한 마술솜씨를 가졌나봐. 다시 아플까봐 걱정이 앞서서 밤새워 책상 앞에 앉는 일을 멀리 한 나를 탓하지 않고 살포시 안아주면서 손잡아 주는 네 따뜻한 가슴을 느낄 수가 있어서 고맙구나. 손 놓아버린 글도 이젠 다시 써야겠지?

– 〈내 영혼의 불꽃에게〉에서

화자에게 있어 병마와 싸워온 아픈 기억은 치유의 과정 안에 절대자의 존재에 대한 확신을 갖게 한다. 불꽃처럼 몸과 영혼이 아팠던 자신을 사랑과 설렘으로 다독거리며 꿈을 키웠던 아픔의 세월은 우리들 모두의 아픔으로 전이된다. 하지만 그에게 "영혼을 불태워 고독한 싸움에 도전했던 그 불꽃처럼 활활 타오르던 집념이 있어 오늘의 그가 존재하지 않는가. 역동적 상상력 속에서는 모든 것이 활기를 띠고 그 무엇도 멈추지 않는다. 운동이 존재를 창조하며 소용돌이치는 대기는 별들을 창조하고, 외침은 이미지를 낳는다. 그리고 외침은 말과 생각을 준다."는 가스통 바슐라르의 언명처럼, 화자에게 있어 불꽃 같은 생명력이 있어 그는 행복한 사람일 것이다.

어느 날 문득 나 혼자라는 기분에 사로잡혀 몹시 마음이 가라앉을 때가 종종 있다. 그런 날이면 나는 어김없이 집시처럼 마음도 행동도 떠돌 때가 잦아진다. 젊은 날엔 이런 내 모습을 들여다보면서 계절을 유난히 타는 까닭이라고 스스로 대답을 하곤 했다. 그런데 나이를 먹어가면서 최근 느끼는 기분은 좀 다른 것 같다는 생각을 요즘에 가끔 한다.

유난히 이 가을에 외롭다는 생각을 한다. 아니 영혼 깊숙이에서 고독하다는 느낌을 받고 있는 것 같다.

–〈같은 곳을 향하여〉에서

삶의 의지가 아무리 강하더라도 이를 인내하는 데도 한계가 있다. 애초 인간은 고독한 존재다. 그도 첫수필집의 《나는 가을이면 집시가 된다》는 제호처럼 집시와도 같이 마음도 행동도 이따금 떠돌 때가 있다. 노마드Nomad, 애초 인간은 태생적으로 실향민일 수밖에 없다. 이런 내적 고백은 사유 즉 코기토를 동반한다.

화자가 겪은 병마病魔라는 육체적 고통은 더욱 육화된 사유의 세계를 그리게 한다. '시어른들은 내가 건강이 좋지 않다는 이유로 우리 아이들이 초등학교 입학하기 직전에 수원으로 분가를 시켜주셨다. 그러나 목장을 운영하던 남편은 그 뒤에도 칠년 가까이 고향에서 어머니와 할머니를 모시고 살았다. 그런 때문인지 돌아가시기 전까지 건강이 회복이 되시면 우리 집에 오셔서 집안 일을 거들어 주시겠다고 입버릇처럼 말씀하셨다.' (수필 〈삶의 길목에서〉) 그런 시어머니의 소천은 화자로 하여금 당연히 통한과 함께 지난 날을 회억하게 할밖에 없다. '한겨울 엄동설한의 포천 땅 기도 굴에서 사흘 밤 사흘 낮을 잠자지 않고 혼신을 다 하여 무릎 꿇고 눈물로 기도하다가 그 원망이 모두 사라져버린 기적 같은 체험을 생생하게 하지 않았는가!' (앞의 수필) 이런 자신과의 동일시가 아니라도 죽음이란 불가해한 존재 사태는 자연스레 사유의 원천이 된다. '삶과 죽음' 이란 철학적 담론은 코기토, 사유를 통해 존재에 다가서는 길이 된다.

> 시어머니는 내가 죽음에서 벗어나 기적적으로 건강을 찾기 시작한 이십 년 전, 우리 집에 올라 오셔서 일 년 가까이 머물며 내 간병을 하신 분이다. 평소 고부간에 깊은 대화는 많지 않았으나 내가 건강이 회복되어 긍정적인 눈으로 삶을 바라보게 되면서 며느리에 대한 사랑이 아주 애틋해지셨다. 내 자신이 변화하면서 주위 사람들이 나를 바라보는 눈길이 다르다는 것을 시어머니를 통해서 더 절실히 깨닫게 된 것 같았다. 삶과 죽음의 길목에서 어려움을 겪으며 자신도 모르게 삶이 성숙해진 것일까?
>
> 자손들을 위하여 평생 지녀온 토속신앙마저 버리고 며느리들의 건강회복을 위해 온 가족이 예수를 믿도록 선구자 역할을 하신 시어머니를 마음 깊이 사랑하고 있다는 것을 깨닫기까지는 그렇게 오랜 시간이 걸리지 않았다.
>
> —〈삶의 길목에서〉에서

마르셀Marcel의 '존재의 세계는 모든 것이 교우하고, 모든 것이 인연을 맺고 있는 세계' 라는 언명처럼, 사랑은 존재물들 사이에 존재론적 고리를 창조하고 '공동존재co-esse' 를 형성한다. 가족의 의미 또한 이와 다를 바 없다. '사랑하는 사람' 과 '사랑받는 사람' 이 분리되는 일상적 심리적 질서는 존재 확인의 길일 것이다. 이런 화자의 열린 마음이 독자를 감동하게 하는 요인일 것이다. 작가의 열린 영혼이 그의 수필을 아름답게 한다. 이렇게 임옥순의 수필은 언어의 전이, 상상력의 표상을 보여준다.

3. 낯익은 일상적 세계를 낯설게 보는 작가의 '눈'

수필문학은 작가와 현실의 정서적 등가에 있다. 그러므로 자기관조와 투영이라는 수필의 지향은 다난한 현실 위에 구축한 정서적, 사변적 깃발이 된다. '살되 어떻게 사느냐' 하는 인간 삶의 궁극적 향방向方을 찾아 떠나는 수필의 여행. 때문에 어떻게 사느냐하는 작가의 화두는 삶의 역정에서 자연 유로되는 자기고백이 된다. 어차피 수필은 그 태생에서부터 일상이란 화제에서 취택하게 마련이다. 때문에 독백과도 같은 자기관조의 정서를 담게 된다. 이 경우 화자의 체험이 독자의 심경에 부딪혀 삶의 메시지를 제공하게 된다. 여기 일상이란 대체로 낯익기 마련이다. 그래 문학적 수필은 이런 낯익은 일상의 세계를 낯설게 보는 작가의 '눈' 을 요구하게 된다. 임옥순의 수필은 평범한 일상에 머문다. 제2부의 '삶의 길목' 에서 보여주는 낯익은 체험들이 그러하며, 제3부의 교단 수상이라 할 '첫걸음부터' 가 그러하며, 제5부의 '서호 저수지 풍경' 이 또한 그러하다.

> 얼마 전에 내가 근무하는 학교 전교생에게 오랜만에 쓴 장편동화집 《칠공주집 칠순이》를 출판하여 일일이 사인을 하고 도장을 찍어 나누어 주었을 때 그 아이들이 기뻐 뛰고, 다 읽은 뒤에 작가인 내게 직접 고마운 편지를 써서 보내주었을 때 온 세상을 다 얻은 것처럼 행복하였다. 나도 누군가를 위하여 글을 쓰고, 그 글을 책으로 엮어 선물할 수 있다는 것이 기쁘고, 좋았다. 진정한 선물이란 받는 기쁨보다는 내가 직접 따뜻하고 정성이 담긴 선물을 주었을 때 행복하고, 그 기쁨이 훨씬 크다는 것을 알게 되었다.
>
> – 〈주고 싶고, 받고 싶은 선물〉에서

화자는 동화작가이다. 퇴임 전이니 그는 지금 학교장이다. 자신이 창작한 동화책을 전교생에게 '사인을 하고 도장을 찍어 나누어 주었을 때' 어린이들에게는 동화작가인 교장선생님이 주신 그 책에 얼마나 감동하였으랴. 아이들에겐 가장 소중한 선물로, 작가로서는 독자가 주는 아름다운 선물이겠다. 그래 〈주고 싶고, 받고 싶은 선물〉의 의미가 가슴에 와 닿는다. 평범한 일상의 한 장면이 거대한 탑처럼 다가온다. 일상이 일상 이상의 유의미화, 수필은 이럴 때에 그 맛과 멋을 담게 마련이다. 경이적인 사건이나 의외로운 것이 아니어도 이렇듯 진정성을 담보할 때 그 가치는 빛이 나지 않는가.

> 큰 아들의 결혼을 3주 앞둔 재작년 초겨울인가 지병이 도져서 갑자기 중환자실에 들어가 수술을 받게 되었다. 기관지 확장에서 오는 동맥파열로 심한 각혈이 멈추지 않아 기관지 수술을 하지 않으면 위태롭게 된 것이다. 과로와 스트레스가 겹치고 환절기 날씨에 그만 길을 걷다가 심한 각혈로 실려온 것이다. 혈압은 떨어지고, 지혈은 되지 않은 채 정신은 오락가락 하여 목사님을 청하여 기도를 받고 안정을 잠시 동안 찾게 되었다. 그때 나는 남편을 찾았다. 수술실에 들어가면 그 위험하다는 기관지 수술결과를 장담할 수 없었기 때문에 무슨 이야기라도 하지 않으면 안 될 것 같았기 때문이다.
>
> – 〈비자금〉에서

화자의 지병과 관련한 수필 〈비자금〉은 오래도록 그가 떨어내지 못한 병마를 보여준다. '십년 아니 십오 년 전에 이미 나는 이 지병으로 대학병원을 몇 번씩 들락거리다가 수술도 불가능하고, 지혈 주사도 막을 수 없어 멀리 기도원까지 가서 죽을 준비 기도를 하는 중에 기적적으로 하나님의 선물을 받아 지금까지 덤으로 살아오고 있다고 믿어서 두려움 같은 것은 없었다.' 고 했다. 그런 그가 수술실로 들어가기 직전 떠올린 것은 '다만 큰 빚이 있다고 믿고 있는 착한 남편에게 내가 죽어도 그 돈을 갚을 필요는 없다는 사실을 밝혀야겠다고' 생각하고 남편 몰래 여축해 온 비자금을 밝힌다. 화자는 이렇게 비자금이란 음성적인 돈에 대한 관념의 차이를 떠올리며 '죽음 앞에서 그 비자금에 관한 일로 남편과 이야기 한 기억이 가끔씩 떠오를 때면 지금도 얼굴이 달아오르다가 옷깃을 여밀 만큼 숙연해진다.' 라는 자기관조는 일상을 통한 유의미화에 놓인다. 언어적 기표와 기의가 갖는 인문학적 성찰이 이 수필로 하여금 신변에서 건져 올리는 효과를 함의하게 한다.

• 교장실에 들어서니 꽃집 같았다.

'하나님, 감사합니다. 덤으로 주신 생명, 감사하면서 이곳 학교에서 교장의 책임을 다 하고 따뜻한 사람으로 주님의 나팔수가 되게 하옵소서! 솔로몬의 지혜를 주시고, 다윗의 믿음으로 어려운 일 헤쳐 가게 하옵소서!' – 〈교육 단상〉에서

• 진정한 학교혁신은 교육자인 나 자신이 스스로 변화하고, 발전적인 생각과 긍정의 힘으로 아이들을 가르치고, 잘못된 부분을 바로잡아 나갈 때만이 제대로 이루어진다고 생각한다. – 〈나 자신부터〉에서

• 공부를 하기에 앞서 먼저 바른 사람이 되어야 한다고 굳게 믿기 때문에 학교에서 아이들과 교직원 모두 협의 끝에 실천하고 있다. 처음엔 인사말이 어색하여 쑥스러울 때도 있었으나 한 달이 되기 전에 익숙하게 사용하고 있다. 어쩌다가 깜박 잊고 꾸뻑 인사를 하고 그냥 지나비린 아이는 일부러 쫓아와 "효도하겠습니다"를 큰 소리로, 혹은 공손한 말

씨로 외치고 다시 인사를 하고 있다. – 〈첫걸음부터〉에서

화자는 교육자였다. 교육자의 꽃은 교장이라 한다. 그가 학교장으로 부임한 첫날의 인상과 교육에 대한 화자의 신념, 학교경영자로서의 교육방침을 간파하게 하는 대목이다. 이런 일견 낯익은 교단 체험은 그저 교직이라는 특수한 현장에서만 공유할 화제가 아니다. 이런 사유의 근저엔 존재 인식이란 철학이 들앉는다. 수필은 이렇게 일상이란 낯익은 상황을 낯설게 보는 작가의 '눈' 을 필요로 한다. 그래 때론 현상을 뒤틀거나 각도를 달리해 보면 낯익은 일상도 낯설게 느껴지게 된다. 곧 작가에겐 마땅히 이런 세계를 보는 '눈' 이 필요하지 않을까 싶다.

화자의 시선의 특징은 그 공간 거리를 축소하고 있다는 데에 유의미가 있다. 그의 생활 반경은 집이라는 삶의 터전에서 학교 그리고 교회, 지역사회에 고정되어 있다. 그의 고향은 화성이지만, 오랜 동안 그를 머물게 한 것은 바로 수원이다. 그의 생래적인 모태가 화성이라면 수원은 그에게 있어 자양분이요, 그의 빨레이데알인 환상과 이상의 성채를 구축하게 한 공간적 의미를 지닌다. 그렇기에 화자에게 있어 화성과 수원이란 공간애인 토포필리아는 유별하다. 화자의 시선엔 광교산이며, 서호 저수지, 수원화성, 연무대, 장안공원, 팔달산, 화성행궁이 들어온다. 이들은 화자가 즐겨 찾거나 좋아하는 공간이다. 그리하여 화성을 모계로 하여 수원의 여러 공간은 그가 사랑하는 토포필리아를 일깨우는 곳이다.

신기한 것은 처음에 혼자 걷는 일이 싫어 많이 망설였지만 뜻밖에도 산행의 깊은 맛을 더 느끼게 되었다. 빨리 걸을 수도 있고, 이리저리 산행길을 찾아 산 속을 살피며 생각도 많이 할 수 있게 되었다. 깊이 생각할 일이 있

어도 찾게 되고, 건강 상태가 좋지 않은 것 같아도 광교산에 올라 한 번 땀을 흠씬 흘리고 나면 몸도 개운하고, 생각도 정리가 된다. 그래서 부지런히 광교산을 찾아오게 된 것 같다.

– 〈광교산 등산길〉에서

건강이 좋지 않은 그에게 있어 주변 산이며 행궁의 소요는 자신의 건강 지키기에 맞춤하다. 그래 그는 광교산이나 팔달산엘 오르고, 행궁을 찾기도 한다. 수원은 화자에게 있어 '제2의 고향' 이라고 말하고 있다.

수원에서 생활의 터전을 마련한지 어느덧 34년이 되어가고 있으니 내게는 제2의 고향이라고 볼 수 있다. 아니 내 나이를 따져보니 태어난 고향에서 지낸 시간보다 한 해가 더 많이 이곳 수원에서 살고 있는 것 같다. 그러나 오랫동안 직장 생활을 하느라고 그동안 수원에 대한 관심이 그렇게 높지 않았다. 그런데 요즘 내게는 수원에 대한 관심이 부쩍 늘었다. 재래시장을 가거나 팔달산에 오르거나 매주 한 번씩 광교산에 오를 때마다 여기저기 살펴보는 버릇이 생겼다.

– 〈수원 화성〉에서

이런 화자의 내밀한 고백은 그가 왜 수원을 사랑하는지를 보여주는 대목이다. 이런 공간애인 토포필리아는 낯익은 일상을 낯설게 보는 그만의 독법이자, 창작 의도임을 간파하게 한다. 삶의 마디마디에 대한 새로운 눈뜸이요, 존재의 통찰이다. 무의미에 의미주기, 그러므로 인간은 시간 속에서 존재한다는 게 철학의 전언이요, 철학적 사유 곧 코기토 cogito가 된다.

4. 내려놓기 연습, 의식의 관계망關係網 짜기

수필문학은 자기를 객관화하면서 자신을 비추어보는 인간 탐구의 문학이다. 따라서 위대하고 심오한 내용의 전개나 추상적인 어휘의 나열만으로는 독자를 감동시킬 수 없다. 그런 글에서는 일반적으로 저급한 냄새가 배어나오기 마련이다. 임옥순의 수필은 비록 일상의 자잘함에서 소재를 취택하고 있으나, 존재의 자각을 통해서 자기 얼굴을 그리고자 하는 창작 동기에서 그 세계의 모습을 찾을 수 있다. 한 마디로 그의 수필에는 소박한 화자의 삶의 지향과 마음의 행로가 행간에 담겨 있다. 그리고 시간을 가로지르는 시간의 가역반응을 그의 수필에서 읽게 한다. 영혼의 언어로 직조하듯 자신이 축조한 수필의 성城일 수밖에 없다. 그래서 그의 수필을 읽어내려 가다보면 저절로 그의 마법魔法의 성에 갇히게 된다. 잘 짜인 의식의 관계망關係網을 그의 수필에서 엿보게 한다. 바로 내려놓기 연습 때문일 것이다.

> 40년 넘게 교직생활을 하면서 자녀교육과 가정살림을 꾸려가느라고 그동안 눈여겨보지 못한 일이 얼마나 많았는지 모른다. 하고 싶은 일을 접어 두어 때를 놓쳤다고 생각했는데 화성박물관에서 이루어진 연수 덕분에 다시 젊음을 찾은 것은 느낌이다. 그래서 비록 늦게 시작한 '수원화성'에 대한 공부였지만 자료를 찾으며 열심히 배우고, 즐겁게 박물관을 찾았던 일이 바로 엊그제 일처럼 생생하게 떠오른다.
>
> – 〈수원화성〉

화자의 내려놓기 연습은 40년 동안 봉직한 교직에서 물러나고 부터이다. 수원화성에 관한 새로운 공부는 그 내려놓기에 출발점 행동이다. 가정과 사회적 굴레에서 자유로워진 그가 찾은 새로운 일, 그가 즐겁게 박물관을 찾고 있음은 바로 자신으로의 귀환이다. 이런 의식의 근저에 새로운 관계망 짜기가 놓여 있다.

표제 수필 〈내려놓기 연습〉은 그런 작가의 의식의 관계망을 엿보게 한다.

> 남편과 같이 말레이시아로 취업 때문에 떠나는 둘째 아들을 배웅하고 돌아왔다. 요리사로 3년쯤 머물게 된다고 한다. 그런데 영통 지역 큰 길에 아이를 내려놓고 곧 뒤돌아서야 했다. 인천 공항으로 가는 리무진 버스를 타려면 그곳에서 기다려야 한다.
>
> 차에서 내리기 전에 밖을 내다보더니 함께 가는 요리사 일행이 모두 혼자서 기다리는 것 같다고 했다. 서른 살이 넘은 다 큰 아들을 배웅하는 부모님은 저뿐이라며 같이 간 것을 과잉보호를 받는다고 생각한 모양이었다. 곧 공항 가는 버스가 올 터인데 손이라도 더 한 번 만져보고 싶은 어미의 마음을 모르는지 한사코 우리 부부의 등을 떠밀어 차에 오르게 하였다.
>
> – 〈내려놓기 연습〉에서

누구나 그렇듯 부모는 자식을 애면글면한다. 그 자식이 어린 나이든, 아니든 한결같기 마련이다. 서른 살이 넘은 아들을 배웅하는 어미의 마음. 배웅을 하고 돌아와선 드디어 울음보를 터뜨린다. 내려놓을 수 없어서이다. 그 아들에 대한 회감의 정서가 전편에 깔려 있다. 이윽고 화자는 삶의 현장에서 존재에의 각성을 통한 의미의 본질을 깨닫는다.

어쩌면 죽는 날까지 이별하는 연습도 더 필요하리라. 세상 모든 걱정과 가족에 대한 끝없는 그리움마저 가슴과 어깨에서 하나씩 내려놓는 일에 익숙해야 되지 않을까 싶다. 내려놓기 연습에 열중하다보면 삶의 무게도 그만큼 가벼워져 좀 더 이웃과 가까워지고, 자신의 굴레에서 벗어나 또 다른 자신의 모습을 발견할지도 모른다. 욕심도 내려놓고, 아름다운 삶에 걸림돌이 되는 것이면 무엇이나 아낌없이 내려놓는다면 보다 더 소중한 삶의 가치를 발견하지 않을까 싶다.

– 〈내려놓기 연습〉에서

'언어는 존재의 집' 이라 했다. 화자의 각성은 이제 새로움에 기운다. '세상 모든 걱정과 가족에 대한 끝없는 그리움마저 가슴과 어깨에서 하나씩 내려놓는 일에 익숙해야 되지 않을까 싶다.' 가 그것이다.

이런 인식의 근저에는 자아로의 귀환이 있다. '어느 새 내려놓는 일에 익숙해야 하는 나이가 되었다.' 는 자각은 세월의 흐름과 삶의 무게를 저울질하는 화자의 가치발견이 아닐까. '곱게 늙어가는 모습 중의 하나는 소중한 것을 빨리 내려놓을 줄 아는 것인지도 모른다. 끝까지 욕심껏 많이 가지고 사는 사람은 아무래도 추한 모습을 쉽게 벗어나기 힘들 것이다. 오래도록 밝고, 맑고, 곱게 늙어가고 싶다. 그래서 삶의 무게를 더하는 짓눌린 생각에서 벗어나고 싶다.' 라는 화자의 목소리가 설득력을 지니고 있다.

2014년 2월 화자는 평생 교단에 있다가 정년퇴임하였다. 돌아보는 마음 안에 세월의 무게가 내려앉는다. 화자는 '나는 누구인가?' 라고 자문한다. 드디어 자유인이 된 것이다. 제2의 인생을 경영할 때를 맞은 것이다.

그동안 직장 일과 집안 살림이 버겁다는 생각에 나 자신을 잊고 살았다는 생각을 요즘 부쩍 많이 하게 된다. 그래서 거추장스러운 형식의 옷을 훌훌 털어버리고 가끔은 여행을 하면서, 혹은 혼자 책상 앞에 앉아 읽고 싶은 책을 마음껏 읽고, 창작에 몰두하기도 하고, 아주 작은 일에 충성을 다하며 이웃에게 나누고 베풀고 섬기는 생활을 실천하고 싶다. 그러다 보면 내가 누구인지, 남은 제2의 여생을 어떻게 보내야 할 지 구체적인 방법이 떠오르지 않겠는가?

– 〈나는 누구인가〉에서

그는 이제 '자유인' 이 되어 '그동안 헤아리지 못했던 삶의 부분을 찾아 행동으로 실천하며, 그 가운데서 진정한 나 자신을 발견해 나가고 싶다. 영혼이 맑아지고, 가슴이 뜨거워지는 그런 삶을 꿈꾸면서 주변 사람들에게 더 가까이 다가가리라. 어쩌면 이 길이 나 자신을 더 빨리 찾을 수 있는 길이라고 믿기 때문이다.' 라는 자각은 새로운 인생의 발견이요, 새로운 역사를 짓는 일이겠다. 〈자유인이 되어〉, 〈기다림〉, 〈아버지〉, 〈운동화〉, 〈돌아보면 흔적〉이 자유인으로서의 그의 힘찬 발걸음이겠다. 이렇게 내려놓기 연습과 의식의 관계망 짜기는 화자만의 인문학적 코기토, 사유의 철학이 된다.

5. 작가 임옥순의 수필세계, 그 에필로그

독자들에게 감동을 주는 훌륭한 작품 속에는 그 작품을 창조해 낸 저자의 남다른 의식이 담겨 있다. 그리하여 오래도록 독자에게 사랑을 받는 명작 속에는 적어도 그 저자의 생애가 농축되어 독자를 흡인함으로써 감동과 정서적 미감에 함몰하게 하는가 하면, 적당한 거리를 두고 저자의 삶을 자각하게 하는 각성과 삶의 길을 제시하기도 한다.

아동문학가이자 수필작가인 임옥순은 평생 교단에서 학생들에게 사랑을 심던 교사였다. 교직은 그의 평생의 업이었고, 문학은 그가 짓는 환상의 성이었다. 그의 두 번째 수필집 《내려놓기 연습》은 그런 일상에서의 존재문제와 관련한 사유의 세계, 곧 코기토일 것임에 틀림이 없지 싶다. 그래 그의 수필의 세계에는 언어의 전이, 상상력의 표상이 드러나며 때로는 낯익은 세계를 낯설게 보는 작가의 '눈'과 삶의 현장에서 내려선 자연인으로서의 내려놓기 연습을 실험하고 있다.

아동문학과 수필문학이라는 두 장르의 넘나듦은 작가로선 당연히 이중적 짊일 수도 있었을 것이다. 하지만 '경계넘기'라는 파격적 활동을 통해 '유아적 순수성'과 '존재파악'을 교직하는 작가로서의 그의 문학적 열망이 이제 결실을 맺게 되었다는 점에서, 두 번째 수필집이 주는 문학적 성취에 의미를 담게 한다.

한 마디로 작가 임옥순의 수필을 통한 성 쌓기는 그의 구도의 과정이요, 존재해명의 표상일 것이다. 그래 그의 수필은 독자로 하여금 일상에서 거둔 존재론적 사유의 깊이를 읽게 한다. 또한, 사물에 대한 섬세한 관찰과 통찰을 통한 해석의 묘미를 감지하게 한다. 요약하면, 철학적 사유를 통한 인문학적 성찰의 코기토와 함께 의식의 관계망 짜기일 것이다. 이는 그의 수필을 읽게 하는 마력과도 같은 힘이요, 개성적 얼굴이다.

계간문예수필선 105

내려놓기 연습

초판 인쇄 | 2017년 5월 15일
초판 발행 | 2017년 5월 20일

—

지 은 이 | 임옥순
회 장 | 서정환
발 행 인 | 정종명
편집주간 | 차윤옥

—

펴낸곳 | 도서출판 계간문예
편집부 | 03132 서울 종로구 삼일대로 30길 21 종로오피스텔 808호
주소 | 03132 서울 종로구 삼일대로 32길 36 운현신화타워 305호
전화 | 02-3675-5633, 070-8806-4052
팩스 | 02-766-4052
이메일 | munin5633@naver.com
등록 | 2005년 3월 9일 제300-2005-34호
ISBN 978-89-6554-156-1 04810
ISBN 978-89-6554-133-2 (세트)

—

값 15,000원

—

이 도서의 국립중앙도서관 출판예정도서목록(CIP)은 서지정보유통지원시스템 홈페이지(http://seoji.nl.go.kr)와 국가자료공동목록시스템(http://www.nl.go.kr/kolisnet)에서 이용하실 수 있습니다. (CIP제어번호: CIP2017011800)